TROPENSTIJL

KONINKLIJK INSTITUUT
VOOR TAAL-, LAND- EN VOLKENKUNDE

TROPENSTIJL

Amusement en verstrooiing
in de (post)koloniale pers

Onder redactie van Gerard Termorshuizen

Met een voorwoord van Thom Hoffman

KITLV Press
Leiden
2011

Uitgegeven door:
KITLV Press
Koninklijk Instituut voor Taal-, Land- en Volkenkunde
(Royal Institute of Southeast Asian and Caribbean Studies)
Postbus 9515
2300 RA Leiden
website: www.kitlv.nl
e-mail: kitlvpress@kitlv.nl

Het KITLV is een instituut van de Koninklijke
Nederlandse Akademie van Wetenschappen (KNAW)

KONINKLIJKE NEDERLANDSE
AKADEMIE VAN WETENSCHAPPEN

Omslag: Creja ontwerpen, Leiderdorp

ISBN 978 90 6718 385 7
© 2011 Koninklijk Instituut voor Taal-, Land- en Volkenkunde

No part of this publication may be reproduced or transmitted in any form or by any means, electronic or mechanical, including photocopy, recording, or any information storage and retrieval system, without permission from the copyright owner.

Printed in the Netherlands

Inhoud

THOM HOFFMAN 1
VOORWOORD
Multatuli, Termorshuizen en de persoonlijke zoektocht naar het Indië van mijn grootmoeder

GERARD TERMORSHUIZEN 9
INLEIDING
'Een bron van aangename uitspanning, ontspanning en verheffing'

GERARD TERMORSHUIZEN 17
'EEN VEELZIJDIG ONTWIKKELDE, PRETTIGE EN VROLIJKE VRIEND'
Amusement in Indië

HARRY POEZE 47
VEEL ERNST EN WEINIG VERSTROOIING
Een Indonesische krant in Medan uit 1933

HUUB DE JONGE 69
SPOT EN PROVOCATIE
De strijd van het tijdschrift Aliran Baroe tegen misstanden in de Arabische gemeenschap in Indië

WIM RUTGERS 97
DICHT EN ONDICHT IN EN OP DE PERS
Hoe Curaçaose periodieken hun lezers amuseerden

ELLEN DE VRIES 113
DE GEBOORTE VAN WINIED
De terugkeer van de satire in de Surinaamse pers

| *Tropenstijl*

OLF PRAAMSTRA 133
'KAATJE KEKKELBEK'
  De Zuid-Afrikaanse pers en de literatuur

PETER VAN ZONNEVELD 161
'VLINDER... GLOEIEND VAN BEGEEREN'
  Poëzie als amusement in de Indische pers

ANGELIE SENS 179
'ZONDER TOM POES ZIJN WE ONVERKOOPBAAR!'
  Getekende beelden in de Nederlandstalige Indische/Indonesische pers, circa 1920-1957

FRANK OKKER 215
WALRAVEN OP RIJM
  De opmerkelijke poëtica van een journalist

GERARD TERMORSHUIZEN 227
'KLEURLOOSHEID IS MIJ EEN GRUWEL'
  Het fenomeen Karel Wybrands, Indisch journalist

AUTEURS 251

BIBLIOGRAFIE 255

INDEX 267

Thom Hoffman

Voorwoord
Multatuli, Termorshuizen en de persoonlijke zoektocht naar het Indië van mijn grootmoeder

Op 27 mei 2011 werd *Realisten en reactionairen* van Gerard Termorshuizen ten doop gehouden, het tweede deel van zijn standaardwerk over de Indisch-Nederlandse pers. Ik voelde mij vereerd met de uitnodiging enkele woorden te spreken op het symposium ter ere van dat boek.

Met een Sumatraanse grootmoeder van gemengd bloed, Blanda-grootvader en een vader, die samen in 1933 naar Nederland waren gekomen, groeide ik in de jaren zestig op als een Nederlands kind in een Nederlands gezin waar zelden of nooit over Indië werd gesproken. Maar de andere atmosfeer rondom mijn grootouders fascineerde me. Op de televisie zag ik Couperus' *De stille kracht* en stelde mij voor, met de magische ogen van een kind, in welke kringen zij in hun woonplaats, Pladjoe bij Palembang, geleefd hadden: het beeld van een beschermde, voornamelijk blanke *upper class*-samenleving.

Dat zwijgen in onze familie over Indië bleef bestaan tot aan het moment dat het er in de politiek heet aan toe ging, rond 1969, toen de Politionele Acties met terugwerkende kracht in de Tweede Kamer onderwerp van discussie werden. Opeens kregen de ikat-gordijnen, het houtsnijwerk, de Indische maaltijden en het tijgervel dat Opa op Sumatra tijdens de jacht had buitgemaakt en dat nu boven mijn jongensbed hing, een extra lading. Hoe was het Indië waarin zij geleefd hadden, wat waren hun opvattingen geweest? Hoe was de positie van mijn grootmoeder als halfbloed? Op het moment dat deze materie voor mij ging leven, kon ik het mijn grootouders niet meer vragen, want beiden waren inmiddels overleden.

In de grote stad Amsterdam begon ik met boeken verzamelen, boeken waarin voornamelijk het roze, geparfumeerde koloniale beeld hardnekkig overeind bleef. De uitgaven van Rob Nieuwenhuys bijvoorbeeld, vol foto's. Ook mijn grootmoeder had veel gefotografeerd, veelzeggende beelden waren het, in bruine lederen albums.

| *Tropenstijl*

Later, tijdens mijn werk als acteur, kwam Indië steeds vaker terug, alsof ik het als een magneet naar me toe trok. Voor de opnamen van de tv-serie 'In Naam der Koningin', gebaseerd op *De hongertocht* van Madelon Székely-Lulofs, over een noodlottige expeditie tijdens de Atjeh-oorlog, verbleef ik zeven maanden op de Filippijnen. In mijn koffer had ik een grote stapel Indië-boeken, sommige in allerijl bij antiquariaten ingeslagen omdat ze op het eerste gezicht te maken hadden met ons verhaal, zoals *Sumatraantjes* en *Atjeh*, beide van de mij toen nog onbekende H.C. Zentgraaff. Ook *Rubber*, *Koelie* en *Tjoet Nja Din* van Székely-Lulofs zaten erbij, evenals de alom geroemde *Max Havelaar* waar ik, tot mijn schaamte, nooit aan toe was gekomen. Of beter, die ik had bewaard voor als ik er echt eens de tijd voor kon nemen. En die tijd had ik nu.

DE WERKELIJKHEID VAN MULTATULI

Daar zat ik te lezen, diep in het Filippijnse oerwoud, op een rieten stoel voor mijn neokoloniale bungalowtje, en het was alsof het verleden zich opende. Bladzijde na bladzijde blies Multatuli's talent mij omver. Wat een ritme en dynamiek in zijn taal, wat een schitterende beeldspraak, wat een shakespeareaanse retoriek, zoals in de toespraak tot de hoofden van Lebak, waaruit dit fragment:

> Hoofden van Lebak, er is veel te arbeiden in uw landstreek! Zegt mij, is niet de landman arm? Rijpt niet uw *padie* dikwijls ter voeding van wie niet geplant hebben? Zijn er niet vele verkeerdheden in uw land? Is niet het aantal uwer kinderen gering? [...] Is het u niet bitter, te reizen van hier tot de Zuidkust, en de bergen te zien die geen water dragen op hun zijden, of de vlakten waar nooit een buffel de ploeg trok? [...]
>
> Hoofden van Lebak, we hebben dikwijls misslagen begaan, en ons land is arm omdat we zoveel misslagen begingen. Want in Tjikandi en Bolang, en in het Krawangse, en in de ommelanden van Batavia, zijn velen die geboren zijn in ons land, en die ons land verlaten hebben. [...] Waarom verkiezen zij de koelte van de boom die dáár groeit, boven de schaduw onzer bossen?
>
> En ginds in 't noordwesten over de zee, zijn velen die onze kinderen moesten zijn, maar die Lebak hebben verlaten om rond te dolen in vreemde streken met *kris* en *klewang* en schietgeweer. En ze komen

ellendig om, want er is macht van de Regering daar, die de opstandelingen verslaat.

Ik vraag u, Hoofden van Banten Kidoel, waarom zijn er zovelen die weggingen, om niet begraven te worden waar ze geboren zijn? Waarom vraagt de boom, waar de man is die hij als kind zag spelen aan zijn voet?

Citeren uit de *Max Havelaar* is onbegonnen werk, er komt geen eind aan de bittere schoonheid. Overrompeld zat ik op mijn Filippijnse veranda. Het was al heel lang geleden dat een stuk tekst me werkelijk tot tranen roerde, maar nu kwamen de tranen, om 'Saïdjah en Adinda', de kinderen uit het op het oog paradijselijke gehucht Badoer die zoveel van elkaar hielden. Het verhaal begint met die beroemde regel: 'Saïdjahs vader had een buffel waarmee hij zijn veld bewerkte. Toen deze buffel hem was afgenomen door het districtshoofd van Parang Koedjang, was hij zeer bedroefd, en sprak geen woord, vele dagen lang...'

Wanneer Saïdjah terugkeert uit de grote stad, waar hij geld heeft verdiend, en hoort dat Adinda met haar familie Badoer is ontvlucht uit armoede, gaat hij haar zoeken:

Te Tjilang-Kahan kocht hij een vissersprauw, en kwam daarmee na enige dagen zeilens in de Lampongs aan, waar de opstandelingen zich verzetten tegen het nederlands gezag. Hij sloot zich aan bij een bende Bantammers [...].

Op zekere dag dat de opstandelingen opnieuw waren geslagen, doolde hij rond in een dorp dat pas veroverd was door het nederlandse leger, en dus in brand stond. [...] Als een spook waarde hij rond in de huizen die nog niet geheel verbrand waren, en vond het lijk van Adinda's vader met een *klewang*-bajonetwonde in de borst. Naast hem zag Saïdjah de drie vermoorde broeders van Adinda, jongelingen, bijna kinderen nog, en een weinig verder lag het lijk van Adinda, naakt, afschuwelijk mishandeld... Er was een smal strookje lijnwaad gedrongen in de gapende borstwond die een eind scheen gemaakt te hebben aan lange worsteling...

Toen liep Saïdjah enige soldaten tegemoet, die met geveld geweer de laatstlevende opstandelingen in 't vuur dreven van de brandende huizen. Hij omvademde de brede zwaard-bajonetten, drukte zich voorwaarts met kracht, en drong nog de soldaten terug met een laatste inspanning toen de gevesten stuitten tegen zijn borst.

| *Tropenstijl*

Kraal na kraal rijgt Multatuli, ondanks de stukken vol Droogstoppelluim, een ketting van verdriet en onrecht. Met zijn *Havelaar* heeft hij het hoogste bereikt wat literatuur kan bereiken: ophouden literatuur te zijn. Hij plaatst ons met zijn boek midden in de geschiedenis, schetst ons een compleet beeld van de complexiteit en tragische paradox die Nederlands-Indië heet.

Ook overrompeld was ik door de treffende gelijkenis tussen het Lebak van 1856 en de plek waar ik mij bevond, een klein dorp zestig kilometer onder Manilla, anno 1995. Armoede en ongelijkheid, corrupte politiefunctionarissen, geroofde dochters, een falende overheid, rebellen in de buitengewesten (als de Bantammers in de Lampongs), hier en daar oplaaiend bloedig geweld. Ik zag een Aziatisch land dat zijn evenwicht, zijn trots, zijn ziel verloren had en, vooral, dat zijn eigen ontwikkeling had gemist door enkele honderden jaren kolonisatie door Spanjaarden en Amerikanen. Ik zag de visie van Multatuli weerspiegeld, anderhalve eeuw later maar onverminderd geldig, in de weerbarstige werkelijkheid om mij heen.

En weer kwamen de vragen: verrichtten we daar in Indië nu iets groots, in de geest van Coen, of was er ook een andere werkelijkheid waarvoor we onze ogen het liefst afwenden, tot op de dag van vandaag? Waarom zien we zo zelden documenten die ons een beeld geven van die andere kant, van de *dark side of the moon*?

KANTELEND BEELD VAN TEMPO DOELOE

Bij mijn boeken zaten ook enkele antiquarische, rijk geïllustreerde werken zoals Zentgraaffs *Atjeh* met achterin paginagrote foto's, gemaakt door de legerfotograaf Neeb, van veroverde fortificaties van de vijand: veertien juni 1904, Koetoeh Reh en de kampong Likat met daarbij als onderschrift het triomfantelijk vermelde aantal van 561 lijken. De 'pacificator' Van Daalen poseert soeverein met zijn manschappen naast een compleet uitgemoorde kampong. Uit zijn houding spreekt een verdelgende *übermensch-untermensch*-mentaliteit die doet denken aan Auschwitz.

Mijn vragen stapelden zich op. Hoe verhoudt zich het gruwelijke, met militaire trots gepubliceerde beeldverhaal tot de thee drinkende en piano spelende dames in de sociëteit, door mijn grootmoeder vastgelegd met haar kodakje? Tot de tableaux vivants, de operettevertoningen en de Koninginnedagviering? Het beeld uit de tempo doeloe-boeken van Rob Nieuwenhuys begon meer en meer te kantelen, en te schuren met die andere beelden.

Wisten mijn grootouders van dergelijke wrede praktijken? Wat waren hun opvattingen en waarop baseerden zij die? In welke kranten lazen zij graag wat zij *wilden* lezen? In hoeverre kon mijn grootmoeder, als halfbloed, zich verplaatsen in Tjoet Nja Din, die Atjehse rebellenleidster en hoofdpersoon in het gelijknamige boek van Madelon Székely-Lulofs? Het verscheen in 1947, aan het begin van de Politionele Acties, en eindigt met de woorden: 'Zullen wij dan tenminste de haat gunnen aan haar, die aan ons alles verloor, wat zij bezeten heeft en liefgehad?'

Stond mijn grootvader misschien aan de kant van Zentgraaff en W.A. van Goudoever die hun uit reisbrieven bestaande *Sumatraantjes* (1936), met een verwijzing naar de oorlogsgraven op Peutjoet in Atjeh, besluiten met:

> Als graven spreken konden, zouden zij uitroepen: Trek uit onze historie de les, dat met onverzettelijke strengheid wordt vastgehouden aan het systeem der laatste decennia. Geen experimenten, geen 'civiele' avonturen meer als in de oude tijd, doch een zo krachtige doortrekking der goede lijn dat iedere Atjeher de zekerheid krijgt: wij hebben te aanvaarden en te berusten, en onze enige kans is: mede te werken aan de ontwikkeling van land en volk, onder Hollandse vlag. Dit zij de grote les van Peutjoet.

Hoezeer had W.F. Hermans niet gelijk, toen hij in zijn *De raadselachtige Multatuli* noteerde: 'Over het beschavingsniveau van de Europeanen in Nederlandsch-Indië dient men zich weinig illusies te maken'.

Zouden mijn grootouders ooit de regels van Soetan Sjahrir, in zijn manifest *Onze strijd* (1946), gelezen hebben: 'De Nederlandse overheersing zocht haar kracht in het verbinden van de moderne ratio met het Indonesische feodalisme en werd ten slotte het eerste voorbeeld van fascisme in de wereld. Dit koloniale fascisme was er al veel eerder dan het fascisme van Hitler of Mussolini; lang voordat Hitler het concentratiekamp Buchenwald of Belsen had opgericht, bestond Boven-Digoel al.'

Hoe dacht de gewone man in Indië? Hoeveel wist hij? Wat was, in tal van belangwekkende of alledaagse kwesties, de algemene opinie onder de kolonialen, waarvan die van mijn grootouders niet veel afgeweken zal hebben?

DE HAVELAAR OP HET TONEEL

Wat was ik trots om enkele jaren later, in 2004, mee te werken aan een toneelversie van de *Max Havelaar*. Voorafgaand aan de repetities kregen we iemand op bezoek die ons alles kon vertellen over de *Havelaar*. Het was Gerard Termorshuizen. Wat wist hij ons, de acteurs en de regisseur, geduldig, maar daarom niet minder gedreven, antwoord te geven op al onze vragen. Beginnersvragen! Over het waarheidsgehalte van het boek, over de uitspraak van het woord adipati of Tjiandjoer, of Douwes Dekker ooit in ere is hersteld, en natuurlijk of Koning Willem III ooit op de slotregels van het boek heeft gereageerd... et cetera.

Gerard Termorshuizen, een geboren verteller, antwoordde met volkomen begrip voor het gebrek aan kennis van zijn toehoorders. Terloops verwees hij naar het door hem samen met Kees Snoek geschreven boek *Adinda! Duizend vuurvliegjes tooien je loshangend haar: Multatuli in Indonesië*. De bundel vertelt onder andere over de door Hans Jassin en Termorshuizen bezorgde vertaling (in 1972) van de *Max Havelaar* in het Indonesisch en de verrassende ontvangst ervan in de Indonesische pers. Het boek is een parel, rijk aan informatie over hoe aan 'die andere kant' werd gereageerd op Multatuli's Memorie van Grieven.

Met Termorshuizen ontstond een bijzondere Havelaar-vriendschap. Deze toneelperiode bood me een nieuwe gelegenheid verder in Nederlands-Indië te duiken.

TILBURG: LITERATUUR-POLITIEK-JOURNALISTIEK

In 2009 mocht ik – met carte blanche – een groot researchproject leiden aan de Universiteit van Tilburg. Ik stelde als onderzoeksvraag: 'Wat was de invloed van de *Max Havelaar* op ons koloniaal denken en handelen tussen 1860 en 1949'? Tijdens mijn voorbereidingen kwam ik – intuïtief – tot een indeling in vijf werkgroepen die tot taak hadden de effecten, positief en negatief, van Multatuli's boek te traceren: in de literatuur, de politiek, de journalistiek, de ethiek en de economie. De genoemde periode werd weer onderverdeeld in vijf tijdvakken.

Ik stuurde mijn 25 studenten op pad om verslagen te schrijven over een groot aantal deelonderwerpen, zoals de voor- en tegenstanders van de *Max Havelaar*, de veranderende economie door de komst van het

Suezkanaal, de planterscultuur op Sumatra, de Poenale Sanctie, de Atjeh-oorlog, de burgermoraal in Indië naar aanleiding van brieven van D.H. de Vries, het Rhemrev-rapport, de Ethische richting, Couperus' *De stille kracht* als portret van Indië gesteld tegenover de *Max Havelaar*, de dissidente positie van Madelon Székely-Lulofs, de Politieke Inlichtingen Dienst en de politieke interneringskampen op Boven-Digoel. Aan bod kwam ook de vraag hoe onthullend Hella Haasses *Oeroeg* nu eigenlijk was.

Het onderzoek zal – als alles is afgerond – resulteren in een uitgave en een tv-documentaire onder de titel *Een verborgen geschiedenis*.

Ook andere, minder voor de hand liggende bronnen leverden nieuwe facetten op. Zoals de ontstaansgeschiedenissen van de film *Rubber* van Gerard Rutten en Joris Ivens' *Indonesia calling*, alsook de fotoalbums van mijn grootmoeder. Op één van de beelden zag ik, onscherp maar goed leesbaar, achter enkele feestelijk uitgedoste Europese dames aan boord van de *jetty* waarmee men de rivier de Moesi overstak, een bordje met de tekst: 'Achterdek slechts voor Europeanen'. Een onthullend detail, immers een directe echo van de apartheid in Zuid-Afrika.

Er liep in Tilburg ook een filmprogramma in het filmhuis, met onder meer de uitstekende documentaires *De stand van de zon* en *De stand van de maan*; er was een fototentoonstelling over de Saïdjahs en Adinda's op het Java van nu, en ik mocht een gastspreker uitnodigen. Die gastspreker was... Gerard Termorshuizen.

Nauwelijks binnen stak hij, geheel binnen de kaders van ons onderzoek, van wal over zijn liefde voor de literatuur met een historische achtergrond: 'De driehoek literatuur-journalistiek-historische werkelijkheid, daar gaat het mij om'. Beter konden wij ons dus niet wensen. Die middag werd het hoogtepunt van de Leonardo-leerstoel van dat jaar. Staande midden tussen de collegebanken en sprekend zonder aantekeningen, deed hij zijn verhaal.

REALISTEN EN REACTIONAIREN

Daarvoor putte hij uit het materiaal dat nu in boekvorm voor ons ligt: *Realisten en reactionairen: Een geschiedenis van de Indisch-Nederlandse pers, 1905-1942*. Een belangrijk boek, omdat het weer beter dan voorheen laat zien hoe de gemiddelde man in Indië dacht. Want juist dat denken, dat lastig te grijpen fenomeen van de publieke opinie, is deel geweest van die intrigerende koloniale werkelijkheid.

In het boek vindt men alles over het functioneren van de Indische pers in het algemeen en – verrassend voor mij – de dominantie van de conservatieven in deze periode van de koloniale samenleving. Alle Indische kranten, van groot tot klein, figureren in deze persgeschiedenis. Achterin vinden we de prikkelende biografieën van de dertig meest vooraanstaande journalisten, van wie de reactionairen verre in de meerderheid zijn. Vaak markante persoonlijkheden die door Termorshuizen met gepaste afstand worden beschreven. De in het boek opgetekende denkbeelden van Karel Wybrands en de zeer invloedrijke Zentgraaff spreken immers voor zich.

In *Realisten en reactionairen* kijken we naar de koloniale geschiedenis door de ogen van de Europeanen daar en toen, en beleven we van nabij de periode waarin de ontworsteling van de Indonesiërs aan de macht van de Blanda's voor steeds pijnlijkere verscherping van de verhoudingen zorgde. Een nieuw inzicht is Termorshuizens uit het overvloedige krantenmateriaal naar voren komende conclusie dat de verrechtsing van de Indisch-Nederlandse pers juist als olie op het vuur heeft gewerkt, en, contraproductief, de urgentie van het Indonesische nationalisme heeft versterkt.

Termorshuizens werk, als portret van de Nederlandse samenleving in Onze Kolonie, bracht mij, al lezend, ook dichter bij de scherpe woorden van Soetan Sjahrir. Te vrezen valt dat ze de werkelijkheid meer benaderen dan ons lief is.

Het boek maakt de cirkel voor mij vrijwel rond. Niet alleen levert Gerard Termorshuizen met zijn publicatie, binnen een gegeven periode, als geen ander de antwoorden voor mijn onderzoek, tevens heeft hij – zonder zich daarvan bewust te zijn – het Nederlands-Indië van mijn grootmoeder een stuk dichterbij gebracht. Daar ben ik hem enorm dankbaar voor. *Realisten en reactionairen* vult een belangrijk hiaat in de koloniale geschiedschrijving en is een schitterend lees- en naslagwerk geworden, onmisbaar voor een ieder die in Indië geïnteresseerd is.

Thom Hoffman, Amsterdam, mei 2011

Gerard Termorshuizen

Inleiding
'Een bron van uitspanning, ontspanning en verheffing'

Op 27 mei 2011 vond in Leiden de presentatie plaats van *Realisten en reactionairen: Een geschiedenis van de Indisch-Nederlandse pers, 1905-1942* van de hand van Gerard Termorshuizen met medewerking van Anneke Scholte. Aan de presentatie ging een symposium vooraf onder de titel 'Amusement in de koloniale pers'. Dag-, week- en maandbladen uit Indië, Suriname, Curaçao en Zuid-Afrika uit de negentiende en twintigste eeuw dienden de sprekers tot bron. Het merendeel van de op die dag gehouden lezingen werd uitgewerkt tot artikelen die in deze bundel hun plaats hebben gekregen. Het leeuwendeel van de bijdragen heeft Indië tot onderwerp, Nederlands belangrijkste kolonie die van ouds en op tal van terreinen een onuitputtelijk werkterrein biedt aan onderzoekers.

De meeste door de auteurs tot uitgangspunt genomen persorganen zijn Nederlandstalig. Zij werden gelezen door in de koloniën woonachtige Nederlanders alsook door een, op Nederlandse scholen opgeleide, bovenlaag van de autochtone bevolking. Een tweetal auteurs koos voor een Indonesischtalig dag-, respectievelijk maandblad. Het eerste betreft een jaargang van het in Medan verschenen *Pewarta Deli*, het tweede het in Soerabaja opgerichte *Aliran Baroe* dat zijn abonnees had in de Arabische gemeenschap in Indië.

Hoewel onderzoekers die zich bezighouden met de vroegere Nederlandse overzeese gebiedsdelen regelmatig koloniale kranten en tijdschriften raadplegen, is systematische aandacht voor de (post)koloniale pers en haar geschiedenis tot voor kort uitgebleven. Met de verschijning in 2001 van *Journalisten en heethoofden* (over de periode 1744-1905) en het recente *Realisten en reactionairen* als vervolg daarop, is wat de Indisch-Nederlandse pers betreft daarin verandering gekomen.

Maar ook ten aanzien van Suriname werd een belangrijke stap gezet met de publicatie in 2008 van *K'ranti! De Surinaamse pers, 1774-2008* dat in veertien hoofdstukken, geschreven door een twaalftal auteurs, een overzicht geeft vanaf het allereerste begin tot aan de (postkoloniale) kranten en tijdschriften in het Suriname van vandaag. *K'ranti!* pretendeert niet meer te zijn dan een introductie tot de Surinaamse persgeschiedenis en beperkt zich daarom (in hoofdzaak) tot één thema. Dat dit thema het politieke aspect betreft, verbaast niet en lag zelfs voor de hand. Bij gebrek immers aan democratische instituties of het niet adequaat functioneren daarvan in de koloniën in het algemeen, gingen kranten en andere periodieken als vanzelf fungeren als uitlaatklep voor wat er leefde aan grieven, frustraties en verlangens. Dat verklaart waarom het maatschappelijke en politieke engagement een essentieel kenmerk is van de (post) koloniale pers. Wat Indië betreft geldt dat zowel de Nederlands- als Indonesischtalige kranten. De toonaangevende dagbladen ontwikkelden zich tot een politieke factor van belang.

AMUSEMENT EN VERSTROOIING

(Post)koloniale persorganen waren (en zijn) natuurlijk veel meer dan in politiek opzicht richtinggevende bakens. Omdat de Nederlandstalige nieuwsbladen functioneerden in relatief kleine gemeenschappen – de oplagen van de grote Indische kranten bijvoorbeeld gingen de negenduizend exemplaren zelden te boven – en dientengevolge een nauwe band onderhielden met hun abonnees, vertellen zij ons veel over het doen en laten, de opvattingen en het gedrag van de blanke meesters, en vormen zij als zodanig een eminente bron voor de sociale geschiedenis van de vroegere koloniën.

Bij het leefpatroon binnen die Europese gemeenschappen hoorden vanzelfsprekend ook ontspanning en vermaak. Het zijn in de eerste plaats weer de kranten die ons over de aard daarvan inlichten. Al veranderde in de loop van de twintigste eeuw wel het een en ander ten goede, in het algemeen waren de mogelijkheden tot ontspanning beperkt. Het waren de dag- en weekbladen die die lacune deels trachtten op te vullen. Omdat de lezer graag variatie wenste in het dagelijkse menu, werd op de inventiviteit van de redacties een voortdurend beroep gedaan. Zoveel gewicht legde die journalistieke verstrooiing in de schaal, dat de concurrentiepositie van een krant of tijdschrift in hoge mate werd bepaald door de amusementswaarde ervan.

Dat laatste moge blijken uit de eerste bijdrage in deze bundel die ingaat op het door Indische kranten en tijdschriften geboden divertissement. De titel ervan ontleende ik aan een uitspraak van de journalist P.A. Daum die van oordeel was dat een Indische krant moest zijn 'een veelzijdig ontwikkelde, aangename, spraakzame, prettige, vroolijke vriend', die 'na den afmattenden arbeid van den dag hier [in Indië] hartelijk welkom geheeten wordt'. Naast 'een *source of useful information*' moest dat dagelijkse lijfblad dienen als 'bron van aangename uitspanning, ontspanning en verheffing!' Een bron van 'verheffing', inderdaad. Dat ook de in krant of tijdschrift afgedrukte lectuur, column of karikatuur vaak in dienst stond van een 'hoger doel', zien we eveneens in deze bundel.

Twee overwegingen hebben mij gebracht tot de keuze van het thema 'Amusement in de (post)koloniale pers': het diende als publiekstrekker voor het symposium, maar meer nog was het bedoeld om het merendeel van de sprekers respectievelijk auteurs van de bijdragen te brengen op een tot dusver vrijwel onbetreden onderzoeksgebied. Dat het daarbij wat het 'amusement' betreft – hoe ruim ook opgevat – hier en daar tot wellicht magere resultaten zou kunnen leiden, was ingecalculeerd. Vast stond wel dat zich hoe dan ook nieuwe gezichtspunten zouden aandienen. De bevindingen en ontdekkingen die nogal wat bijdragen opleverden, zijn vaak zo interessant en intrigerend, dat zij de spaarzame verstrooiing in sommige persorganen meer dan vergoeden.

VERSTROOIING IN DIENST VAN EEN HOGER DOEL

Een voorbeeld biedt de bijdrage van Harry Poeze over het in Medan (centrum van het Delische plantagegebied op Oost-Sumatra) verschenen nationalistische dagblad *Pewarta Deli* (Delisch Nieuwsblad). Hij koos voor de jaargang 1933, het jaar van de beruchte muiterij op het marineschip *De Zeven Provinciën* die de aanleiding was tot een nog scherpere onderdrukking van het Indonesische nationalisme. Betrokken was het blad bij dat turbulente tijdsgewricht en voortdurend was het zich ervan bewust het 'nationalistisch besef van zijn lezers' te moeten ondersteunen en versterken. Vrijwel alles in de krant, concludeert Poeze, stond in dienst van die missie en dat ideaal. Oók die stukken, rubrieken en feuilletons die bedoeld waren als verstrooiing, zoals het beroemde 'Saidjah en Adinda' uit Multatuli's *Max Havelaar* dat – uiteraard in vertaling – als vervolgverhaal werd afgedrukt.

Vermaak in dienst van een ideaal is een fenomeen dat we ook tegenkomen in het artikel van Huub de Jonge die zich boog over het in juni 1938 in Soerabaja opgerichte *Aliran Baroe* (Nieuwe Richting): een progressief tijdschrift dat zich de emancipatie van de Arabische bevolkingsgroep en haar integratie in de Indonesische samenleving ten doel stelde. Het maandblad keerde zich onder meer en met grote nadruk tegen de achterlijke positie van de Arabische vrouw. Hoe ellendig haar lot wel was, wordt alleszins duidelijk uit De Jonges analyse. Dat het tijdschrift een bij tijd en wijle agressieve felheid paarde aan 'vertekening en overdrijving, provocatie en spot' doet vermoeden dat zijn redacteuren en medewerkers in de leer waren gegaan bij de 'tropenstijl' in de Nederlandstalige pers. Buitengewoon populair in *Aliran Baroe* was de rubriek 'Gado-gado Soerabaja' waarin op humorvolle maar niet mis te verstane wijze de draak werd gestoken met misstanden in de Arabische gemeenschap.

Verstrooiing in dienst van het nut. We vinden het weer terug in de bijdrage van Wim Rutgers over de Curaçaose pers van haar vroegste begin tot op de dag van vandaag: de liberale bladen die met hun civilisatie-ideaal een bijdrage wilden leveren aan de maatschappelijke ontwikkeling, en de katholieke kranten die hun kolommen benutten als voertuig voor hun religieuze boodschap. Dat laatste gold eveneens voor wat de lezers als ontspanninglectuur werd aangeboden: zij diende 'opvoedend, leerzaam en moraliserend te zijn, geheel volgens de opvatting van wat in missie-ogen literatuur hoorde te zijn'. Maar aandacht is er in Rutgers stuk ook voor de humor *an sich* die zich na de Tweede Wereldoorlog een plaats verovert in de kranten. Het is met name de schrijver Boeli van Leeuwen die als begaafde columnist in dit opzicht een prominente positie inneemt.

Van weer andere aard is het artikel van Ellen de Vries. Zij vertelt over de in de Surinaamse krant *de Ware Tijd* verschijnende, door 'een zekere' WINIED ondertekende column, over haar ontstaan en – daarmee samenhangend – over de periode die daaraan voorafging: die van het militaire bewind van Bouterse waarin de pers aan banden was gelegd. Hoewel ook daarna gehinderd door intimidatie van buitenaf, krabbelden de Surinaamse kranten na 1987 langzaam weer op. Het was twee jaar later dat WINIED ontstond, een rubriek die zich vanwege haar maatschappelijke en politieke satire een geduchte reputatie verwierf; intrigerend was zij bovendien omdat lang onbekend bleef wie zich achter

WINIED schuilhield. Met de column 'keerde de humor terug die gedurende de hele militaire periode (1980-1987) vrijwel afwezig was geweest in de krant'. Zij vervulde bovendien een rol van betekenis in het publieke debat in Suriname.

NIEUWE WEGEN

Aan het slot van haar verhaal maakt Ellen de Vries duidelijk, dat wat zij te berde brengt over de column van WINIED slechts een aanzet vormt tot verder – door haarzelf te verrichten – onderzoek. Haar bevindingen, hoe voorlopig dan ook, zijn 'nieuw'. Dat nu is het geval met veel bijdragen in deze bundel.

Een prachtig voorbeeld is het artikel van Olf Praamstra dat een eerste verkenning is van de Nederlandstalige pers in Zuid-Afrika. Aan de hand van een stuk of wat beknopte overzichten geeft de auteur een ruwe schets van haar geschiedenis, die zich uitstrekt van kort na 1800 tot in de jaren twintig van de vorige eeuw. Kende die Nederlandstalige krant in de negentiende eeuw 'een korte maar hevige bloeiperiode', aan het eind daarvan begon haar neergang; omstreeks 1925 toen het Afrikaans als officiële taal werd erkend, was haar rol uitgespeeld. Zoals de titel van zijn stuk al suggereert, constateert Praamstra een onlosmakelijk verband tussen pers en literatuur in Zuid-Afrika. Hij ziet daarbij parallellen met de Indisch-Nederlandse kranten: het populaire feuilleton daarin maar ook de zo gevierde 'tropenstijl' vindt hij terug in de Zuid-Afrikaanse pers. Het is 'hoog tijd', besluit Praamstra, dat de 'geschiedenis van deze Afrikaanse tak van de Nederlandse journalistiek' wordt geschreven. We mogen hopen dat hij die onderneming zelf ter hand neemt.

Wat we natuurlijk al wisten, is dat wat in vroeger tijd in krant of periodiek werd afgedrukt als (min of meer) puur amusement veel later een eminente bron blijkt te zijn voor onze kennis van het sociale en culturele leven in een bepaald land of gebied. Fraaie voorbeelden daarvan wat Indië en Indonesië betreft leveren de bijdragen van Peter van Zonneveld en Angelie Sens. Van Zonneveld las Indische tijdschriften en ontdekte daarin een grote verscheidenheid aan gedichten. In literair opzicht, stelt hij vast, hebben ze in het algemeen weinig waarde, maar wat zij vertellen over 'die wereld van toen' is onthullend. Ze zijn daarnaast vaak amusant, wat ook in de tijd van ontstaan de bedoeling was. Van Zonneveld benoemt een aantal thema's en motieven in die Indische poëzie en geeft daarbij citaten: over de reis naar Indië, het gevoel van ontheemding, het leven van alledag en de man-vrouw-relaties, de positie van de *njai* (concubine) daarbij inbegrepen. Soms zijn de gedichten satirisch en worden politieke en sociale situaties op de hak genomen.

Primair als amusement bedoeld waren eveneens de prenten en strips in de Nederlandstalige koloniale en postkoloniale pers in Indië en Indonesië tussen omstreeks 1920 en 1957. We krijgen ze te zien en lezen erover in het artikel van Angelie Sens, dat een eerste overzicht is van wat zich vanaf het begin van de twintigste eeuw op dit boeiende terrein aan ontwikkelingen voordeed. 'Beelden zeggen meer dan duizend woorden', wisten uitgevers van kranten en tijdschriften. Het verklaart hun succesvolle opmars. 'Zonder Tom Poes zijn we onverkoopbaar', luidt de goed gekozen titel van de bijdrage. Zoals de Indische poëzie zeggen die tekeningen veel over de samenleving waarvoor ze bestemd waren. Anders dan in Nederland waar tekenaars met hun werk vaak een geëngageerde boodschap uitdroegen, waren zij die tekenden voor Indische en Indonesische bladen – de belangrijkste figuren passeren bij Angelie Sens de revue – veel meer 'beeldende chroniqueurs van het alledaagse leven'.

WILLEM WALRAVEN EN KAREL WYBRANDS

De laatste twee bijdragen in de bundel gaan over twee journalisten die duidelijke sporen hebben nagelaten in de Indische pers: Willem Walraven en Karel Wybrands, beiden bijzondere persoonlijkheden en beiden begiftigd met een groot stilistisch talent. Frank Okker, kenner bij uitstek van het leven en werk van Walraven, buigt zich over de bemoeienis die Walraven had met de poëzie. Ook hij boort een nieuw aspect aan. De gedichten die Walraven zelf schreef, waren meer verstrooiing dan *poésie pure*: geestig zijn ze als ze gaan over de dingen van de dag, fel van toon als ze zaken die hem dwars zaten tot onderwerp hebben. Interessant is, en Okker trekt hier een parallel met diens befaamde brieven, dat Walraven in zijn commentaar op gedichten van anderen zelf volop aanwezig is: met zijn links-georiënteerde maatschappijkritiek, maar ook in de uitingen van zijn tragische isolement.

Om heel andere redenen maar niet minder tragisch was het isolement waarin Karel Wybrands ten slotte kwam te verkeren. 'Over zijn leven hing de somberte eener groote eenzaamheid, waarin nog slechts de figuren van enkele vrienden stonden', schreef zijn geestverwant H.C. Zentgraaff na zijn dood. Aan Wybrands en zijn in de koloniale journalistiek van na 1900 ongeëvenaarde talent is het laatste artikel gewijd. Met zijn adagium 'Kleurloosheid is mij een gruwel' verwoordde hij de essentie van zijn schrijversschap. Ongemeen populair was hij in Indië zowel om zijn uiterst rechtse standpunten als om zijn vermogen zijn lezers te amuseren: 'En wij weten het dat in dit land met zijn gering aantal amusementen en schaarsch tot ons komende lectuur, de krant gezellig moet zijn.' Opinie en vermaak, bij Wybrands zijn zij tot een eenheid geworden.

Dit boek heb ik de titel *Tropenstijl: Amusement en verstrooiing in de (post) koloniale pers* meegegeven. Het toont een veelzijdig en veelkleurig beeld van de manier waarop uitgevers en redacteuren van koloniale kranten en tijdschriften hun lezers verstrooiing verschaften en daarmee wat fleur brachten in hun monotoon verlopende 'plantenleven'. Al slaagde de een daar beter in dan de ander, een ieder van hen deed zijn best zijn krant te presenteren als 'een veelzijdig ontwikkelde, aangename, spraakzame, prettige en vroolijke vriend'.

Gerard Termorshuizen

'Een veelzijdig ontwikkelde, prettige en vrolijke vriend'
Amusement in Indië

INLEIDING

In het immens uitgestrekte Indië woonden relatief weinig Europeanen.[*] Pas na 1870, toen voor Indië de 'nieuwe tijd' begon, groeide hun aantal aanmerkelijk. Telde de Europese bevolkingsgroep in genoemd jaar – exclusief de militairen – bijna 50.000 zielen, in 1900 waren dat er om en nabij 90.000 om in de volgende decennia toe te nemen tot ruim 300.000 in 1942, het jaar dat de kolonie ophield te bestaan. Verreweg de meeste Europeanen woonden op Java, vooral in de kuststeden Batavia, Semarang en Soerabaja; na 1900 maakten ook het West-Javaanse Bandoeng en het Oost-Sumatraanse Medan, centrum van het Delische plantagegebied, een snelle ontwikkeling door. Kleinere concentraties Europeanen bevonden zich in plaatsen als Djokjakarta, Soerakarta (Solo), Malang en Makassar (op Celebes).

In de kolonie leidde men 'een plantenleven'. Het waren lange tijd gevleugelde woorden onder de Indischgasten. Tot in het begin van de twintigste eeuw – maar in de kleinere plaatsen ook nog daarna – verliep het dagelijkse leven van de Europeanen uiterst monotoon. Vertier was er maar heel weinig. Pas na 1900 veranderde dit, toen onder invloed van allerlei factoren een snelle verwestersing van het leefpatroon van de Europese samenleving plaatsvond. Het zijn in de eerste plaats de Indische nieuwsbladen waaruit deze ontwikkeling zich laat aflezen. En het zijn diezelfde kranten die ons in detail inlichten over wat zich over een lange reeks van jaren in de steden en kleinere plaatsen in de archipel voordeed aan publieke vermakelijkheden: van circusvertoningen en

[*] Dit overzichtsartikel is in hoofdzaak gebaseerd op wat ik schreef over het leven in Indië (Termorshuizen 1988, 2001, 2011; *Indische Letteren* 2011).

voetbalwedstrijden voor velen tot het Kunstkringconcert en de literaire voordracht voor de happy few.

Die kranten vormen echter meer dan een eminente bron van kennis van het sociale, culturele en gezelligheidsleven in Indië. Vanaf omstreeks 1860 toen de Indische pers volwassen werd, begrepen hun uitgevers en redacteuren dat ook zij tegemoet konden komen aan de onveranderd grote behoefte aan divertissement, en dat zij behalve hun specifieke rol als nieuwsbrenger ook een verstrooiende functie hadden. Juist die Indische lezer vroeg om een gevarieerde en vooral onderhoudend geschreven krant. De stilistische kwaliteiten van de hoofdredacteur legden daarbij groot gewicht in de schaal.

De Indische krant als bron voor onze kennis van het sociale leven in de kolonie én diezelfde krant als amusementslectuur voor de Indischgast vormen het onderwerp van dit artikel. Daarbij onderscheid ik twee periodes: de laatste decennia van de negentiende eeuw en de jaren tussen 1900 en 1942. Wat die laatste periode betreft spreek ik ook over het tot grote bloei komende Indische weekblad.

DE JAREN 1880 TOT 1900

HET LEVEN VAN ALLEDAG

Voor de in de kolonie verblijvende Europese mannen was het een bestaan van hard werken, voor hun vrouwen daarentegen – het huishouden werd overgelaten aan de bedienden – een van dodelijke verveling. Bezoekjes van de dames aan lotgenoten – de roddel vierde er hoogtij –, en wat winkelen tijdens de relatief koele morgenuren vormden vaak het enige tijdverdrijf. Verder werd er veel gelezen en was het wachten op de thuiskomst van de heer des huizes.

Op de kantoren in de snikhete, aan zee gelegen 'benedenstad' van (onder andere) Batavia, Semarang en Soerabaja zwoegden de employés van zeven uur 's morgens tot vier uur in de middag. Dan sloten de firma's hun deuren en maakten de drukte en levendigheid plaats voor de welhaast doodse stilte van de avond. Dan, schrijft een waarnemer, 'ontmoet men slechts enkele menschen. De voetstappen klinken hol en de kleine lichtjes der wakers voor de groote handelshuizen geven een spookachtig aanzien aan 't geheel.'

De Kali Besar in Batavia, waar naast bedrijven
ook enkele kranten waren gevestigd

De avonden was men veelal thuis. Bijkomend van een afmattende dag lag men in de 'krossie males' (luie stoel) in de voorgalerij klimaat te schieten, als tenminste muskieten dat niet onmogelijk maakten. En omdat het 's morgens al vroeg dag was, verdween men bijtijds tussen de klamboe. Voor velen was het met recht een bestaan van opstaan, werken en slapen, een 'plantenleven' zoals gezegd. De bekende journalist P.A. Daum had het in de jaren tachtig over 'de zoo eentonige cirkelgang van het leven hier in Indië' waar 'iets als 'n St. Nicolaasfeest heel wat opschudding brengt'.

Naast dit 'in den Oost' altijd met groot enthousiasme gevierde feest van de goedheiligman was er inderdaad maar weinig te doen. Ontspanning zocht men in de sociëteiten, vanouds de plaatsen waar zich het gezelligheidsleven concentreerde: de mannen konden er door de week een kaartje leggen en voor de jongelui was er op zaterdagavond nogal eens dansmuziek. In 1885 lezen we in een Semarangse krant over een kapelmeester die 'zijn orchest dirigeert en begeestert, troonende op een jeneverkist'.

Muziek voor velen was er ook in de openlucht, althans in de plaatsen waar een militair garnizoen was gevestigd. Daar speelde op zondag in de namiddag de zogenaamde stafmuziek. Die in Batavia, op het Waterlooplein, was befaamd. Een enkele keer deed een goochelaar of een circus de stad aan; soms kwam er een rondreizende Franse of Italiaanse operatroep langs. Belangrijk voor het sociale leven waren de amateurtoneel en -muziekgezelschappen die eens in de zoveel tijd uitvoeringen verzorgden. In 1886 schrijft Daum over Batavia, toch de stad met het grootste contingent Europeanen:

> Wat den vreemdeling, die hier te Batavia komt, treffen moet is de afwezigheid van openbare vermakelijkheden. Men heeft sociëteiten, waar men bijeenkomt om te lezen, te praten of een partij biljart te spelen; maar dát is alleen voor heeren. Men heeft een keurig net theatergebouw met de noodige accessoires. Maar waartoe eigenlijk? Nu en dan spelen er dilettanten in. Eens in de zoo veel jaren een reizend tooneelgezelschap of dito opera-troep. Te Batavia zelf is niets van dien aard. Een mooi gebouw, maar... niets erin.

DE KRANT ALS 'VEELZIJDIG ONTWIKKELDE, PRETTIGE EN VROOLIJKE VRIEND'

Daum hoorde in de jaren tachtig van de negentiende eeuw tot de journalisten die zich er scherp bewust van waren dat een Indische krant eraan kon meehelpen de lezer wat afleiding en amusement te verschaffen. Hij was ook een van de eersten die, dankzij zijn creatief en stilistisch talent, in staat bleek die overtuiging in praktijk te brengen. Zoals hij zich wat zijn literaire aspiraties betreft liet inspireren door de Franse naturalist Emilie Zola, zo vond hij in het journalistieke métier zijn voorbeelden in Franse nieuwsbladen als *Le Figaro* en *Le Journal*. In die kranten, schrijft hij, is er veel aandacht voor

> verscheidenheden, nieuwtjes van allerlei aard, uitvoerige theaterberichten, reisverhalen, fantasieën, romans en novellen [...]. Naar het ons voorkomt, is de richting, welke de *Figaro*, en het volkomenst *Le Journal* volgen bepaaldelijk ook voor onze indische bladen de meest gewenschte, het meest in overeenstemming met de behoeften van het indische publiek.

Nergens minder dan in Indië, vervolgt hij, heeft de lezer behoefte aan 'uitvoerig politiek nieuws in breede politieke beschouwingen', maar nergens meer

> aan wat opwekkend, gezond, prikkelend, verheffend, verhelderend en vervroolijkend op den geest en het gemoed werkt. Een dagblad, dat als een veelzijdig ontwikkelde, aangename, spraakzame, prettige, vroolijke vriend is, zal door velen in de avonduren, na den afmattenden arbeid van den dag, hier vooral hartelijk welkom geheeten worden.

Indië vraagt om een krant, voegt hij er nog aan toe, die 'behalve een *source of useful information* een bron is van aangename uitspanning, ontspanning en verheffing!'

Daum voldeed glansrijk aan het zichzelf gestelde doel en was vooral als hoofdredacteur van het *Bataviaasch Nieuwsblad* – tussen 1885 en 1898 – zeer succesvol. Zijn tijdgenoot M. van Geuns van het *Soerabaiasch Handelsblad*, zelf een getalenteerd journalist, merkte na het overlijden van zijn collega (in 1898) op, dat die 'beschikte over een vlotte, smijdige en puntige pen, en aan de droogste onderwerpen de prettige bekoring eener luchtige geestigheid gaf. In deze woorden ligt groote lof opgesloten'.

Van Geuns' bewondering gold al evenzeer Daums Indische romanfeuilletons die, ook in boekvorm verschenen, in de kolonie en het moederland sterk de aandacht trokken. Ook op dit specifiek literaire terrein geldt Daum als een belangrijke voortrekker. Hierboven al merkte ik op dat vooral door vrouwen veel werd gelezen. Voor die verstrooiende tijdpassering kon men behalve in de boekwinkel en leesbibliotheek terecht in de immens populaire, door leesgezelschappen wekelijks rondgezonden leestrommel.

Maar ook de krant vervulde een niet onbelangrijke rol in het voldoen aan de vraag naar onderhoudende lectuur. Zo mocht een feuilleton gewoonweg niet ontbreken. De keuze van het vervolgverhaal 'onder de streep' was een zaak van gewicht. Een krant die zich dat financieel kon veroorloven, kwam dan ook zo nu en dan met de primeur van een roman of novelle van een bekende Nederlandse schrijver. Maar de meeste redacties waren daartoe niet in staat en deden hun keuze uit wat zij in Nederlandse en buitenlandse kranten en tijdschriften aantroffen als leesamusement. Niet zelden liepen er in een krant twee feuilletons tegelijk. Hoe graag men ze wel las, kunnen we ook afleiden uit een door

P.A. Daum op vierenveertigjarige leeftijd, 1894

Daum in mei 1891 gedane mededeling: 'Om tegemoet te komen aan de algemeene klacht, vooral van dames, dat feuilletons maar zoo weinig geven, voegen wij bij dit nummer van het *Bat.Nbld.* een extra vel geheel feuilleton.'

Betrof het wat dat feuilleton betreft aanvankelijk uit Europa afkomstige lectuur, in de loop van de jaren zeventig zien we het 'Indische', in de kolonie gesitueerde, literaire vervolgverhaal veld winnen, een tendens die zich in de jaren tachtig en negentig krachtig voortzet. Indischgasten hielden ervan over hun eigen omgeving te lezen en bijgevolg namen redacteuren graag Indisch proza op als feuilleton. Dit nu stimuleerde de productie ervan. Vandaar het vrij grote aantal debuten van Indische – ook vrouwelijke – schrijvers in koloniale kranten. Daum bekleedde onder hen een ereplaats. Afgezien van Multatuli met zijn *Max Havelaar* was hij de beste Indische romancier van de negentiende eeuw.

Met het afdrukken van Indische feuilletons – het zijn er bij elkaar zeer vele geweest – heeft de Indische pers een niet te onderschatten bijdrage geleverd aan de ontwikkeling en de – zich vooral na 1885 manifesterende – bloei van de Indisch-Nederlandse letterkunde. Na 1900 neemt de aandacht voor het genre snel af wat alles te maken had met de verwestersing van de Europese samenleving.

(TROPEN)STIJL

Van Geuns, zagen we, bewonderde Daums vermogen om wat hij ook aansneed te presenteren in een levendige, prettig leesbare stijl. Hoe belangrijk voor een Indische krant in het algemeen was die 'goede pen'. De toonaangevende Indische nieuwsbladen – met hun vóór 1900 slechts enkele duizenden abonnees – droegen in hoge mate het stempel van hun hoofdredacteur. Hij was het die het gezicht van het blad bepaalde. De krant was een 'meneer'. Nergens als juist in de kolonie waren uitgevers van deze waarheid doordrongen en deden zij hun best hoofdredacteuren aan te trekken die behalve over een ruime intellectuele bagage beschikten over aansprekende stilistische kwaliteiten. En omdat zij bereid waren hen goed te betalen, kregen zij die ook vaak. Henri Lion, C.E. van Kesteren, Conrad Busken Huet, P. Brooshooft, Daum en J.A. Uilkens waren in die laatste decennia van de negentiende eeuw de grote voorbeelden: zij groeiden uit tot de coryfeeën van de koloniale pers.

Een Indische krant kon slechts succes hebben als zij voldeed aan haar 'dubbele roeping', schreef een journalist. 'Een Indische redacteur', schreef weer een ander,

> moet iemand zijn die een *gekruiden* stijl heeft. Het Indische publiek is niet geheel tegen het behandelen van ernstige onderwerpen, maar wenscht ze in pikanten stijl behandeld te zien, en heeft verder [...] gaarne eene losse en humoristische voorstelling van dagelijksche zaken. Het wil in één woord het nuttige met het aangename vereenigd zien.

| *Tropenstijl*

Le journal c'est un monsieur

Uitspraken als deze maken duidelijk waarom de journalistiek in de kolonie zoveel levendiger en vitaler was dan de veel vormelijkere pers in het moederland.

Tussen wat zojuist een gekruide stijl werd genoemd en de typisch Indische 'tropenstijl' ligt slechts een gradueel verschil. Misschien beter gezegd: ze liggen in elkaars verlengde. In de tweede helft van de negentiende eeuw was er – onder meer in economisch opzicht – heel wat mis in de kolonie en leefde er bijgevolg veel onvrede in de Europese bevolkingsgroep. Door het ontbreken van democratische instituties was het de Indischgast onmogelijk op te komen voor zijn eigen belangen. Dit nu leidde er als vanzelf toe dat de voornaamste kranten gingen functioneren als uitlaatklep van de gevoelens van bitterheid en onmacht.

In hun oppositie ontwikkelden zij een eigen 'tropenstijl', een geëmotioneerd-bijtende manier van schrijven die pedis (scherp) als zij was door de lezers buitengewoon werd gewaardeerd. Het was de pers die uiting gaf aan hun wensen en grieven en daarmee een sterk (ook politiek) geëngageerd karakter kreeg. Omdat misstanden vaak werden geassocieerd met het falen van bepaalde ambtenaren – men kende elkaar in de kleine Europese gemeenschappen! –, werden verantwoordelijk geachte personen niet zelden met naam en toenaam genoemd. Het waren die 'personaliteiten' die regelmatig leidden tot persdelicten. Veroordelingen – persvrijheid bestond niet in Indië – tot boetes, gevangenisstraffen, krantensluitingen en zelfs verbanningen waren het gevolg.

Die personaliteiten richtten zich niet alleen op het bestuur en zijn ambtenaren. Ook privé-personen die zich naar het journalistieke oordeel op een of andere manier hadden misdragen, waren regelmatig het mikpunt. Daarnaast speelde dat rechttoe rechtaan spelen op de man een substantiële rol in de polemiek tussen hoofdredacteuren. Al omstreeks 1870 schreef Conrad Busken Huet, leider van de *Java-Bode*, aan zijn vriend E.J. Potgieter dat de Indische dagbladschrijver iemand was 'wiens kracht schuilt in de vijandschap, die hij opwekt'. Fel kon het er tussen hen aan toe gaan. Het effectbejag leidde tot een voor het publiek attractief, soms zelfs hoogst amusant spektakel. De tropenstijl met die personaliteiten als onontbeerlijk ingrediënt bereikte zijn hoogtepunt in de decennia na 1900.

DE JAREN 1900 TOT 1942

SNELLE VERANDERINGEN

Het leven in Indië raakte na omstreeks 1900 in een stroomversnelling. Na een lange periode van economische malaise bloeide het Europese bedrijfsleven op. Er werd weer geld verdiend. Het zakenleven expandeerde. De ethische politiek liet zich gelden in het entameren van ontwikkelingsprojecten en in een verruiming van het onderwijs aan Indonesiërs. Er was veel werk aan de winkel en de behoefte aan arbeidskrachten uit het moederland was groot. Indië werd bovendien na 1900 in hoog tempo leefbaarder. De infrastructuur, zoals water- en elektriciteitsvoorzieningen, verbeterde snel. De tropische geneeskunde had een grote vlucht genomen en voorheen fatale ziekten konden doelmatig worden behandeld. Voor de naar de kolonie trekkende vrouwen kwamen boekjes beschikbaar die antwoord gaven op de meest uiteenlopende vragen op praktisch gebied.

Zoals in het begin van dit artikel is gezegd, groeide het Europese bevolkingsdeel na 1900 sterk. Vooral het aantal vrouwen nam relatief snel toe. Zij bestierden het huishouden en hielden in hun nieuwe omgeving zoveel mogelijk vast aan wat zij in het moederland gewend waren. Een steeds meer westerse manier van leven drong de Indische – die van tempo doeloe – terug.

Het is in de eerste plaats weer de Indische pers die ons vertelt over dat snelle proces van sociale en culturele europeanisering. Meer dan ooit tevoren, lezen we in die kranten, keken de totoks (de volbloed Europeanen) het leven in Europa en Amerika af. De – aan de tropische omstandigheden aangepaste – Europese keuken verdrong de Indische rijsttafel, de modieuze jurk verving de sarong en kabaja. In de nieuwe stadswijken maakte de typisch Indische woning plaats voor de moderne villa. Door de zich verbeterende transportverbindingen werden niet alleen de koelkast en grammofoon normaal, maar groeide ook het aantal auto's. De taxi was al spoedig niet meer weg te denken uit het stadsbeeld. Al met al nam de overlast van het stadslawaai hand over hand toe, ook al 'omdat wij, met open ramen levende, bijna op straat wonen', aldus de journalist H.C. Zentgraaff. Het moderne lawaai bereikte natuurlijk ook het binnenland. In steeds meer sociëteiten daar deed de combinatie van grammofoon en elektrische versterker haar intrede. Het ging alles razendsnel en de veranderingen waren ontzaglijk.

Dat proces van verwestersing voltrok zich voornamelijk onder de totoks. In veel mindere mate gold dit voor de Indo-Europeanen. Met uitzondering van een dunne bovenlaag vervulden zij in het bestuur en bedrijfsleven veelal bescheiden betrekkingen. Zij leefden hun eigen leven, eenvoudig, Indisch. Voor hen geen koelkast, auto of sociëteit, wel de koempoelans (samenkomsten) en zaterdagse dansavonden, de jacht en de omstreeks 1890 door Auguste Mahieu geïntroduceerde Komedie-Stamboel: immens populair was zij met haar veelkleurige opvoeringen, in volks Maleis, van Arabische vertellingen en van verinlandst Europees toneel in een omlijsting van krontjong-achtige muziek. Het in dat genre bekendste en talloze malen opgevoerde stuk was *Njai Dasima*; de meest gevierde actrice daarin Miss Riboet.

HET VLIEGTUIG, DE TELEFOON EN RADIO

In die oriëntatie op het westen speelden het vliegtuig, de telefoon en radio een heel bijzondere rol. De landing, eind 1924, van het eerste vliegtuig (een Fokker-toestel) uit Nederland in Batavia was niet minder dan sensationeel. Natuurlijk deden de kranten er uitbundig verslag van, alsook in 1934 van de prestaties – een brok nationale trots – van 'De Uiver' die in de befaamde Melbourne-race tweede werd.

Niet minder emotionerend was de vanaf 1928 mogelijk geworden telefonische verbinding tussen Indië en het moederland. Het waren de radiostations van Kootwijk en – in de buurt van Bandoeng gelegen – Malabar die dit mogelijk maakten. In de pers raakte men niet uitgepraat over dit verbijsterende mirakel.

Niet lang daarna maakte ook het radiotoestel zijn opwachting in de Indische huiskamer. Na enkele jaren van experimenten begon de Nederlandsch-Indische Radio Omroep (de NIROM) in april 1934 officieel met zijn uitzendingen. In 1936 bedroeg het aantal geregistreerde luisteraars ruim 32.000. Eind 1939 waren dat er bijna 85.000. Zoals in Nederland vormde het nieuwsjournaal een belangrijk onderdeel: volgens een vast patroon kwamen eerst de Indische berichten, daarna die over Nederland en het buitenland; het beursnieuws kwam aan het eind.

De uitzendingen vanuit Nederland naar de kolonie werden verzorgd door de in 1927 opgerichte Philips Omroep Holland Indië (de PHOHI). Veel luisteraars trok het begin 1936 uitgezonden *live*-verslag, door Han Hollander, van de voetbalwedstrijd tussen Ierland en Nederland in Dublin. Het was de eerste keer dat zoiets plaatsvond. Voetbal was ook toen al razend populair. Het bleek bijvoorbeeld uit de overweldigende aandacht voor de eveneens door Han Hollander rechtstreeks verslagen wedstrijden van het Nederlandse én Indische elftal tijdens de wereldkampioenschappen in juni 1938 in Frankrijk.

ONTSPANNING EN VERMAAK

In slechts enkele decennia ontwikkelde zich in de Europese gemeenschap een sterk westers leefpatroon. Dat uitte zich ook in de manier waarop de Indischgast buitenshuis zijn ontspanning zocht. De hang naar wat men in het moederland gewend was, leidde er bijvoorbeeld toe dat met groeiende regelmaat professionele kunstenaars vanuit Europa naar de kolonie kwamen. Daarmee was de rol van de amateurgezelschappen overigens allerminst uitgespeeld. Hoezeer ook gewaardeerd, de optredens van kunstenaars van buiten Indië waren en bleven incidentele evenementen,

| *Tropenstijl*

terwijl de in de steden en stadjes actieve dilettanten zorgden voor de continuïteit in het aanbod van cultuur en daarmee voor het onderhouden van het sociale leven.

Hoe dan ook, vanaf het begin van de twintigste eeuw breidden vooral Nederlandse artiesten hun arbeidsterrein uit naar de kolonie. Wat het toneel betreft werd het spits afgebeten door de acteur Willem Royaards die in 1902 een aantal declamatievoordrachten gaf. In de volgende jaren maakten Henri Brondgeest, Louis Bouwmeester, Cor Ruys en Eduard Verkade met hun gezelschappen een rondreis door Indië. Ook cabaretiers en chansonniers ontdekten de archipel: Max Blokzijl, Jean-Louis Pisuisse, Eduard Jacobs, J.H. Speenhoff en Louis Davids trokken volle zalen.

Poldi Reiff op de planken

Een artiest die zich een buitengewone populariteit verwierf en als een van de pioniers wordt beschouwd van de amusementskunst in Indië, was Poldi Reiff. Geboren in Moravië kwam hij in 1914 met een operettetroep naar Java. Het gezelschap vertrok weer, maar Reiff bleef 'hangen'. Op Java en daarbuiten bracht hij – vanaf 1925 in samenwerking met zijn vrouw Agatha – tal van operettes op de planken.

Naast deze beoefenaars van de lichte muze deden voordrachtskunstenaars en literatoren, zoals Albert Vogel en Louis Couperus, de kolonie aan en tourneerden van tijd tot tijd musici. Aanvankelijk waren deze tournees in financieel opzicht redelijk succesvol, maar in de loop van de jaren werd dat om verschillende redenen minder. Een vanuit Indië opererende organisatie bleek nodig. Dat werden de Kunstkringen. De eerste was die in Batavia, opgericht in 1902. Al gauw vond dit initiatief navolging in andere steden. Vooral na 1920 verwierven zij zich een monopoliepositie.

Niet iedereen was gelukkig met de vooral op Europa gerichte activiteiten van de Kunstkringen. Met name diegenen die grote waarde hechtten aan de uit Indië zelf voortgekomen kunst – literatuur, muziek en schilderkunst – zagen met lede ogen aan hoe de aanhoudende stroom westerse kunst de Indische cultuur steeds meer naar een uithoek drong. Het was vooral de Indo-Europeaan Hans van de Wall, musicus, schrijver en recensent, die zich opwierp als hun zeer strijdbare woordvoerder: 'Welke overzeesche kunstenaar heeft ooit iets voor dit land gedaan?', stelde hij in 1928 in het *Soerabaiasch Handelsblad* de retorische vraag. Die artiesten komen en gaan, worden 'schitterend gehonoreerd', maar laten zich aan de ontwikkeling van de Indische cultuur niets gelegen liggen.

Van de Wall streed voor een goeddeels verloren zaak. De na 1900 op gang gekomen verwestersing van de Europese samenleving, ook op het gebied van de kunsten, was onomkeerbaar. Als vanzelf werden daarmee de toekomstmogelijkheden voor de Indische cultuur gefrustreerd. Ze leefde een bestaan in de marge en dat zou ook zo blijven. Voor Van de Wall als kunstenaar en criticus had men alle respect, maar aan zijn pleidooien voor een kunst 'van *eigen* bodem' ging men schouderophalend voorbij. Hij stond overigens niet helemaal alleen. Zo nu en dan kreeg hij bijval van kranten die zich ergerden aan het arrogante gemak waarmee bijvoorbeeld Indische schilders als H. van Velthuysen, G.P. Adolfs, E. Dezentjé en H.A.L. Wichers aan de kant werden geschoven.

| *Tropenstijl*

Hans van de Wall

Het zou allemaal weinig helpen. Zoals in heel het leven in de kolonie had ook in de kunst het westen de overhand gekregen. Die culturele verwestersing trof evenzogoed de Indische literatuur die haar dominante positie van vóór 1900 in korte tijd verloor. Ik kom er dadelijk op terug.

'DE DOOD IN DE POT'

De kunstkringen stonden borg voor artistieke evenementen van niveau. Maar hoe stond het met de waardering ervoor, hoe talrijk was het publiek dat eropaf kwam? Dat was relatief gering. Als men leest wat er door de jaren heen in Indische kranten en tijdschriften werd geschreven over de interesse voor serieuze kunst, dan stellen we vast dat die slechts bestond in een dunne bovenlaag van de Europese bevolkingsgroep.

Toen in juli 1937 een stuk of wat kranten discussieerden over het culturele en intellectuele klimaat in de kolonie, was de uiteindelijke conclusie dat met uitzondering van Batavia – waar regelmatig wel iets 'gebeurde' – het in de steden 'de dood in de pot' was. Lethargie overheerste:

Het al of niet bestaan van een cultureel centrum hangt in de eerste plaats af van de vraag of er figuren zijn, bekwaam en bereid aan het vormen en in stand houden van een zoodanig centrum mede te werken. [Maar] het initiatief [daartoe] is gansch en al zoek, omdat lust en liefde om na de beslommeringen van allen dag nog iets te doen, wat van algemeen nut kan zijn, ontbreken.

Het klimaat voor cultuur ontbrak simpelweg. Het *Soerabaiasch Handelsblad* had het in 1912 over het 'lage, modderige materialisme' in de kolonie; dertig jaar later, in 1942, oordeelde de bestuursambtenaar J. Drijvers over de geestelijke bagage van de 'overgroote meerderheid der Europeanen': 'De geestelijke "Jan Boezeroen" overheerscht helaas nog volkomen en domineert in de Indische gemeenschap.'

De uitzonderingen daargelaten was de Europese samenleving gericht op geldelijk gewin en hield zij voortdurend haar vizier gericht op de uiteindelijke terugkeer naar het moederland. Indië werd gezien als een profijtelijk maar voor het overige weinig aanlokkelijk intermezzo. De kolonie als doorgangshuis, niet minder maar ook niet meer. Leven, vond de Indischgast, zou men pas weer in Holland. Het was zoals in dat gedicht 'Verlangen' in een krant uit 1922 onder woorden werd gebracht:

> Nu is 't in Holland winter...
> De zee beukt op het strand.
> Wij denken in Oost-Inje
> Aan 't lieve vaderland,
> Met al z'n kou en regen,
> Met heel dien hemel grijs,
> En alles nat en drassig.
> Maar tóch ons paradijs!

Cynisch over de cultuurgevoeligheid van de Indischman waren ook de journalisten die de in vrijwel elk totok-gezin aanwezige leestrommel in verband brachten met het leesgedrag in Indië. Hun getuigenissen komen onveranderd op hetzelfde neer: wat er aan serieuze lectuur in de trommel zat, werd veelal terzijde gelegd, maar 'van de *Journal amusant*, de *Vie Parisienne* en de *Wiener Caricaturen* wordt daarentegen des te meer gesmuld, en van een of ander pikant Fransch romannetje niet minder.'

Ook in de boekhandel en bibliotheken kon men voornamelijk terecht voor het lichte genre. Waar men vooral in geïnteresseerd was, vertelde een bibliothecaris van een Soerabajase bibliotheek: het gros van de lezers valt op boeken van Zola en andere 'schuine dingen' of op die 'met tien moorden om een dubbeltje'. De voorkeur van de lezers – het waren vooral lezeressen – ging uit naar het licht verteerbare en 'zoetsappige' genre. Afgezien van M.J. Brusses *Boefje* was de eigentijdse Nederlandse literatuur weinig in trek. Heel veel uitgeleend werden de boeken van nu vrijwel vergeten auteurs als W. Heimburg, Melati van Java, Thérèse Hoven, Marie Corelli, E. Werner en E. Marlitt: ontspanningslectuur als 'verstrooiing voor ledige uren' zoals Henri Borel het eens uitdrukte. Het lezen was, schreef hij, 'uitsluitend distractie, *uit*spanning en géén *in*spanning'.

INTERMEZZO: DE INDONESISCHE LEZER

De Indische kranten lichten ons eveneens in over het leesgedrag van Indonesiërs. Een uitvloeisel van de ethische richting in de koloniale politiek was de oprichting in 1908 van de Commissie voor Volkslectuur (kortweg 'Volkslectuur'). Onder de Indonesische bevolking was zij vooral bekend als Balai Poestaka. Haar activiteiten waren indrukwekkend. Niet alleen was zij actief als uitgeefster, maar zij beheerde ook talrijke, overal op Java aanwezige volksbibliotheken, waarvan er in 1930 drieduizend waren, een aantal dat zich daarna nog uitbreidde. Het totale getal uitleningen bedroeg meer dan twee miljoen per jaar. Het aantal 'geregelde' Indonesische lezers lag ver boven de tweehonderdduizend.

Wat de uitleningen betreft, valt het op dat vooral in het Maleis vertaalde boeken de meest gevraagde waren. Het meest uitgeleend werden J.F. Oltmans *De schaapherder*, *Alleen op de wereld* van Hector Malot, *De drie musketiers* van Alexandre Dumas, Rudyard Kiplings jungleboek en *De reis om de wereld in tachtig dagen* van Jules Verne. Van de vruchten van eigen bodem vielen vooral de wajang-verhalen in de smaak.

'Volkslectuur' had eveneens volksbibliotheekjes met Nederlandstalige lectuur onder haar hoede. Ze bevonden zich vaak in Hollandsch-Inlandsche scholen en waren behalve voor de leerlingen beschikbaar voor Europeanen. Het zullen vooral Indo-Europeanen geweest zijn die er leenden. Ook hier trok het romantisch-spannende genre de meeste belangstelling. Bijzonder geliefd waren eveneens de boeken van Johan Kievit, met name die over Dik Trom met de tekeningen van Johan Braakensiek.

VERTIER VOOR JONG EN OUD

Ik keer terug naar het door de totoks na gedane arbeid genoten amusement. Niet naar het door een culturele elite in de Kunstkring beluisterde concert, lezing of literaire voordracht, maar naar het door jong en oud gesavoureerde vertier. Dat zocht men allereerst in de tot in de kleinste Europese gemeenschappen aanwezige sociëteiten. Kwamen er door de week vooral mannen om bij te praten, een 'partijtje te maken' of te biljarten, in de weekends stond het dansvermaak vaak op het menu, waaraan, lezen we in 1926, 'men zich met verbluffenden hartstocht' overgaf: sedert 'de opkomst van de Jazz-band en de bedenkelijke toenemende dansmanie schijnt over het algemeen het publiek geen bevrediging meer te vinden in goede muziek, waarbij niet gedanst en gehost kan worden.'

Hoezeer die 'dansmanie' serieuze muziek naar de achtergrond kon dringen, leert ons een artikeltje uit 1921 met daarin de aankondiging dat er – het gebeurde in Malang – na afloop van een opvoering van *Die Schöpfung* van Joseph Haydn gelegenheid zou zijn om te dansen: 'zonder die "nadanserij" als attractie', zouden de organisatoren 'geen kans zien de onkosten […] goed te maken'. Waarop weer een andere krant – en ook dat is veelzeggend – reageerde met de opmerking dat dit niet zozeer te wijten is aan het publiek: 'de schuld ligt bij hen, die oratoria willen opdringen aan een publiek, dat voor zijn geld dansen wil'.

Het gezelligheidsleven in de sociëteiten, de zondagse stafmuziek – ik schreef er hierboven al over – en ook de massaal bezochte, op veel plaatsen gehouden paardenraces hoorden tot het traditionele vermaak. De jaarmarkten in de kuststeden vormden een ontmoetingsplaats voor alle bevolkingsgroepen. Het was op die pasar malams dat de Indonesische bevolking de voortbrengselen van haar nijverheid kon tonen en verkopen. Heel populair was de Pasar Gambir op het Koningsplein in Batavia, waar in de jaren dertig op één avond soms zo'n zeventigduizend bezoekers waren. Behalve veel kermisvermaak trof men daar in aparte gebouwen de tentoonstellingen aan, die van de al genoemde inheemse nijverheid maar ook van 'pluimvee, katten en geiten'.

| *Tropenstijl*

Aankondiging voetbalwedstrijd in Makassar

De jaarmarkten weerspiegelden de ontwikkelingen van het sociale leven. Daar hoorde in de jaren dertig de dancing gewoon bij; ook de snel toenemende belangstelling voor sport vond men op de jaarmarkten terug. Zo was er op de Pasar Gambir van 1936 een wielerbaan aangelegd waar renners hun bravoure toonden, dit alles om de wielersport in Indië te stimuleren.

Tot de ontspanning van velen hoorde de sportbeoefening. Naast het zwemmen werd er veel getennist. Populair in vooral het Indo-milieu was het boksen. Maar verreweg de meest beoefende sport was het voetbal. Door Europeanen – eind negentiende eeuw al werden de eerste *footballclubs* opgericht – en door Indonesiërs. Kranten kwamen na een als belangrijk geachte 'stedenwedstrijd' soms met speciale edities uit. Dat deed het *Bataviaasch Nieuwsblad* bijvoorbeeld op een zaterdagavond in april 1927 toen de wedstrijd Bandoeng-Batavia werd gespeeld: 'Wij verschijnen Zaterdagavond', aldus de krant enkele dagen daarvoor, 'onmiddellijk na het eind van den strijd met een extra editie, die het volledig verslag geeft van de ontmoeting.'

DE BIOSCOOP

Speciale aandacht verdient de bioscoop die in het begin van de twintigste eeuw binnen de kortste keren overal in de archipel doordrong. Aanvankelijk werden vooral Franse speelfilms gedraaid; tijdens en na de Eerste Wereldoorlog werden die goeddeels verdrongen door Amerikaanse producties. Immens populair was de film eveneens onder de Indonesische bevolking. Tot in het kleinste gat was de bioscoop aanwezig, vaak in de vorm van 'een eenvoudige loods met een zinken dak'. Zelfs op plantages werden af en toe films vertoond ter vermaak van de koelies. Blank en bruin, uiteraard streng van elkaar gescheiden, keken in het algemeen naar dezelfde voorstellingen. Vanzelfsprekend werd er in de pers, de Europese zowel als de Indonesische, ingespeeld op die massale belangstelling. In aparte rubrieken werden film aangekondigd en besproken.

Vooral in de binnenlanden werd de bioscoop gezien als een ware uitkomst. We lezen dat bijvoorbeeld in een krant uit 1911, waarin tevens de vinger wordt gelegd op het door veel blanken gevoelde gevaar van de bioscoop voor hun prestige:

Reclamebiljet bioscoopvoorstelling in Solo

> Voor Indië is de veelgesmade bioscoop de uitkomst, de redder uit den
> nood van verloren te gaan in de eentonige omgeving. De bioscoop waar-
> van massa's kwaad zijn te vertellen, die de inlanders leert zakkenrollen,
> inbreken, politie-bedotten, moorden, brandstichten; die heel ons prestige
> in de grond trapt omdat ze de gênante manieren van de verkeerd geaarde
> blanken zóó maar aan den bruinen broeder vertoont.

We begrijpen wel ongeveer wat de schrijver ermee bedoelde. Aanstoot-gevend gedrag van Indonesiërs tegenover Europese vrouwen en meisjes vinden we van tijd tot tijd in verband gebracht met de film. Zoals in een Bataviase krant uit 1934, waarin verontwaardigd wordt verteld over per trein naar hun kantoren reizende 'telefoonmeisjes' – veelal jonge Indo-Europese vrouwen – die werden geconfronteerd met 'vieze kerels'.

Het verbaast natuurlijk niet dat al spoedig de roep weerklonk om film-keuring en dus censuur. Omstreeks 1915 was die een feit. De Europeaan kreeg zijn zin, hoewel hij het nu tot zijn voortdurend opborrelende erger-nis ook zelf moest doen met gekuiste films. Behalve zinnenprikkelende passages betroffen die mutilaties vaak geweldscènes. Onder anderen H.C. Zentgraaff pleitte voor een dubbele keuring, een voor het Europese en een andere voor het Indonesische publiek. Het gaf immers geen pas, zo schrijft hij, dat de Europeaan 'den maatstaf van zijn kebon [tuinjon-gen] werd aangelegd'. Zo'n dubbele keuring is er nooit gekomen. De irritatie bleef.

Ergernis over de filmcensuur bestond er natuurlijk niet alleen onder de Indischgasten; ook onder Indonesische bezoekers van de bioscoop leidde zij van tijd tot tijd tot grote boosheid. Alleen werd er in de kranten nauwelijks melding van gemaakt. Eén geval kwam ik tegen: het betrof een incident rond de Djempol-bioscoop in Batavia, op een zaterdag-avond in januari 1933. Lekker gemaakt door de reclame voor een uit China geïmporteerde geweldsfilm was het publiek zo teleurgesteld over wat het binnen te zien kreeg – ongeveer de helft van de film bleek weg-geknipt – dat het de loketten bestormde en zijn geld terugeiste. De rel werd met de gummistok gesmoord.

DE KRANT ALS BRON VAN AMUSEMENT

Al viel er na 1900 geleidelijk meer te beleven voor de Europese bevolkingsgroep, in het algemeen gesproken bleef het Indische bestaan nogal eenvormig en saai. De behoefte aan afleiding en verstrooiing bleef groot. Daaraan tegemoet te komen zagen de krantenredacties onveranderd als een voorname opdracht. Hoe belangrijk het nieuwsblad was in het leven van de Indischgast, wordt ons van tijd tot tijd verteld. E.J. van Lidth de Jeude, redacteur van het grote *Nieuws van den Dag voor Nederlandsch-Indië* in Batavia, merkte in 1928 op dat de krant 'door de heele familie van a tot z wordt gelezen, nieuws, familieberichten en advertentiën, alles'. Hij vervolgde:

> De komst van de krant in het Hollandsche gezin in Indië is iederen dag opnieuw een gebeurtenis. Voor de meesten is dan de dagtaak afgeloopen. [...] Het theeuur is gekomen. De vrouw des huizes heeft gerust, de man is terug van zijn werk. De huisjongen brengt het theeblad met de koekjes, toast of sandwiches in de voorgalerij, en de krantenlooper, meestal een kleine 'katjong' [jongen], brengt het avondblad [...]. En dan begint de lectuur, zorgvuldig en aandachtig, een lectuur, waarbij de bladen van hand tot hand gaan, en die zoo noodig na het avondeten wordt voortgezet.

Wat hun nieuwswaarde betreft konden de toonaangevende Indische kranten de vergelijking met die in het moederland aangaan, maar in andere opzichten waren het 'onvergelijkbare grootheden', zoals het *Bataviaasch Nieuwsblad* het uitdrukte. De verschillen betroffen de leesbaarheid. De Nederlandse bladen kennen het

> geheim niet om de lezers naar hun dagblad te doen grijpen als naar een lectuur, die interessant en ontwikkelend en daarbij ook ontspannend is. Een hollandsch blad is droog en zakelijk, waarin het nieuws is geworpen als aardappelen in een bak, een indische courant is een tot smakelijke hutspot verwerkte schotel, waarbij een elk met graagte aanzit.

De zojuist al geciteerde Van Lidth de Jeude schreef dat de Indische journalistiek 'heel weinig gemeen heeft met de Nederlandsche'. Terwijl men in Holland vaak zijn heil zoekt in lange beschouwingen, probeert

Redactie *Bataviaasch Nieuwsblad*, circa 1910

de journalist in Indië juist alle zwaarwichtigheid te vermijden: wat hier wordt geschreven, is 'korter, heviger, heftiger [...]. Een exemplaar van een dagblad heeft een kort leven: het is een vlinder van één dag. Dit feit moet teruggevonden worden in den inhoud. Maar... de vlinder mag sterke kleuren hebben. Om opgemerkt te worden.'

Hierboven sprak ik over de in de Indische journalistiek gebezigde 'tropenstijl' met de daaraan inherente personaliteiten. In de decennia na 1900 bereikte die 'toon', zoals dat vaak werd genoemd, zijn hoogtepunt. In de aanvallen bijvoorbeeld op de ethische politiek waarvan de koloniale Nederlanders, en dus hun kranten, steeds minder waren gediend. Maar evenzogoed in de polemiek tussen journalisten onderling. Verschillen van mening lagen ten grondslag aan twistgeschrijf dat gemakkelijk leidde tot beledigingen, pesterijen en zelfs scheldkanonnades. C.A. Kruseman, leider van de *Java-Bode*, die voortdurend blootstond aan beledigende verwijten een pro-gouvernementele koers te volgen, schreef in 1906: 'Het zal ons een ware verlichting zijn, als wij over ongeveer een maand voor een wijle naar Europa vertrekken, ons duchtig te laten desinfecteeren van het Indische persvuil'. De lange tijd in de kolonie vertoevende arabist C. Snouck Hurgronje had het over een dagbladpers die 'hare invectieven [scheldwoorden] uit alle achterbuurten samenleest'.

Elke samenleving heeft de pers die zij verdient. Ook wat Indië betreft, zit er in deze stelling veel waars. Nogal wat redacteuren zochten met hun 'grove onhebbelijkheden' de gunst van het publiek dat zich amuseerde met dit soort gepeperde kost. Opvallend is dat van tijd tot tijd het ene blad het andere ervan beschuldigde tot de 'gele pers' – vertaling van het Amerikaanse 'yellow press' – te behoren, jacht als het zou maken op sensationele berichten en saillante nieuwtjes over bekende personen. In de kolonie hield men van prikkelende lectuur, vooral natuurlijk als die kwam uit een getalenteerde pen.

Zoals in de laatste decennia van de negentiende eeuw, beschikte de Indische pers na 1900 over stilistisch begaafde journalisten. H.C. Zentgraaff, A.J. Lievegoed, J.E. Stokvis, Th. Thomas, Karel Zaalberg en W. Belonje waren zulke talenten. Maar verreweg de knapste stilist was Karel Wybrands. Zijn in Batavia gevestigde *Nieuws van den Dag voor Nederlandsch-Indië* was de grootste krant in de kolonie. Populair was hij overigens niet alléén om zijn schrijftalent, ook zijn uiterst rechtse politieke standpunten vonden een goed onthaal in de koloniale gemeenschap. Aan Wybrands, zijn leven en carrière, is in deze bundel een apart artikel gewijd.

De Indische krant, het zij hier nogmaals gezegd, was een 'meneer'. De hoofdredacteur bepaalde haar karakter en 'toon'. Zijn succes of falen was afhankelijk van zijn schrijftalent en (politieke) opvattingen, maar ook van de mate waarin hij zich kon inleven in de smaak en wensen van de Indische lezer. Voortdurend diende hij alert te zijn op nieuwe mogelijkheden de abonnee te gerieven. Die abonnee hield van een prikkelende column over de dingen van de dag, van een gemene roddel, van de 'chronique scandaleuse' in het algemeen, en niet te vergeten van de perkara's (affaires): het ritselde ervan in de kolonie; ontbrak het daar op enig moment aan, dan werden ze niet zelden door een krant zelf in het leven geroepen.

De kranten bleven daarnaast onverminderd voor veel verstrooiende lectuur zorgen. Ook het vervolgverhaal handhaafde zijn vaste plaats. Opmerkelijk echter is dat het vóór 1900 zo veelvuldig aanwezige Indische feuilleton, zozeer aanwezig dat het aan de basis stond van de Indisch-Nederlandse letterkunde, zijn dominante positie in de jaren

Een kindercourant

daarna verloor. Wel bleef het literaire feuilleton populair, maar dan ging het meestal om vertalingen van buitenlandse literatuur. Die teloorgang, en dat binnen een zeer kort tijdsbestek, had alles te maken met het na de eeuwwisseling snel westerser wordende leefpatroon. De nieuwkomers leefden Europees en hadden geen of weinig voeling met die intrigerende Indische wereld die de Europeaan van de laatste decennia van de negentiende eeuw voelde als 'eigen' en waarover hij graag las. Het oude Indië was passé en daarmee ook de daarin wortelende bellettrie.

Naarmate het totokgehalte van het Europese bevolkingsdeel toenam, groeide het aantal, vooral op vrijdag en zaterdag verschijnende, bijvoegsels: dat voor de dames en kinderen (de 'kindercourant') bijvoorbeeld, en de supplementen gewijd aan cultuur en literatuur, techniek (zoals de auto en 'aviatiek') en de snel aan populariteit winnende sport. Tekenaars zorgden voor illustraties. Het waren er nogal wat in de loop van de jaren: Is. van Mens, Cor van Deutekom, Frits van Bemmel, Willy Sluiter, Willem van der Does en Menno van Meeteren Brouwer, om enige bekende te noemen. Vooral Van Meeteren Brouwer, werkend voor verschillende kranten en weekbladen, was een grote naam in Indië.

Afgezien van het bijvoegsel voor de dames, werd er veel werk gemaakt van de vrouwenrubrieken in het algemeen. Zij werden veelal geschreven en geredigeerd door vrouwen. Het was ongeveer het enige terrein waarop zij in de Indische journalistiek een actieve rol vervulden. Dat was begonnen aan het eind van de negentiende eeuw en hing samen met de maatschappelijke ontwikkelingen: in Europa – de voortschrijdende vrouwenemancipatie – en in Indië waar steeds meer Europese vrouwen kwamen te wonen. De lezeres ging een steeds groter gewicht in de schaal leggen. Onder de correspondentes in Nederland en Indië waren veel bekenden zoals Anna de Savornin Lohman, Jeanne Reyneke van Stuwe, Nelly van Kol, Thérèse Hoven, Beata van Helsdingen-Schoevers en G.C. van der Horst-van Doorn. Zij schreven voor de 'dames', de term die terugkeerde in de titels van hun rubrieken: 'Damespraatje', 'Causerieën voor de dames', 'Iets voor de dames'. Zo nu en dan trad er een medewerkster op die zich niet uitsluitend tot haar seksegenoten richtte, zoals Dé-lilah (pseudoniem van Lucy van Renesse) en Carry van Bruggen die enige tijd de wekelijkse rubriek 'Van boek en tijdschrift' verzorgde in de *Deli-Courant* waarvan haar man, Kees van Bruggen, hoofdredacteur was.

Menno van Meeteren Brouwer, populaire
tekenaar in dag- en weekbladen

TOT SLOT: INDISCHE WEEKBLADEN

In de eerste vier decennia van de twintigste eeuw vormde zich in de kolonie een gemeenschap van enkele honderdduizenden Europeanen. Het kon niet uitblijven dat het publiekstijdschrift, dat zich in Nederland al een eigen plaats had veroverd, ook in Indië zijn opwachting zou maken. Dat gebeurde vanaf omstreeks 1900. Het ging daarbij vrijwel altijd om weekbladen die zich met hun zeer gevarieerde inhoud richtten op de Europese samenleving als geheel. Daarnaast werden ze gelezen door een bovenlaag van Indonesiërs en Chinezen.

Die weekbladen werden nogal eens opgericht door hoofdredacteuren van Indische kranten. Het *Weekblad voor Indië* bijvoorbeeld was een schepping van M. van Geuns en *Het Indische Leven* en zijn opvolger *Woord en Beeld* van Karel Wybrands. H.C. Zentgraaff gaf enkele jaren leiding aan *De Indische Post*.

Er zijn vrij veel van die weekbladen geweest: met de damesweekbladen meegerekend ongeveer twintig, waarvan er acht heel populair werden. Dat waren het *Weekblad voor Indië* (1904-1920), *De Reflector* (1915-1922), *Het Indische Leven* (1919-1928), *Woord en Beeld* (1929-1930), *De Zweep* (1922-1923), *De Indische Post* (1921-1939), *d'Oriënt* (1923-1942) en *Actueel Wereldnieuws en Sport in Beeld* (1924-1942).

Zoals al opgemerkt, werd er vooral gelezen door de 'dames'. De eerste weekbladen waren dan ook voor hen bestemd. Het waren *'De Echo': Weekblad voor Dames in Indië* (1899-1906) en zijn opvolger *Damesweekblad voor Indië* (1906-1911). Interessant is de emancipatorische inslag van beide tijdschriften. Ze richtten zich in het bijzonder op ontwikkelde vrouwen. Regelmatig was er aandacht voor de rol van de vrouw in de samenleving, het huwelijk en de opvoeding. Toch domineerde dat maatschappijkritische aspect niet. De bladen waren vooral attractief door de lectuur die ze boden: onder andere korte verhalen, feuilletons en gedichten.

Het damesweekblad werd al spoedig verdrongen door het op een algemeen Indisch publiek toegesneden tijdschrift. Het genre begon aan een spectaculaire opmars met het in 1904 gestichte *Weekblad voor Indië*. Oprichter en eigenaar was M. van Geuns, hoofdredacteur van het *Soerabaiasch Handelsblad*. Het tijdschrift was zeer succesvol en heeft als model gediend voor de andere, na 1915 opgerichte weekbladen. De oplagen van nogal wat van die bladen waren voor Indische begrippen groot. *De Indische Post* en *d'Oriënt* hadden meer dan tienduizend abonnees. Geen enkele Indische krant heeft dat aantal ooit gehaald. Tegelijkertijd was de concurrentie moordend, wat verklaart dat ten slotte slechts drie weekbladen zich een langere periode hebben kunnen handhaven: *De Indische Post*, *d'Oriënt* en *Actueel Wereldnieuws en Sport in Beeld*.

Die grote weekbladen beschikten over een keur aan medewerkers, in en buiten Indië. Onder hen waren vrij veel Indische dagbladjournalisten. Zij hadden hun sporen verdiend en kenden het Indische leefmilieu. Een medewerker die men in vrijwel alle weekbladen aantreft, is de al eerder ter sprake gebrachte Hans van de Wall. Behalve als criticus en schrijver (van verhalen, feuilletons en toneel) was hij in die tijdschriften, zoals in sommige kranten, actief als pleitbezorger voor een Indische cultuur.

Omslag *De Indische Post*, 11 februari 1933

Het in 1915 opgerichte *De Reflector* kondigde zich als volgt aan: 'Het zal zijn een weekblad dat zich moet onderscheiden door luchtige, vluchtige lectuur'. Die karakteristiek gold voor elk Indisch weekblad. Van Geuns had het in zijn *Weekblad voor Indië* zo gezegd:

> In dit land met zijn heete zon, waar door velen hard gearbeid wordt, mag ons de eisch gesteld worden dat wij niet alleen behooren te verheffen en te onderrichten, maar ook behooren te verstrooien en te ontspannen. Daarom zal het *Weekblad voor Indië* naast de ernstige de luchtige muze dienen en er naar streven elck wat wils te geven […].

Die 'luchtige muze' verdeelde zich over een veelheid van onderwerpen: actualiteiten en nieuwtjes, politiek en economie, wetenschap en sport, kunst en literatuur. De sensatie ontbrak niet: een recente moord, roofoverval of andere geruchtmakende gebeurtenissen kregen het volle pond. Pikante tekeningen en foto's gaven daaraan extra smaak. Voor de dames waren er de rubrieken over mode, het huishouden, de opvoeding en aanverwante zaken. Ook de kinderen hadden hun speciale hoekjes. Europa en het moederland waren in elk nummer aanwezig, al viel de nadruk op Indië. Veel plaats was vanzelfsprekend ingeruimd voor verstrooiende lectuur.

Omslag *d'Oriënt*, 15 maart 1941

Wat die amusementslectuur betreft zien we ongeveer hetzelfde gebeuren als in de dagbladpers: het Indische feuilleton, verhaal of gedicht maakten in hoog tempo plaats voor in Europa of Amerika spelende leesstof. Wel leefde die zich op Indië oriënterende lectuur in de tijdschriften een wat taaier leven dan in de dagbladen. Maar na 1920 is het ook in de weekbladen daarmee goeddeels gedaan. Van de in *De Indische Post* bijvoorbeeld opgenomen verhalen is vóór 1920 nog twintig procent 'Indisch', van die na 1930 slechts negen. Duidelijker nog is het beeld in *d'Oriënt*: van de veertienhonderd verhalen die daarin in de twintig jaar van zijn bestaan werden geplaatst, had slechts achttien procent betrekking op de kolonie. Van de vóór 1930 opgenomen verhalen was dat nog vierendertig procent, van de na 1930 gepubliceerde verhalen blijkt dat gereduceerd tot zeven procent.

Het zijn veelzeggende cijfers: onder de Indischgasten voltrok zich een ingrijpende mentaliteitsverandering ten opzichte van hun inheemse omgeving. Verwestersing en (politieke) verrechtsing resulteerden in een verregaande vervreemding tussen Europeanen en Indonesiërs. De snel afnemende aandacht voor het 'Indische' zien we onder meer gereflecteerd in het in dag- en weekblad geboden amusement.

Harry Poeze

Veel ernst en weinig verstrooiing
Een Indonesische krant in Medan uit 1933

Wat was het verstrooiende gehalte van de Indische pers? Als aanvulling op Gerard Termorshuizens overzicht van de Indische pers, waarin natuurlijk de hoofdlijn een serieuze beschrijving van serieuze ontwikkelingen verschaft, is het heel goed te kijken naar een andere functie van de krant, niet minder gewichtig om lezers te trekken en te behouden. Die lezer moest niet slechts worden geïnformeerd en onderwezen, maar ook worden onderhouden.

Termorshuizens aandacht gaat vooral uit naar de Nederlandstalige pers. In vergelijkend perspectief wil ik een bijdrage leveren over de Indonesischtalige pers. Al enige maanden geleden kwam ik op het idee, op dat ogenblik volledig ongehinderd door enige kennis van zaken over dit specifieke onderwerp, ook eens te kijken naar een Indonesische krant en de door haar geboden verstrooiing. Bij mijn weten is hierover nog nooit iets gepubliceerd. Er bestaat een aantal overzichten van de Indonesisch- of Maleistalige pers tijdens de koloniale periode, met name van kranten en journalisten en schetsen van ontwikkelingen, maar geen enkele reikt tot de diepgang van Termorshuizens panorama.

Bij enig nadenken leek voor mijn pioniersarbeid een steekproefsgewijze aanpak de meest aangewezene. Kies een krant en een jaargang, zet de film ervan – jaargangen in originele vorm zijn buiten de Perpustakaan Nasional (Nationale Bibliotheek) in Jakarta nauwelijks aanwezig – in het leesapparaat en lees.

De keuze van een krant is natuurlijk niet zo willekeurig als hierboven gesuggereerd. Beschikbaarheid stelde haar beperkingen. Vervolgens moest het een krant zijn van enige allure, met de pretentie haar lezers breed te informeren over ontwikkelingen in binnen- en buitenland en daarop commentaar te leveren. Daarmee vielen bladen met een directe binding aan een politieke partij af.

| *Tropenstijl*

Een kandidaat leek het dagblad *Pewarta Deli* (Delisch Nieuwsblad), dat sinds 1910 in Medan verscheen. Door een gelukkig toeval is de film met een vrijwel complete collectie van de in de jaren dertig verschenen afleveringen beschikbaar. De krant is voor mij ook interessant omdat een aantal malen werd geschreven – op het snijvlak van feit en fictie – over de activiteiten van Tan Malaka, de sinds 1922 verbannen communistische leider. Hij zwierf rond in het Verre Oosten en Zuidoost-Azië en niet op waarheidsgehalte te toetsen berichten verschenen in de pers; *Pewarta Deli* deed daaraan mee, uit eigen fascinatie en die van zijn lezers.

Voor de verdere aanpak was een beperking in de tijd nodig – een jaargang bestond uit meer dan drieduizend pagina's in grootformaat. Zonder veel nadenken stelde ik de te onderzoeken jaargang op 1933. In en buiten Indonesië gebeurde er veel. Hitlers machtsovername in Duitsland en de infiltratie en opmars van Japan in China zorgden voor krantenkoppen. In het eigen land was er de muiterij op het Nederlandse oorlogsschip 'De Zeven Provinciën' in februari 1933 die tot een verharding van de Nederlandse koers tegenover het nationalistische streven leidde. Onder aanmoediging van gouverneur-generaal B.C. de Jonge werden de teugels aangetrokken. Het formidabele arsenaal aan wettelijke middelen werd ingezet om de nationalistische beweging in te perken, waarvan een deel zonder gerechtelijke tussenkomst door het bestuur kon worden toegepast. Zo verdwenen politieke leiders naar het interneringsoord Boven-Digoel diep in Nieuw-Guinea. En de populaire voorman Soekarno werd opgepakt en verbannen naar Flores. Rekbare nieuwe wetsartikelen – de artikelen kregen de aanduiding *karet* (van rubber) mee – legden de vrijheid van pers en vergadering aan banden en met tientallen processen en maatregelen werd de speelruimte van nationalistische partijen en periodieken ingeperkt.

PEWARTA DELI

Pewarta Deli begon al in 1910 als een 'nationale krant', een blad dat niet met Nederlands of Chinees kapitaal tot stand was gekomen. De verantwoordelijke uitgever was de Naamloze Vennootschap Sjarikat Tapanoeli, opgericht door Medanse zakenlieden met een Bataakse of Mandailing achtergrond. Sjarikat Tapanoeli beperkte zich niet tot de publicatie van *Pewarta Deli* maar verzorgde ook ander drukwerk, gaf boeken uit en exploiteerde een boekhandel annex kantoorboekhandel.

Veel door Indonesiërs geredigeerde period. volgzaam vonden.
Zo behoorde *Pewarta Deli* rond 1928 tot de weinige Indonesische dagbladen die de pretentie hadden een echte krant te zijn , maar die in de verwezenlijking daarvan nog lang niet dat doel hadden bereikt. Een flinke impuls in de goede richting kwam er met het aantrekken van Adi Negoro als medewerker. Hij werd al spoedig hoofdredacteur.[1]

ADI NEGORO

Adi Negoro werd in 1904 geboren als Djamaloeddin in West-Sumatra als zoon van een bestuurder in gouvernementele dienst. Hij behoorde tot de Minangkabause traditionele elite en kreeg in 1926 de titel Datoek Maradjo Soetan aan zijn naam toegevoegd. Zijn oudere halfbroer was de flamboyante Muhammad Yamin (1903-1962) die als literator, politicus en historicus bijna veertig jaar lang opschudding veroorzaakte. Djamaloeddin genoot door zijn afkomst het voorrecht aangepast Europees onderwijs te mogen volgen – de Hollandsch-Inlandsche School in Palembang. Een van de weinige mogelijkheden voor een vervolg hierop vormde de School tot Opleiding van Inlandsche Artsen (STOVIA) in Batavia. Daar belandde Djamaloeddin in 1918, voor een interne en langdurige opleiding. Zijn belangstelling voor een loopbaan als arts nam hier geleidelijk af en navenant groeide zijn interesse in een bestaan als literator en journalist. Hij zond zijn eerste artikelen naar de gezagsgetrouwe kranten *Tjahaja Hindia* (Het Licht van Indië) en *Neratja* (De Balans). Daar ook kreeg hij zijn nieuwe naam Adi Negoro, omdat de STOVIA zijn leerlingen verbood publicistische activiteiten te ontplooien. In 1925 maakte Adi Negoro definitief zijn keuze. Hij verliet de STOVIA, en slaagde erin zijn grote wens om naar Europa te vertrekken om de blik te verwijden en de kennis, vooral over de journalistiek, te vergroten, in vervulling te doen gaan. Hij zou pas in 1931 terugkeren. De kosten van zijn overzeese avontuur betaalde hij uit de opbrengsten van artikelen voor de Maleistalige pers.

Hij kreeg ingang bij Balai Poestaka, de gouvernementele uitgeverij die voor verantwoorde lectuur en literatuur, zowel qua taal als inhoud, garant stond. Adi Negoro was zeer geïnteresseerd in de ontwikkeling van de Maleise taal, die in zijn geboortestreek zijn oorsprong vond. Zijn ideeën daarover correspondeerden met die van Balai Poestaka.

Balai Poestaka gaf ook daarom in 1927 en 1928 graag de twee romans uit die Adi Negoro schreef met een overbekend thema: de vrije huwelijkskeuze. Ze werden herdrukt en zelfs in het Soendanees vertaald. Voor het populaire maandblad van Balai Poestaka, *Pandji Poestaka* (Het Boekenvaandel), schreef Adi Negoro zijn Europese reisbrieven. Zij werden als *Melawat ke Barat* (Een reis naar het westen) in drie delen uitgegeven. Het zijn informatieve, maar niet verrassende en soms opstelmatige reisverslagen. Ook in *Bintang Timoer* (De Ster van het Oosten) en *Pewarta Deli* kon Adi Negoro zijn schrijfsels kwijt. Het eerste dagblad was in Batavia onder de bekwame leiding van Parada Harahap een echte en gezaghebbende krant geworden.

Adi Negoro bereisde vrijwel geheel Europa en vestigde zich langere tijd in Duitsland waar hij in Berlijn, München en Würzburg journalistiek, geografie, cartografie en geopolitiek studeerde. Hij behoorde met twee collega's tot de eerste Indonesiërs die zich hierin verdiepten.

Pas in 1931 keerde Adi Negoro dus terug. Hij kon hoofdredacteur worden van *Pandji Poestaka* en als tweede man na Parada Harahap aantreden bij *Bintang Timoer*. Maar beide functies, die zekerheid beloofden, liet hij aan zich voorbijgaan; hij koos voor *Pewarta Deli*, aangemoedigd door het hoge salaris dat deze krant bood. Hier had hij de vrije hand een krant te kneden naar zijn eigen idee. Het was een proces dat tijd kostte, maar dat in de jaargang 1933 al duidelijk tot uitdrukking kwam. Adi Negoro had daarbij het geluk dat hij bekwame medewerkers aantrof en ook aantrok. De belangrijkste van hen was Hasboellah Parindoeri, die publiceerde onder de naam Matu Mona of M.M.[2]

MATU MONA

Hasboellah was een kind van de streek en werd geboren in 1910. Hij genoot slechts vijf jaar onderwijs, waarna hij hulponderwijzer was op een Engelstalige school en inmiddels al artikelen inzond naar *Pewarta Deli*. Dat waren journalistieke verslagen, maar ook korte verhalen, feuilletons en gedichten. Hij kwam in dienst in 1931 en bleek een uiterst productief auteur. Zijn salaris bedroeg dertig gulden per maand; het drie- of viervoudige van dat van een hulponderwijzer. En dat salaris vulde hij aan met het honorarium voor zijn in boekvorm uitgegeven feuilletons. Met de aanzienlijke honoraria hiervoor werd hij een rijk man.

Zijn boeken pasten in een genre dat vooral populair was in Medan. De verzamelnaam ervoor was *roman picisan*, stuiversromans. Door de puristen van Balai Poestaka werd het taalgebruik als minderwaardig beschouwd; in één adem werd ook de inhoud gediskwalificeerd als ondermaats. Dat 'officiële' oordeel werd heel lang min of meer klakkeloos overgenomen door latere literatuuronderzoekers, die ook kampten met het gebrek aan toegang tot deze romans. De depotbibliotheek van het Bataviaasch Genootschap had deze publicaties nooit verzameld en ook het KITLV haalde toentertijd zijn neus op voor het genre. Pas in de jaren tachtig en negentig zijn alsnog honderden titels in de KITLV-bibliotheek beland. De meeste ervan worden nu als Chinees-Maleise publicaties gerubriceerd, maar daarnaast zijn er tientallen verschenen van Indonesische auteurs. Zij werden uitgebracht in series in een frequentie van een, twee of drie keer per maand onder serienamen als Doenia Pengalaman (Wereld van Belevenissen), Loekisan Poedjangga (Schrijversverbeeldingen), Tjendrawasih (Paradijsvogel) en Doenia Pergerakan (De Wereld van de Beweging). Het aantal abonnees bedroeg niet minder dan drie- tot vierduizend. Het detectivegenre was vooral populair, waarbij spionage, romantiek, heldendaden, verraad en mysteries tot smakelijk leesvoer werden gemengd. Meer dan de Balai Poestaka-uitgaven verschaffen zij een blik op het leven en de idealen van de lezers van deze boekjes, de nieuwe middenklasse – de overgang naar en aanpassing aan de 'moderne tijd'. De romanvorm verschafte ook de mogelijkheid de nationalistische politieke boodschap uit te dragen – het was immers maar fictie... Optreden van de overheid tegen deze uitgaven vond maar zelden plaats. De PID miste de mankracht en deskundigheid om deze stortvloed aan publicaties te volgen en te vervolgen.[3]

DE KRANT IN 1933

Hoe zag *Pewarta Deli* er uit in 1933? Het blad verscheen dagelijks in het toen gebruikelijke grote formaat. Het telde elke dag tien of twaalf bladzijden, in drie apart genummerde katernen. Foto's en kaarten vulden de geschreven informatie aan. Ongeveer de helft van die ruimte werd gevuld met advertenties. In uiterlijke vorm en omvang leek het op de Nederlandstalige kranten, zoals de *Deli Courant* en *De Sumatra Post* die ook in Medan verschenen. Zelfs de abonnementsprijs was hetzelfde: twintig gulden per jaar, een stevig bedrag voor de Indonesische lezers. Dat en de algemene kennis die *Pewarta Deli* van zijn lezers vroeg, inbegrepen kennis van de Indonesische taal – volop in ontwikkeling om als nationale taal te kunnen fungeren – en het Nederlands – waarmee de krant was doorspekt – perkten zijn lezerskring in. Cijfers ontbreken, maar een schatting van maximaal duizend abonnees lijkt redelijk.

De krant rubriceerde zijn nieuws. Een hoofdartikel op de voorpagina, met daarnaast de telegrammen zoals geleverd door het persbureau Aneta. De aansluiting bij die dienstverlening vond overigens pas plaats in 1933 – een stap voorwaarts in de ontwikkeling naar een 'echt' dagblad. De andere rubrieken waren die met stads-, regio-, nationale en internationale berichtgeving. Lange stukken deden verslag van de Volksraadzittingen, waar de parlementaire immuniteit de radicale leden toestond hevige kritiek op de overheid te leveren. Er waren rubrieken voor 'diversen' en voor sportverslagen, zeer overwegend over voetbalwedstrijden in de regio, in de competitie waarin Indonesiërs en Chinezen uitkwamen. Lange artikelen vertelden over verre landen, over economische zaken en over volksgezondheid. Zo werd in elf afleveringen een verhandeling geplaatst over handel en reclame. Biografieën van belangrijke mensen en diepgravende beschouwingen over internationale ontwikkelingen, waarbij op een kolom meer of minder niet werd gekeken, informeerden en onderwezen de lezer. Misdaad in stad en regio werd uitgebreid verslagen, en bij de daaropvolgende rechtszaken moet er een stenograaf van de krant zijn afgevaardigd om een woordelijk verslag van de zitting op te stellen, dat vervolgens in de krant werd afgedrukt.
Vooral toen na de muiterij op 'De Zeven Provinciën' de repressie toenam, werd in uitvoerige reportages van politieke vergaderingen verslag gedaan van het steekspel tussen de sprekers en de aanwezige toezichthouders van politiezijde, die in een geagiteerde sfeer in enkele ogen-

Krantenkop *Pewarta Deli*, 14 juni 1933

blikken moesten beslissen of een spreker niet over de schreef ging. Zij deelden eerst waarschuwingen uit door een vergaderhamer te laten neerdalen, en bij herhaling liep hun optreden uit op een ontbinding van de vergadering en een mogelijk proces-verbaal tegen sprekers en organisatoren. Woordelijke verslagen zijn er ook van de rechtszaken waarin de daders van schrijf- en spreekdelicten werden gevonnist. De overheid had in deze gevallen het nakijken – een getrouw verslag van uitspraken binnen de muren van de Volksraad of een gerechtsgebouw kon toch geen reden tot vervolging opleveren?

Pewarta Deli kon zich geen vaste buitenlandse correspondenten veroorloven, maar beschikte wel over een netwerk van medewerkers die in langere stukken verslag deden van ontwikkelingen ter plekke. In 1933 werd zo uit Malakka, Thailand, de Filippijnen, India, Japan, China, Egypte en Nederland bericht.

Pewarta Deli was een nationalistische krant, maar niet partijgebonden. Die onafhankelijke positie maakte de krant minder verdacht in overheidsogen. Het uitblijven van maatregelen kan ook op rekening van Adi Negoro worden geschreven, die er in slaagde binnen de grenzen van de koloniale legaliteit te blijven. Het spande er overigens wel eens om. In 1932 was bij Adi Negoro huiszoeking verricht waarbij de politie zocht naar documenten, in het bijzonder naar brieven die zouden bewijzen dat hij contact onderhield met Tan Malaka en zijn onafhankelijke communistische partij.

In januari 1933 kreeg Adi Negoro tijdens een gesprek op het politiebureau een 'laatste waarschuwing' zich te matigen – een persbreidel zou anders worden toegepast. Een map vol artikelen, vooral zijn cursiefjes, verzameld door de politie en ruimschoots voorzien van onderstrepingen in rood potlood, zette daaraan kracht bij. In zijn krant schreef hij dat hij zich inderdaad zou matigen, om te voorkomen dat de maatregelen de gehele krant en haar zestig man personeel zouden treffen. Als de overheid toch nog aanleiding tot ingrijpen vond, dan hoopte hij dat hijzelf en niet de krant zou worden aangepakt (*Pewarta Deli*, 26 januari). In de gespannen sfeer na de muiterij werd tijdelijk preventieve censuur ingesteld. Veiligheidshalve verplaatste Adi Negoro zijn hoofdartikel naar de tweede pagina, opdat bij eventueel ingrijpen met minder moeite de krant kon worden aangepast.

Adi Negoro slaagde er ook na 1933 in zijn krant overeind te houden. Hij werd zelfs een deel van de gevestigde koloniale orde door zijn verkiezing tot gemeenteraadslid, die zelfs werd gevolgd door een wethouderschap voor inlandse zaken van de stadsgemeente Medan.

VERSTROOIING?

De algemene indruk uit dit inhoudsoverzicht is dat *Pewarta Deli* een serieuze krant was, bloedserieus zelfs. De krant stuurde de lezer en onderwees hem uit een verheven idee van taak en missie. Adi Negoro zelf schreef daarover in de krant en zou over de pers ook een paar boeken publiceren.[4] Het was overigens niet geheel en al ernst. De serieuze informatie kon over frivole en sensationele onderwerpen als misdaad en berechting handelen, over de geheimen van de harem van de Turkse sultan, over erotische verwikkelingen in Europese vorstenhuizen en over filmsterren. Wekelijks werden de nieuwe films uitgebreid besproken. Het ligt voor de hand dat hier sprake was van een tegenprestatie voor de grote advertentie die de Oranje Bioscoop, de Orion Bioscoop en de Royal Bioscoop plaatsten.

De krant kende geen vrouwenrubriek, gebruikelijk in de Nederlandstalige pers, waarin mode, culinaire zaken en opvoeding werden behandeld. Een hoekje voor kinderen ontbrak, en ook boekrecensies, spotprenten, een schaakrubriek en de in de Nederlandstalige pers populaire moppentrommel waren niet te vinden.

Over vrouwen werd regelmatig geschreven, maar dan in lange beschouwingen over de taak van de vrouw in de nationale beweging. De vrije huwelijkskeuze – daar was de krant vòòr – en de vrije omgang tussen de seksen – daar konden ook vele problemen uit voortkomen – leverden discussiestof op. De krant koos voor emancipatie en dat ging tamelijk ver. Een cursiefje van 8 september meldde een wedstrijd in Batavia van een vrouwenbasketbalteam tegen een team met mannen. De vrouwen wonnen. *Pewarta Deli* steunde de vrouwensport van harte, en vroeg zich af wanneer in Indonesië het eerste vrouwenvoetbalteam zou worden gevormd, in navolging van de Eerste Amsterdamsche Dames Voetbalvereeniging (EADV).

De 'echte' verstrooiing in de krant kwam van het feuilleton. In 1933 verschenen er vier. Met 'Saidjah en Adinda' uit Multatuli's *Max Havelaar* werd ook een programmatisch standpunt ingenomen. Deze tot dusver nog niet gesignaleerde vertaling van dit verhaal was de tweede ooit, na die in het Bataviase dagblad *Neratja* in 1921. De andere drie feuilletons vloeiden uit de pen van Matu Mona. Het eerste was getiteld *M. Joessjah, journalist*, met als ondertitel *Gambar hidoep dari pergaoelan kaoem terpeladjar bangsa kita diwaktoe jang lampau* (Een levensbeeld uit de kring van intellectuelen van ons volk in het verleden). Het verhaal speelde niet heel lang geleden en is een voorbeeld van een roman op de grens van feit en fictie, met hierin voor het eerst een rol voor Patjar Merah (de Rode Pimpernel) alias Tan Malaka. Het feuilleton werd gebundeld, maar een exemplaar is niet overgeleverd. Dat geldt ook voor de andere feuilletons. Van *Dja Oemenek, djadi-djadian: Insan jang doerhaka pada Allah, majatnja tidak akan diterima oleh boemi, rochnja tidak akan aman* (Dja Oemenek, spookverschijning: Een wezen dat opstaat tegen Allah, zijn lijk kan niet in de aarde rusten, zijn geest zal geen rust kunnen vinden) verscheen in 1961 een bewerkte versie onder de titel 'Indonesische Dracula'. En de laatste vervolgserie was getiteld: *Manoesia dengan toedjoeh njawa: Pelbagai kepertjajaan machloek dibawah kolong langit ini terhadap pada jang Maha Koeasa, sehingga toeroenlah Iaanat Illahi pada sidoerhaka itoe* (Een mens met zeven levens: Menselijke opvattingen in dit ondermaanse over de Allerhoogste, waarbij Gods hulp aan de ongelovige wordt toegedeeld). De ondertitels onthullen voldoende over de inhoud.

Ook de cursiefjes zouden de lichte toets aan de krant moeten verschaffen, maar losten die verwachting meestal niet in. De meest frequente was getiteld 'Kopi toebroek' met als auteur Bang Semioen, van wie iedereen wist dat Adi Negoro deze naam gebruikte. Onder dezelfde naam vulde hij regelmatig de rubriek 'Boleh sembarang batja' (Lezenswaard voor iedereen), voor meer persoonlijke beschouwingen. Maar beide waren in feite hoofdredactioneel commentaar, die in lengte maar niet qua teneur verschilden. De toon was losser en soms was de vorm die van een gedicht in vrije regelval.

Matu Mona vulde een eigen rubriek: 'Madah seloka' (Lofdicht), terwijl daarnaast, maar veel minder geregeld, ook 'Pengisi soedoet' (Hoekvulling) en 'Sambil laloe' (In het voorbijgaan) als cursiefje werden geplaatst. In de loop van het jaar verschenen ook andere, niet op te lossen, schuilnamen en initialen onder de stukjes.

Heel vaak vormden de ontwikkelingen in de nationale beweging de bron van inspiratie voor deze stukjes (die overigens niet zelden honderden woorden telden), en de kritiek op het gouvernement ging heel ver. In een stukje van 11 maart werd cynisch opgemerkt dat als de inlander te veel woorden gebruikte hij als brutaal werd aangemerkt, maar als hij zweeg, was hij indolent. *Pewarta Deli* zweeg niet.

Tot slot – voor de bloemlezing uit de politieke poëzie – nog iets over de reclameboodschappen, die de helft van *Pewarta Deli* vullen. Voor de lezer zullen deze behalve een bron van informatie ook een bron van vermaak hebben gevormd. En voor de huidige lezer openen deze een wereld die ten onder leek gegaan. Hier staan de advertenties voor boeken en grammofoonplaten die in de marge verschenen, en waarvoor serieuze bibliotheken hun neus ophaalden. En de annonces werden afgedrukt (met recensies in het redactionele deel) van opera- en toneelgezelschappen die uit Penang en Singapore overstaken en grootscheepse opvoeringen verzorgden. Wie kent ze nog: Dean's Opera of Singapore, the Moonlight Crystal Follies, the Norila Opera Company?

KRITIEK IN COUPLETTEN

Een loflied op het vaderland van Adi Negoro luidde, zonder uitgesproken tendens (18 februari):

INDONESIA, MIJN VADERLAND

Indonesia,
Rijk land
Verheven land
Glorieus land
Evenzo zijn producten
Zijn aangenaam klimaat
Van alle tijden
Was er het verlangen
Dat een stralende zon
De wereld zou verlichten
Oh, geluk
Waar is het?

Maar Adi Negoro kon ook veel concreter zijn, zoals over een bezoek aan Medan van Soekarno (7 maart):

BEDROGEN

Herhaaldelijk
Werd al bericht
Dat Bapa Indonesia
Zal komen
Het ontelbare volk
Gaat elke dag weer naar huis
En over niets anders wordt gesproken
Dan over 'Boeng' die wordt verwacht
En zijn geestesvruchten zal brengen
Naar Medan om deze voor te zetten
Als verheven voedsel
Als gezegende lekkernij

Vandaag
Kwam het bericht hierheen
Over onze 'Boeng'
Vele marhaen* van hier
Hebben lange wegen afgelegd
En wilden de Ingenieur bij zijn komst verwelkomen
Maar er zijn nog beletselen
Daarom zal vandaag niet plaatsvinden
De komst van Boeng Karno hierheen

Bedrogen, al weer
Komt Soekarno nog niet?
De recherche is druk bezig, is overal
Van zonsopgang tot zonsondergang
Marhaen knarst zijn tanden
Soekarno zal niet komen
De recherche is druk bezig, dag en nacht

Na de arrestatie van Soekarno op 1 augustus en met het vooruitzicht op een eindeloze, uitzichtloze verbanning schreef Soekarno brieven aan de koloniale overheid waarin hij, in ruil voor zijn vrijheid, beloofde

---

* Proletariër.

alle politieke activiteit te staken. Het nieuws hierover sloeg in als een bom. Matu Mona schreef er op 27 november over en vroeg zich af hoe Sartono, Soekarno's opvolger als partijleider, hierop zou reageren:

> Zoals een bliksemschicht
> De wereld splijt
> Zo siddert geheel Indonesia
> De wolken jagen in het rond
> Over het vlakke land
> Diep teleurgesteld in onze gevoelens
> Bij de scheiding van vrouw en man
> Zoals niet eerder beleefd
>
> Hoe en waarom
> Is de tijger van gedaante gewisseld?
> Is de hemel neergestort?
> Kan Ciwa* iets zijn vergeten?
> Is de ksatrija** tekortgeschoten?
> De uitspraken van vroeger
> Bezweringen en luide oproepen
> Over de noodzaak de volkssoevereiniteit hoog te houden
>
> Peccavi! (ik heb gezondigd)
> Soekarno, hier scheiden onze wegen
> Zullen Sartono cum suis nerveus zijn?
> Wat is zijn invloed?
> Wat zijn zijn wensen?
> Wij blijven achter met vele vragen

Matu Mona schreef op 6 september over twee nationalisten die waren veroordeeld:

---

* Een van de drie belangrijkste goden in het hindoeïsme, naast Brahma en Visjnoe.
** Ridder, krijgsman.

KLUIZENARIJ

Om elf uur vandaag
Wordt het lot van M. Djoni bepaald
Een leider van het volk
Zal de kluizenarij binnengaan
Een maand duurt lang
Verloren en vergeefse tijd
Door 'divide et impera'
Zijn Djoni en Hamid gevangen gezet

De kluizenarij
Oord van beproeving
Standvastig geloof
Vergroot de veerkracht
Elf maanden voor A. Hamid Lubis
In de val gelopen van artikel ter en bis
Een maand voor M. Djoni
Vanaf vanmiddag wordt dit ondergaan
De slechte voortekenen over de toekomst
Worden overal talrijker

Begin augustus na een golf van arrestaties klom Matu Mona weer in de pen (*Abad XX* (Twintigste Eeuw) 1933:244). Ik volg de vertaling van de samensteller van het door de koloniale overheid uitgegeven persoverzicht:[5]

PATRIOTTEN DIE VIELEN!

Van de kopstukken der beweging
Zijn velen gevangengenomen
't Is als een hevige bliksemstraal,
Als gedonder, de aarde beeft!

Djawoto, Mr. Moh. Yamin,
Patriotten paarsgewijs, mannen en vrouwen,

| *Tropenstijl*

Edelen en voorvechters, met laaienden geest,
Verbeiden den tijd… nauw zich bedwingend.

M. Loethfie, de voorvechter van den Islam,
Door den wil van den Schepper
En Soekarno, beiden gekerkerd
En… straks verbannen!

O, volk dat rouwt,
Thans eerst gaat uw oog ervoor open,
Dat in den kring van het strijdperk,
Gevangenschap en verbanning u wachten.

Ksatrija zijn eischt een krachtigen geest,
Bestand tegen hitte en koude,
Met de vaste overtuiging in het hart, dat
Wat breekt, weer opkomt, wat gaat, wordt vervangen.

Zijn gedicht verscheen niet in *Pewarta Deli*, maar in het weekblad *Abad XX*. Uit verspreide berichten in *Pewarta Deli* blijkt dat *Abad XX* onder dezelfde redactie en directie stond als *Pewarta Deli*. Abonnees van de krant kregen voor zes gulden per jaar het weekblad erbij; abonnees op louter *Abad XX* betaalden tien gulden. Op 1 november 1933 meldde *Pewarta Deli* dat *Abad XX* was verwaarloosd, maar dat dit 'weeskind' nu weer een 'echt' kind zou worden.

Krantenkop *Abad XX*

Op basis van deze informatie kan worden verondersteld dat de verstrooiing die in *Pewarta Deli* met moeite is te vinden werd overgelaten aan *Abad XX*. Zo'n rol voor dit blad ontdekte ik pas bij lezing van *Pewarta Deli*. Nader onderzoek wees uit dat het weekblad ooit deel uitmaakte van de collectie van de Nationale Bibliotheek van Indonesië. Een groot deel van de jaargang 1933 bleek aanwezig.[6]

Tot aan de heroriëntatie van *Abad XX* eind 1933 is het blad een kopie van *Pewarta Deli*, zonder actueel nieuws, maar met langere artikelen die moeiteloos ook in de krant zouden kunnen zijn geplaatst. Voor verstrooiing is nauwelijks ruimte. De illustraties waarop het blad zich in zijn ondertitel beroemde waren gering in aantal en kwamen uit het buitenland. Politiek, nationaal en internationaal, geschiedenis en reisverhalen vormden de hoofdmoot. De maatschappelijke positie van de vrouw kreeg relatief veel aandacht.

Elk nummer opende met een gedicht. Matu Mona schreef zo'n bijdrage in 14 van de 21 overgeleverde nummers. Zes ervan hadden geen (directe) politieke inhoud, maar verschaften wel morele lessen. Een voorbeeld (p. 434) hiervan:

RAMADAN

Als de maag leeg is
Een dag lang geen rijst gegeten
Voel je de vele veranderingen in jezelf
Verheven gevoelens komen nabij
Besef dat de mens die zijn lot beweent
Ellende en angsten over zich afroept

Een maand lang honger en dorst
De hartstocht ook bedwongen
Betekent een versterking van het geloof
Opdat het bestaan veilig wordt
Opdat begeerte wordt ingeperkt
Opdat eerlijkheid en oprechtheid tot richtsnoer worden
Jaloezie en nijd worden ingehouden
Met beloning door de Barmhartige God!

Matu Mona was eveneens de meest productieve leverancier van artikelen. Ook het feuilleton, in zes afleveringen, was van zijn hand: *Kepertjajaan pada tachjoel* (Bijgeloof), dat begint met een verslag van een voetbalwedstrijd, uitlopend in supportersrellen. Adi Negoro schreef maar een enkele bijdrage. Uit andere bladen, in binnen- en buitenland, werd het nodige overgenomen, meestal met bronvermelding.

De nieuwe aandacht leidde ook tot de aanstelling als redacteur, speciaal voor *Abad XX*, van Entjik Noeriah Sajoer – een van de weinige vrouwelijke journalisten uit die tijd. Zij stelde zich weer voor – in 1932 was zij ook al een aantal maanden redacteur – en beloofde zich in te zetten voor de emancipatie van de vrouw.[7] En op diezelfde bladzijde verscheen meteen een artikel over geboortebeperking. Met opvoedkundige raad, suggesties tot huisvlijt, vleesloze recepten en een cursus Arabisch werd meteen een nieuwe koers ingezet. Een rubriek 'Ini dan itoe' (Ditjes en datjes) was bedoeld om de algemene ontwikkeling van de lezer te vergroten, en Engelse en Nederlandse cursussen volgden de Arabische les.

In november en december werd in *Pewarta Deli* 'reclame' gemaakt voor *Abad XX*.

Zo beloofde de krant van 9 december dat *Abad XX* vijf vragen zou beantwoorden:

1. Wat betekenen sieraden voor vrouwen?
2. Wat moet het publiek weten over vergadering en vereniging?
3. Welke fouten worden meestal gemaakt als men Nederlands spreekt?
4. Wat vinden vrouwen van polygamie in de huidige tijd?
5. Hoe vindt spionage plaats tijdens een oorlog?

In de reclamecampagne werden duizenden exemplaren van het weekblad verspreid. Over het succes hiervan zijn geen gegevens beschikbaar. Het voortbestaan van *Abad XX* tot 1942 lijkt een positief bewijs hiervan.

De conclusie is met dat al duidelijk. *Pewarta Deli* was een serieus blad en vergat nooit dat zijn missie het ondersteunen van het nationalistische besef van zijn lezers moest zijn. Dat is terug te vinden in de commentaren, in de keuze van de nieuwsfeiten en ook in de 'verstrooiende' berichten en rubrieken. Neutrale verstrooiing bestond niet voor *Pewarta Deli*. En voor *Abad XX* gold hetzelfde, met iets meer nadruk op een algemeen emancipatorisch perspectief. En wat voor deze bladen gold, zou heel goed op kunnen gaan voor vrijwel de gehele Indonesische pers.

INDONESISCHE TEKSTEN VAN DE VERTAALDE GEDICHTEN

INDONESIA, TANAH AIRKOE!

Indonesia
Negeri nan kaja
Nan moelia
Nan djaja
Seoempama tanaman
Hawanja njaman
Berzaman-zaman
Djadi idaman
Soeria berthahja
Menerangi doenia
Oh, bahagia
Dimanakah dia?

KETJELE

Soekarno ta' djadi datang
Beroelang-oelang
Soedah dikabarkan
Akan kedatangan
Bapa Indonesia!
Rakjat tidak terbilang,
Saban hari berdjalan poelang
Ta' lain jang dipertjakapkan,
Jalah 'boengnja' jang lama dinantikan
Membawa boeah tangan,
Di Medan, 'memboeka hidangan'
Ajapan jang moelia
Djoeadah nan berbahagia

Sehari ini,
Kabar berlajangan,
Tibalah kemari
'Boeng' kita,

| *Tropenstijl*

Banjak marhaen dari sini,
Djalanan jang djaoeh didjalani,
Hendak menjongsong Ir. poenja kedatangan
Tapi, roepanja masih ada halangan,
Karena ini hari,
Boeng Karno ta' djadi datang kemari

Mega berpoetar poetar
Ketjele, sekali lagi
Soekarno beloem datang?
Sersi siboek, poelang dan pergi
Sedjaka soeboeh sampai petang
Marhaen menggigit gigi
Sersi siboek petang dan pagi

[ZONDER TITEL, door Matu Mona, 27 november]

Bagai halilintar
Membelah boemi
Se Indonesia menggeletar
Melaloei tempat nan datar
Ketjewa perasaan kami
Bertjerai isteri ... soeami
Ta' sebagai nan dialami

Apa nan mengapa?
Maka harimau bertoekar boeloe
Adakah langit nan menimpa
Bolehkah Civa mendjadi loepa
Ksatrija mendjadi alpa?
Oetjapan nan doeloe doeloe
Menjoempah dan berteriak selaloe
Daulat Rakjat diandjoeng perloe?

Peccavi!
Soekarno, selamat berpisah
Sartono cs adakah gelisah?

Apa pengaroehnja
Apa maoenja
Kita bertanja

ROEMAH PERTAPAAN

Poekoel sebelas hari ini
Menentoekan nasib M. Djoni
Salah seorang benggolan kebangsaan
Akan memasoeki roemah pertapaan
Sebeloem poenja lama
Menghilangkan tempat pertjoema
Lantaran 'divide et impera'
Djoni dan Hamid terpendjara!

Roemah pertapaan
Tempat pertjobaan
Bertegoeh imam
Menambahi sloeman
11 boelan lagi A. Hamid Loebis
Didjerat art. ter dan bis
Seboelan oentoek M. Djoni
Moelai tadi siang didjalani
Gara-gara peredaran zaman
Semakin banjak nan sloeman!

PATRIOT JANG DJATOEH…!

Benggolan pergerakan
Banjak jang dipendjarakan,
Ba' bahna halilintar
Gemoeroeh, boemi tergetar!

Djawoto, Mr. Muh. Yamin
Patriot berkelamin-kelamin.

| *Tropenstijl*

Lelaki dan perempoean,
Kshatriya dan pahlawan,
Semangat nan berkobar,
Menanti masa… bagai ta'sabar!

M. Loethfie pahlawan islam,
Dengan kehendak Chalikoel Alam,
Soekarno, sama dipendjarakan,
Dan … akan diasingkan.

Oh, rakjat, berdoeka tjita
Sekarang baharoe terboeka mata,
Bahasa didalam gelanggang berdjoang,
Tentangannja: dipendjarakan dan diboeang:

Djadi kshatriya, bertebal semangat, Tahan dingin maoepoen hangat;
Jakin tekoen didalam hati;
Patah toemboeh hilang berganti!

RAMADAN

Kalau perut tiada berisi,
Sehari lamanja ta' makan nasi,
Banjaklah terasa perobahan diri,
Perasaan halus datang menghampiri,
Tersedarlah betapa orang nan menangisi,
Untung dirinja, sengsara dan ngeri!

Sebulan ini lapar dan dahaga,
Hawa nafsu ditahan djuga,
Artinja itu meneguhkan iman,
Supaja penghidupan mendjadi aman,
Supaja ketamaan nan ta' berhingga,
Supaja tulus ichlas djadi pedoman,
Iri dan dengki dapat terdjaga,
Dianugerahi rachim Malikul Rachman!

Noten

1. Hierover het meest uitgebreid: Mohammad Said 1976.
2. Over Adi Negoro, zie Soebagijo 1976, 1981, 1987; Iswara Raditya 2007.
3. Over Matu Mona, zie Soebagijo 1981; Matu Mona 2001.
4. Adi Negoro 1949, 1966 en in *Pewarta Deli*: 'Yournalistik', 11-5-1933 en 'Boleh sembarang: Mengenang tjerita dan riwayat, 13-5-1933. Vóór 1942 schreven ook Parada Harahap (1924, 1925, 1941) en Saeroen (1936) over de pers.
5. IPO 1933:533.
6. De doorlopend genummerde afleveringen, vrijwel alle in een omvang van zestien bladzijden, zijn ontdaan van hun buitenomslag met informatie over het nummer van de aflevering en de datum van verschijnen. De jaargang, zoals bewaard, bestaat uit 28 afleveringen, waarvan er zeven ontbreken. Het is duidelijk dat hun verschijning het gehele jaar beslaat. *Abad XX* voert als ondertitel 'Weekblad oemoem bergambar-gambar' (Algemeen Geïllustreerd Weekblad). Ik heb geen sluitende verklaring voor het verschijnen van 28 in plaats van 52 afleveringen. Of leidde de 'verwaarlozing' tot een lagere verschijningsfrequentie?
7. Mevr. Sajoer, 'Kembali lagi', *Abad XX* 1933, p. 340A.

Huub de Jonge

Spot en provocatie
De strijd van het tijdschrift Aliran Baroe tegen misstanden in de Arabische gemeenschap in Indië

PERSATOEAN ARAB INDONESIA EN ALIRAN BAROE

In de decennia voor de Japanse bezetting hadden ingrijpende sociaal en culturele veranderingen plaats binnen de Arabische minderheid in Nederlands-Indië. Van een nogal in zichzelf gekeerde bevolkingsgroep met een sterke oriëntatie op Hadramaut, het Jemenitische thuisland van bijna alle Indonesische Arabieren, ontwikkelde ze zich tot een gemeenschap die zich in toenemende mate identificeerde met de wijdere Indonesische samenleving. Deze omslag vond met name plaats onder de *muwallad* of Indo-Arabieren, die de overgrote meerderheid van de ruim 70.000 Arabieren in de Indonesische archipel uitmaakten. In relatief korte tijd waren velen onder hen tot het inzicht gekomen dat ze zich meer Indonesiër voelden dan Arabier en dat hun toekomst in Indonesië lag, en niet in het zuiden van het Arabisch schiereiland waar slechts weinigen ooit waren geweest.

Naast invloeden vanuit de wijdere Indonesische samenleving was dit bewustzijn vooral een gevolg van een reeks interne conflicten tussen de verschillende standen die de Hadramitische samenleving vanouds telde; van hoog naar laag: de *sayid*, *syekh*, *qabili*, en *masakin*. De *sayid* heten afstammelingen van de profeet Mohammed te zijn, via diens kleinzoon Husein. Zo'n 1000 jaar geleden trokken ze vanuit Basra in Irak naar Hadramaut, waar ze geleidelijk de plaats van de traditionele religieuze elite, de *syekh*, innamen, die naar het tweede plan werden verdrongen. De *qabili* zijn de leden van de stammen, de inwoners die wapens droegen, en de *masakin* de armen. De leden van de standen ruzieden over verscheidene onderwerpen, zoals de handkus waarop *sayid* recht meenden te hebben, de *kafa'ah*, het huwelijksverbod tussen een *sayidah* en een man van lagere stand, en de vraag of het woord *sayid* een aristocratische titel is.

De conflicten die de hele Arabische gemeenschap in Indië in rep en roer brachten, stonden symbool voor het feit dat de rigide, uit het thuisland stammende, standenstructuur in Indië onder druk stond en barsten begon te vertonen. De *syekh*, zoals alle niet-*sayid* in Indië al gauw genoemd werden, hadden steeds meer moeite met de verheven positie en het huns inziens arrogante gedrag van de *sayid* die hun sociale en economische mobiliteitskansen in deze nieuwe omgeving in de weg stonden. Ze probeerden zich zoveel mogelijk aan het 'natuurlijke' gezag van de hoogste stand te onttrekken. Deze pogingen stuitten, behalve uiteraard van *sayid*, ook op grote tegenstand van *wulaiti*, nieuwkomers of totok-Arabieren, uit alle standen, die nog sterke verwantschappelijke, emotionele en nostalgische bindingen met Hadramaut hadden en de status quo in woord en daad verdedigden. Slechts een klein aantal Indo-Arabieren had de moed tegen deze getalsmatig kleine groep totok in te gaan, die vanwege hun vertrouwdheid met de Hadramitische cultuur het ideologische discours in Arabische kring domineerden. Dikwijls hadden ze als geslaagde zakenlieden – het gevolg van hun tomeloze werkkracht en ijver – ook grote aantallen minder succesvolle Indo-Arabieren in dienst, die hun werkgever niet durfden afvallen.[1]

Deze situatie veranderde nadat veertig bekende Indo-Arabische jongeren uit verschillende standen op 5 october 1934 in Semarang op initiatief van de journalist Abdul Rahman Baswedan de Persatoean Arab Indonesia (PAI) of Unie van Indonesische Arabieren oprichtten. De PAI had als belangrijkste doeleinden de bevordering van de emancipatie van de Arabieren en hun integratie in de Indonesische samenleving. In de voetstappen van het Indo-Europees Verbond (IEV), de partij van de Indo-Europeanen, en de Partai Tionghoa Indonesia, de partij van de Indo-Chinezen, verklaarden de oprichters publiekelijk dat Indonesië in plaats van Hadramaut, het land van hun mannelijke voorouders, hun vaderland was en de Indonesische cultuur, voor zover niet in tegenspraak met de islam, hun cultuur. Met betrekking tot de toekomst had de unie dezelfde idealen als de Indonesische nationalisten. Om hun plichten tegenover de Indonesische samenleving na te komen, waren de Arabieren verplicht 'hun positie op sociaal, economisch en politiek gebied te verbeteren' en te ijveren voor 'het opwekken van gevoelens van broederschap en gelijkheid, gepaard met onderlinge achting en waardering en het verwijderen van alles, dat die gevoelens zou kunnen wonden'.[2]

Hoewel het gedachtengoed van de PAI fel werd bestreden door totok-Arabieren en conservatieve Arabische organisaties, zoals het *sayid*-bolwerk Rabithah Alawiyah, en bij tijd en wijle zelfs door het progressieve Al-Irsyad, was het hek van de dam. Meer en meer Indo-Arabieren, waaronder ook *sayid* die in Indië geboren en getogen waren, werden lid van de unie of schaarden zich achter haar programma. Aanvankelijk gebeurde dat terughoudend of in het geniep, maar later meer openlijk en trots. Iedere Arabier mocht lid worden, maar alleen Indo-Arabieren hadden stemrecht. In zes jaar tijd werden 45 afdelingen in de kolonie opgericht. Na een aarzelende start was de PAI op Java en in de buitengewesten een belangrijke organisatie geworden, die niet langer kon worden genegeerd.

Om de emancipatie van de Arabische minderheid en haar integratie in de wijdere samenleving te bevorderen, was de PAI actief op sociaal-cultureel, religieus en politiek terrein. De politieke activiteiten waren vooral bedoeld om de kloof tussen de Arabieren en de inheemse Indonesische bevolking te overbruggen. Het was niet voldoende zich uit te geven als Indonesiër en zich te identificeren met Indonesië zonder daar inhoud aan te geven. Deze gewaarwording moest inhoud krijgen door, bijvoorbeeld, samen te werken met de Indonesiërs aan een postkoloniale toekomst. Dit was gemakkelijker gezegd dan gedaan. De Arabieren werden in de koloniale tijd geclassificeerd als Vreemde Oosterlingen en stonden, net als de Indo-Chinezen, onder de Europeanen en daarmee gelijkgestelden, maar boven de inheemse bevolking. Tot de jaren dertig was in Arabische kring vooral geijverd voor gelijkstelling met Europeanen, terwijl nu ineens gelijkstelling met de autochtone bevolking werd nagestreefd. Die ommekeer liet zich niet direct vertalen in veranderingen in de relaties met Indonesiërs, ook omdat die daar niet op zaten te wachten.

De toenadering tussen beide bevolkingsgroepen was in eerste instantie dan ook vooral zichtbaar op politiek terrein, in de samenwerking met nationalistische groeperingen en nationalistische leiders. In 1936 steunde de PAI in de Volksraad de zogenaamde petitie-Soetardjo, die om autonomie van Indonesië binnen het Koninkrijk der Nederlanden vroeg. In 1939 werd de unie lid van de Madjelis Islam A'la Indonesia (MIAI), de Indonesische Hoge Islamitische Raad; in hetzelfde jaar steunde het de actie van de Gabungan Politik Indonesia (GAPI), een verbond van Indonesische politieke partijen, om de Volksraad te vervangen door een democratisch gekozen parlement. In 1941 werd de PAI, nu een partij in plaats van een unie, buitengewoon lid van GAPI. Een gewoon lidmaatschap was niet mogelijk op dat moment, aangezien de Indonesische partijen wilden voorkomen dat partijen van andere buitenlandse minderheidsgroepen zich zouden aansluiten. Van alle Indo-partijen stond er evenwel geen enkele dichter bij de Indonesische dan de PAI.

De sociale, culturele en religieuze activiteiten van de PAI waren in eerste instantie niet zozeer gericht op toenadering of samenwerking met Indonesiërs, als wel op het beëindigen van het relatieve isolement van de Arabische gemeenschap en het opheffen van de achterstandssituatie waarin het gros van de Arabieren zich bevond. De activiteiten hadden, zonder dat die term overigens werd gehanteerd, het karakter van een beschavingsoffensief. Het was een offensief dat tot doel had de Arabieren in Indië te verheffen en betere ontplooiingsmogelijkheden te geven door het bevorderen van kennis en door hen te helpen zich beter aan de eisen van de tijd aan te passen. Het offensief had ook een morele dimensie, in de zin dat het verwerpelijke gedragingen en gebruiken die een smet wierpen op de hele groep terug wilde dringen, zoals ruwheid, brutaliteit, woeker en gelegenheidshuwelijken.

Beschavingsoffensieven zijn van alle tijden. De term is vooral gebruikt om initiatieven van burgerlijke organisaties en politieke bewegingen in het negentiende-eeuwse Europa te karakteriseren, die enerzijds armoede en werkloosheid wilden bestrijden en anderzijds zedelijkheid, hygiëne, fatsoen, gezinsleven en huiselijkheid wilden bevorderen.[3] Ook de zogenaamde ethische politiek die rond 1900 in Nederlands-Indië ingang vond en de inheemse bevolking wilde laten delen in de vooruitgang en wilde voorbereiden op de moderne tijd (zonder dat deze mocht mee beslissen) heeft kenmerken van een dergelijk offensief.[4] Hetzelfde geldt voor de activiteiten van de Indonesische nationalistische partijen in de jaren dertig. Stuk voor stuk hielden ze zich bezig met de opvoeding en ontwikkeling van hun achterban, op bijna dezelfde wijze waarop politieke partijen in het moederland dat deden.

Elk offensief heeft zijn eigen kenmerken en accentueert bepaalde problemen. Dat van de Arabische minderheid kan niet los gezien worden van de losmaking van Hadramaut en de toenemende vereenzelviging met het nieuwe Indonesië. Het streven naar integratie bepaalde in belangrijke mate de inhoud van het civilisatieproces; ze waren in feite twee kanten van dezelfde munt. Het bestond uit het zich eigen maken van kennis, normen en waarden, zeden en gebruiken, die de Arabieren een gelijke plaats tussen de inwoners van de archipel verschaften en hun de gelegenheid gaven deel te nemen aan het proces van modernisatie dat Indië doormaakte.

Tot de activiteiten die de PAI in dit opzicht ontplooide, behoorden het ijveren voor beter onderwijs aan Arabische kinderen en het organiseren van cursussen voor volwassenen over geestelijke en wereldlijke onderwerpen. Om jongeren en vrouwen te bereiken werd een jeugdorganisatie, Laskjar PAI, en vrouwenvereniging, PAI Isteri, opgericht. Deelnemers aan landelijke congressen van de PAI werden steevast getrakteerd op een onderhoudend en educatief toneelstuk, dat vervolgens in lokale afdelingen werd opgevoerd. De stukken gingen over zaken die op zijn zachtst gezegd omstreden waren in Arabische kringen. De uitvoeringen trokken veel publiek en veroorzaakten meer dan eens opschudding onder tegenstanders van de partij, die zich aangevallen voelden.[5]

EEN NIEUW BLAD, EEN NIEUWE RICHTING

De PAI publiceerde ook twee tijdschriften in het Maleis, *Insaf* (Bewustzijn) en *Sadar* (Besef). Het eerste, onder redactionele leiding van Husein Bafagieh, kwam uit in Soerabaja, het tweede, met Baswedan aan het hoofd, werd gedistribueerd vanuit de plaatsen waar hij vertoefde om de PAI-idealen te propageren en lokale afdelingen te stichten. In 1938, toen *Sadar* reeds ter ziele was, werd in Soerabaja met een nieuw periodiek gestart, het maandblad *Aliran Baroe* (Nieuwe Richting). Meer dan de eerdere bladen droeg het de civiliseringsgedachte uit. Het was ook geen officieel orgaan van de PAI, maar een blad voor en van haar aanhangers. De redactionele verantwoordelijkheid berustte desalniettemin bij kopstukken van de partij. Hoofdredacteur was wederom Bafagieh, terwijl Salim Maskatie als directeur optrad. Baswedan, de oprichter van de PAI, schreef bijdragen voor vrijwel elk nummer, al of niet onder pseudoniem. Het maandblad werd uitgegeven door de boekhandel en uitgeverij met dezelfde naam en gedrukt door Agil's drukkerij in Soerabaja. Het had in januari 1939 een oplage van 1500 exemplaren, maar bereikte een veel groter aantal lezers.

Het eerste nummer van *Aliran Baroe* verscheen in juni 1938, het laatste, nummer 40, in november 1941. Elk nummer telde gewoonlijk 22 pagina's, maar met Idul Fitri, het feest op het eind van de vastentijd, was het tweemaal zo dik. De artikelen werden gelardeerd met talrijke advertenties van Arabische, Chinese en Europese winkels en bedrijven. De producten die ze aanprijzen geven een goed beeld van het moderniteitstreven in die tijd. Onder de titel op de cover stond lange tijd een paginagrote advertentie. Later maakte de kop deel uit van een tekening van een schip in een woelige zee, symbolisch wellicht voor de situatie waarin de Arabisch gemeenschap zich op dat moment bevond. In 1940, toen het zelfvertrouwen onder de Indo-Arabieren sterk was toegenomen, werd deze afbeelding vervangen door een tekening die de naam van het blad beter accentueerde: aan de linkerkant een wereldbol en een uil en aan de rechterkant een passagiersschip, een auto en een vliegtuig in volle vaart op weg naar een nieuwe wereld, getypeerd door wolkenkrabbers. Aanvankelijk was de lay-out nogal rommelig, maar na verloop van tijd werd het een mooi verzorgd blad dat met de modernste technieken werd gemaakt.

De inhoud van *Aliran Baroe* was zeer gevarieerd. Het bevatte artikelen over uiteenlopende onderwerpen op het terrein van politiek, de geschiedenis van Indonesië, islam, onderwijs, de plaats van de vrouw in de Arabische gemeenschap in de archipel, sport, en film. Artikelen over actuele zaken, zoals de verhoudingen en spanningen in Arabische kringen of de Indonesische nationalistische beweging, werden afgewisseld door vaste rubrieken, zoals Dari soedoet sedjarah (Vanuit historisch oogpunt), Timbangan (Opinie), Loekisan hidoep (Levensschets), Roeang agama (Religieuze rubriek), Taman poeteri (vrouwentuin), Kesoesastera'an (Literatuur), Dari sana-sini (Van her en der), en Gado-gado Soerabaja (Van alles over Soerabaja). Bij tijd en wijle werd ook een kort verhaal of feuilleton gepubliceerd. Incidenteel gaf het blad een Indonesische nationalistische of religieuze voorman, zoals Soekarno of Kiai Hadji Mansoer, de gelegenheid hun standpunten naar voren te brengen over de ontwikkelingen in Arabische kring en wat verwacht werd van de Arabieren in het postkoloniale Indonesië. Ook leiders of aanhangers van de Indo-Europese en Indochinese nationalistische beweging kwamen aan het woord over wat zich in hun kringen afspeelde. Een aardige reeks artikelen, altijd geschreven door insiders, was die over de verschillende Arabische gemeenschappen in het land in die tijd. Ze geven een fascinerend beeld van de verschillen tussen Java, waar interne verdeeldheid de Arabische minderheid lange tijd verlamde, en de buitengewesten waar dergelijke vetes, wellicht vanwege het beduidend geringere aantal Arabieren, vrijwel ontbraken. Hun sociale en culturele

Omslagtitel *Aliran Baroe*

achterstand was er overigens niet minder om. De bijdragen onderstreepten de ongewenste en uitzichtloze situatie waarin de meerderheid van de Arabieren in de archipel zich bevond en de emancipatoire taak die de PAI voor zichzelf zag weggelegd.

Het beschavingsoffensief hield niet in dat de redactie altijd even verfijnd te werk ging. Zoals Schrieke al in het begin van de twintigste eeuw had geconstateerd, schrokken in Indië wonende Arabieren bij meningsverschillen er niet voor terug elkaar uit te schelden, te belasteren en te kwetsen.[6] *Sayid* en *syekh*, totoks en Indo-Arabieren, conservatieven en progressieven voerden in pamfletten en tijdschriften over allerlei onderwerpen felle polemieken in de Arabische of Maleise taal, waarin tot vermaak van de achterban geen blad voor de mond werd genomen. Grootspraak en verontwaardiging, vertekening en overdrijving, provocatie en spot, voerden daarbij niet zelden de boventoon. Ook *Aliran Baroe* maakte zich daar schuldig aan, zeker als het in haar kraam te pas kwam. Journalistieke medewerkers lieten niet graag een kans voorbij gaan om hun tegenstanders te shockeren, te grazen te nemen of hun eigen gelijk te halen. Niet zelden waren dergelijke artikelen het gesprek van de dag in Arabische kringen en verkneukelden de lezers zich om de inhoud van de tekst en de te verwachten reacties. Maar niet alleen dit soort artikelen werd verslonden door de lezers. Ook de publicaties, waarin dergelijke kenmerken ontbraken, trokken een groot publiek, gretig als de lezers over het algemeen waren zich te bevrijden van de ketenen van het verleden en zich te ontwikkelen tot medeburgers in plaats van buitenstaanders te blijven.

BRIEVEN UIT HADRAMAUT

Aliran Baroe besteedde in verhouding tot andere onderwerpen nagenoeg geen aandacht aan de toenmalige situatie in Hadramaut, niet onbegrijpelijk gezien de doeleinden die de redactie zichzelf had gesteld. De enige vermeldenswaardige stukken over het land van de voorvaders zijn Soerat-soerat dari Hadramaut, Brieven uit Hadramaut, die een jonge onderwijzer, een *qabili* en PAI-aanhanger, in 1939 en 1940 aan de hoofdredacteur schreef. Brieven die door tegenstanders van de PAI, maar soms ook door leden van de partij en abonnees van het blad, als provocerend en grievend werden beschouwd. De onderwijzer, een Indo-Arabier van Java, zat al twee jaar als student op een *rubah*, godsdienstinternaat, in de plaats Shibam. De brieven schetsen een ontluisterend beeld van het dagelijks leven en de zeden en gewoonten in het land van herkomst, een beeld waarvan de schrijver de gevolgen vreest. Uit angst voor repercussies, zoals het stopzetten van geldzendingen door zijn familie of beschuldigingen van kwaadsprekerij, wil hij niet dat zijn naam en woonplaats in Indië worden vermeld.

De jongeman heeft het duidelijk niet naar zijn zin in de samenleving waarover totoks op Java steevast in liederlijke en hoogdravende termen spreken. Hij voelt zich verbitterd en ongemakkelijk en ziet zichzelf als een slachtoffer van de fanatieke band die de oudere generaties met hun thuisland onderhouden. Ondanks dat hij zich, door het dragen van gepaste kleding en een dolk alsmede hooghartig gedrag, uiterlijk heeft getransformeerd tot een lid van de gewapende stand, en als zodanig wordt gerespecteerd, voelt hij zich een buitenstaander.[7] Hij vraagt zich verbaasd af waarom ouders hun zonen naar een plaats sturen waar 'weinig of niets valt te leren'. Het onderwijs stelt zijns inziens niets voor en 'een echte man', zoals vaders dat noemen, word je hier niet, of ze moeten bedoelen dat je weet wat het is om 'je miserabel te voelen, honger te lijden, of zonder luxe te leven'. De dagen, schrijft de jonge student, bestaan dikwijls uit 'niets anders dan zitten en van huis tot huis gaan om muziek te maken, terwijl de gesprekken die we voeren erg triviaal zijn en meestal bestaan uit het herhalen van wat een bepaalde *qabili* van een ander heeft gehoord of het memoreren van een verhaal uit de bundel 1001 nachten'.[8] Om de ledigheid te benadrukken verwijst hij in dezelfde brief naar een jonge Indo-Arabier die enkele maanden geleden is teruggekeerd naar zijn woonplaats Soerabaja en in Hadramaut weliswaar

Arabisch heeft leren spreken, maar het niet kan lezen en schrijven. Meer dan eens vergelijkt hij de tijd die hij doorbrengt in Hadramaut met het leven in een gevangenis of een begraafplaats voor levende jongeren. Terwijl elders de jeugd wordt gestimuleerd om op te groeien tot volwassenen die iets betekenen in de wereld, wordt 'onze jeugd door onze ouderen gedood of levend begraven door hun kinderen hierheen te sturen'.[9]

Vaste vignet Soerat-soerat dari Hadramaut

Zijn kritiek op het godsdienstinternaat liegt er niet om. Niet alleen beschrijft hij hoe Spartaans, armetierig, ongezond en bekrompen het leven in die omgeving is, maar ook hoe weinig kennis hij opdoet over de islam en de Arabische cultuur.[10] De meeste leerlingen bezoeken deze islamitische kostscholen niet zozeer om iets te leren, maar vooral om verzekerd te zijn van gratis eten en drinken zonder zich daarvoor te moeten inspannen. Voor hen is het letterlijk een 'pro-deo toevluchtsoord' in plaats van een centrum van scholing. De godsdienstleraren verkondigen opvattingen die elders al lang achterhaald zijn. Ze hangen een soort mysticisme (*tasawuf*) aan dat de ziel doodt in plaats van nieuw leven in te blazen. De wereld wordt gezien als een plaats van verderf en onheil, een plaats die gehaat moet worden en waarvan gelovigen zich moeten distantiëren door zich te onthouden van inspanningen om hun eigen situatie te veranderen of te verbeteren.[11] Ook de lessen Arabische grammatica (*ilmu nahu*) en de studie van wetsregels met betrekking tot rituele verplichtingen (*ilmu fiqh*) laakt hij. Na jaren onderwijs kunnen leerlingen en zelfs leraren nog geen fatsoenlijke brief in het Arabisch schrijven. In de *fiqh*-lessen draait het, zo blijkt, om trivialiteiten, zoals wat in de moskee de beste plaats is tijdens de dagelijkse rituele gebeden, links of rechts van de *imam* of voorganger. Keer op keer vraagt de jonge brievenschrijver zich af waarom ouders hun zonen naar dit soort internaten stuurt en of ze zich realiseren hoe veel verdriet ze hun kinderen aandoen.[12]

Uit de brieven komt het door wadi's, droge rivierbeddingen, onderbroken woestijnland van de voorvaderen naar voren als een achterlijke samenleving, die niet in de schaduw kan staan van Indonesië. Het is duidelijk een plaats waar Indo-Arabische jongeren niets te zoeken hebben. Ze voelen zich vervreemd van een maatschappij waarmee ze vertrouwd dachten te zijn en voelen zich op geen enkele wijze verwant met de mensen aan wie ze meenden eigen te zijn. Het was zonder twijfel de bedoeling van *Aliran Baroe* dit duidelijk te maken en de verhouding tussen Indonesië en Hadramaut tot de juiste proporties terug te brengen. Het werd de redactie niet door iedereen in dank afgenomen, zoals al een beetje werd verwacht. De protesten waren evenwel feller dan voorzien. In veel families lag bespotten van het stamland, niet zelden door de aanwezigheid van een totok-vader of -grootvader, gevoelig. Om die reden werd de serie eerder dan gepland beëindigd.

DE POSITIE VAN INDO-ARABISCHE VROUWEN

Een onderwerp waaraan de medewerkers van het blad geen concessies wilden doen, was de achtergestelde positie van de Indo-Arabische vrouw. Over wat het blad eufemistisch *soal perempoean*, het 'vrouwenprobleem' noemde, verkondigde de redactie zonder meer revolutionaire standpunten. Geen andere organisatie dan de PAI en geen ander blad dan *Aliran Baroe* heeft zich voor de Tweede Wereldoorlog zo ingespannen voor de emancipatie van de Arabische vrouwen in Indonesië. In vrijwel alle nummers wordt aandacht besteed aan de achterstand van Arabische meisjes en vrouwen. Dit was op zich al baanbrekend, want alles wat met vrouwen te maken had was *rahasia dalam*, geheim, en mocht niet in het openbaar besproken worden.[13] Het blad beschikte over een vaste vrouwenrubriek, Taman Puteri, die lange tijd door A.A. Noor, de echtgenote van Baswedan, werd verzorgd. Maar ook andere vrouwen schreven in het blad, niet zelden een gedicht over hun gemoedstoestand of een kort verslag van een bijeenkomst of een uitstapje van vrouwen. Ook dit was ongewoon, want vrouwen dienden zich volgens de meeste Arabieren van zulke activiteiten te onthouden, zelfs hun naam mocht publiekelijk niet worden uitgesproken, laat staan in druk verschijnen. Ofschoon hun bijdragen licht wierpen op hun ongelijke positie, werden de meest interessante artikelen, zelfs in een speciaal vrouwennummer, toch geschreven door mannen. Terwijl de bijdragen van de vrouwen ingetogen en timide waren, hadden de teksten van mannen niet zelden een confronterend en humoristisch karakter. Ze namen geen blad voor de mond en staken de draak met de wijze waarop Arabieren hun vrouw behandelden.

Al in het eerste nummer neemt hoofdredacteur Bafagieh het, in een artikel getiteld 'De Arabische gemeenschap overspoeld door maagden', op voor het toenemend aantal jonge vrouwen van 17 à 18 jaar dat ongehuwd blijft; alleen in Soerabaja al enkele honderden.[14] Het blijkt dat door de economische crisis in de jaren dertig en de hoge kosten die een Arabisch huwelijk met zich meebrengt, steeds meer jonge mannen een huwelijk uitstelden, hun gerief elders zochten of een Indonesische vrouw huwden. Omdat dochters van een *sayid* in die tijd (zoals dikwijls nog vandaag de dag) niet met een jongen uit een lagere stand mochten huwen, totoks hun dochters niet aan een Indo-Arabische jongen gunden, en jongens uit andere bevolkingsgroepen helemaal taboe waren, schoten er steeds meer jonge vrouwen over. Steeds meer huwbare vrouwen waren gedoemd oude vrijsters te worden. De enige mogelijkheid die nog voor hen open stond was te huwen met een *bandot tua*, een oude bok, die over veel geld beschikte of hoog in aanzien stond. De grijsaards stonden in de rij om de 'jonge blaadjes' te plukken en, zo nodig, na gebruik weer te laten vallen om een nieuwe vrouw (maximaal vier) te trouwen. Maar het aantal oude mannen was blijkbaar niet voldoende om alle maagden aan een man te helpen. Tussen de regels door is te lezen in wat voor isolement deze huwbare vrouwen verkeerden. Om hun aantrekkelijkheid te vergroten werden ze volkomen van de buitenwereld afgesloten.

Maar ook de positie van gehuwde vrouwen was niet te benijden, al hadden ze de maatschappelijke positie bereikt waarvoor ze volgens de gangbare opvatting in de wieg waren gelegd: die van echtgenote en moeder. Ook hun behandeling en bejegening is een thema dat in vele artikelen terugkeert.[15] Tot in de jaren dertig was het overgrote deel van de Arabische vrouwen, verstoken van zonlicht, aan huis gekluisterd, waar ze zich bezighielden met het koken en het verzorgen van man en kinderen. Ze konden over het algemeen niet lezen en schrijven en wisten nauwelijks wat er in de maatschappij leefde. Mannen, zo schrijft A. Gafar Ismail, zagen hun huis als een hotel-restaurant en hun vrouw als een *hamba sahaya*, een slavin.[16] Ze praatten nauwelijks met hun vrouw, maar commandeerden hen. Keer op keer is te lezen dat de echtgenoot optrad als een cipier van een letterlijk gekooide en figuurlijk geboeide echtgenote. Oogcontact met mannelijke bezoekers was niet toegestaan; ze werden vanachter een gordijn of deur te woord gestaan. De Indonesische intellectueel Hamka schrijft in een bijdrage dat hij ooit zes maanden bij een Arabische familie logeerde en al die tijd geen vrouwelijk familieleden had gezien.[17] Als ze uitgingen, altijd gesluierd en onder begeleiding van een mannelijk familielid, werd het rijtuig met zeil afgesloten. Vrouwen konden alleen door de kieren een glimp van de buitenwereld opvangen. Ali Assegaf, een lid van het hoofdbestuur van de PAI, meende na een bezoek aan Hadramaut dat de scheiding tussen mannen en vrouwen in het land van herkomst minder strikt was en dat de omgangsvormen minder geforceerd waren.[18] De *qabili*, getalsmatig de grootste stand, gebruikten helemaal geen afscheiding tijdens het sociale verkeer, terwijl de *sayid* zich tevreden stelden met een dunne doek. Vrouwen serveerden er zelfs voedsel aan bezoekers, terwijl de echtgenoot afwezig was. Het handhaven van de traditionele normen in contacten tussen de verschillende seksen viel in de Indonesische archipel beduidend zwaarder dan in het thuisland.

Na de oprichting van de PAI had geleidelijk een versoepeling van de seclusie van vrouwen plaats, met name onder de gegoede middenstanders en de kleine kosmopolitisch georiënteerde rijke zakenelite. Vrouwen gingen samen uit winkelen en bezochten met hun man een toneeluitvoering in de schouwburg of een film in de bioscoop. Het was zelfs toegestaan mannelijke leden van andere bevolkingsgroepen, zoals Indonesiërs, Chinezen en Europeanen, te groeten. Onder geen beding mochten ze tijdens deze uitstapjes evenwel mannen uit de eigen bevolkingsgroep aankijken of aanspreken.[19] Op bijeenkomsten van de PAI waarvoor leden van beide seksen werden uitgenodigd, wat in Arabische kring op zich al uitzonderlijk was, werden mannen en vrouwen door een gordijn van elkaar gescheiden. Toehoorders konden een spreker van de andere sekse wel horen, maar niet zien. Het centrale bestuur wilde deze scheiding wel opheffen, maar realiseerde zich dat de tijd er nog niet rijp voor was en dat aanwezigen te veel afgeleid zouden worden.[20]

Aliran Baroe verzette zich waar het maar kon tegen het fysieke, sociale, en culturele isolement van het gros van de Arabische vrouwen. Het ijverde krachtdadig voor onderwijs voor meisjes en volwassen vrouwen, meer bewegingsvrijheid, een grotere vrijheid van meningsuiting, meer respect en een evenwichtigere omgang tussen man en vrouw. Gafar Ismail deed wat het laatste betreft zelfs enkele suggesties, zoals driemaal per dag samen eten, samen over huishoudelijke problemen praten, elkaar halverwege tegemoet komen, samen bewust de lasten en lusten van het leven dragen.[21] 'Itoelah jang bernama roemah tangga', dat is wat een gezin genoemd wordt, schrijft hij tartend.

Het blad zwengelde ook een discussie over de sluier aan. Verschillende medewerkers vonden hem uit de tijd en meenden dat hij volgens de islam ook niet verplicht is (*wajib*), maar optioneel (*sunat*). Met name de zeer gelovige Baswedan toonde zich een felle tegenstander van de sluier. Het officiële standpunt van de redactie was echter dat het aan de vrouw zelf was om een sluier te dragen of niet. Om de lezer te helpen een evenwichtige afweging te maken werd een eindeloze serie artikelen over de sluier gestart. De neutrale positie weerhield het blad er niet van foto's uit Egyptische kranten over te nemen van jonge vrouwen van Hadramitische afkomst in Caïro, die modern kort haar droegen en zelfs van make-up gebruik maakten.[22] Ze werden door critici al gauw als pin-up foto's bestempeld. Deze plaagstootjes van de vaste redacteuren zijn symptomatisch voor de koers van het blad. Maar de voor die tijd in Arabische kring wel erg progressieve opvattingen over de positie van de vrouw waren niet aan iedereen besteed. Het leidde regelmatig tot onrust onder de mannelijke lezers. Een trouwe abonnee liet weten dat hij vele opvattingen van het blad en de PAI deelde, maar dat het beleid met betrekking tot vrouwen voor hem een breekpunt vormde. Anderen vroegen zich af of er geen belangrijkere onderwerpen waren om je druk over te maken en of de redactie wel wist waar ze aan begonnen was. Een lezer citeerde zelfs het Nederlandse spreekwoord dat men geen slapende honden wakker moet maken.[23]

VERHALEN

Ook in de verhalen die in het blad verschenen, stonden vrouwen dikwijls centraal. Niet zelden waren ze aan de werkelijkheid ontleend. Ze werden, naar ik me heb laten vertellen, door de lezers verslonden. Vooral de verhalen van Al-Moetanabbie (een pseudoniem) waren populair. Een van zijn verhalen gaat over een straatarme oude Indo-Arabische vrouw, Habibah, die midden 1940 in verband met de toenemende oorlogsdreiging hulp zoekt bij een Arabier die ze van vroeger kent.[24] De man heeft haar jaren geleden op het eind van de vastenmaand aalmoezen gebracht namens de Arabische vereniging Rabithah Alawiyah. Ze heeft gehoord dat hij bij de Luchtbeschermingsdienst (LBD) werkt en erop toeziet dat er 's nachts geen licht in de kampong zichtbaar is. Ze denkt dat hij alles over de op handen zijnde oorlog afweet en wil hem vragen wat ze in deze omstandigheden moet doen. Ze vraagt het mede namens haar twee kleinkinderen, twee jonge huwbare meisjes, die, zoals destijds gebruikelijk in conservatieve Arabische kringen, 'al enige tijd gekooid', dat wil zeggen voor mannelijke buitenstaanders onzichtbaar, bij haar in huis wonen.[25] Sinds hun ouders zijn overleden, draagt ze de zorg voor deze jonge maagden, hetgeen haar de nodige hoofdbrekens bezorgt. Omdat de soldaten de kazernes hebben verlaten, alle buren naar het platteland zijn gevlucht, dringen de in onzekerheid verkerende en dagelijks huilende meisje erop aan ook te vertrekken.

Als de LBD'er Habibah opzoekt, komt hij in een huis dat vrijwel leeg is. Meubelen ontbreken en op de vloer ligt een versleten mat. Het enige dat nog wat fleur aan het huis geeft zijn twee religieuze prenten: een van het gevleugelde paard van Mohammed en een van het schoeisel van de profeet. Gedurende de voorafgaande crisisjaren heeft de oude, krom lopende vrouw bijna alle bezittingen verkocht om in haar levensonderhoud en dat van de meisjes te voorzien. Tot voor kort maakten de meisjes nog elke dag *onde-onde* en *pisang goreng* dat door een oude venster werd verkocht, maar er zijn geen klanten meer. Het enige van betekenis dat ze nog bezit is een karbouw, waarvan ze de waarde op f 17,50 schat. Ze denkt dat dit genoeg moet zijn om te vluchten en elders een huis te huren.

De bezoeker verbaast zich over het isolement waarin de oude vrouw en haar kleindochters leven. Er is geen mannelijk familielid die hen beschermt en de honneurs ten opzichte van de buitenwereld waarneemt. Ze hebben weliswaar verre familie, maar die wil niets met hun arme verwanten te maken hebben. Ook de Arabische gemeenschap bekommert zich niet meer om hen. De tijd dat welgestelde Arabieren nog wel eens wat gaven is voorbij. Alleen van de Arabische vereniging Al-Irsyad krijgen ze regelmatig een portie rijst.

Het verhaal bevat prachtige dialogen tussen de zich steeds meer over de huiselijke situatie verbazende bezoeker en de oude vrouw, die zich af en toe naar achteren begeeft om te reageren op wat de kleindochters haar vanachter een gordijn toefluisteren. Als de meisjes zich bezorgd afvragen of de bezoeker wel goed op de hoogte is van de toestand in de stad, slaat Habibah uit verontwaardiging over hun wantrouwen met haar *tasbih* (rozenkrans) op het gordijn. De bezoeker, die zich realiseert dat de vrouw geen middelen heeft om zich tijdelijk elders te vestigen, probeert het gezin gerust te stellen. Hij benadrukt dat er 'thans vrede in het land heerst, er niets aan de hand is, geen reden is om bang te zijn, en als er iets is het gouvernement zelf de bevolking op de hoogte zal stellen'.[26] De meisjes blijven ongerust en uiteindelijk spreken ze af dat de bezoeker geregeld langs zal komen om hen te informeren over de stand van zaken.

Het meeslepende verhaal geeft een indringend beeld van de toestand van de armen in de Arabische gemeenschap in Soerabaja (en elders), van de groepsleden die moeite hebben hun hoofd boven water te houden, slecht op de hoogte zijn van wat zich in de wijdere samenleving afspeelt, en door tegenslagen steeds verder gemarginaliseerd raken. Niet voor niets laat de schrijver de bezoeker zeggen dat 'de rijken vluchten, zelfs rijst hamsteren voor moeilijke tijden', maar de armen zoals Habibah 'honger lijden' of 'sterven van radeloosheid'.[27] Het verhaal is ook illustratief voor de nog grotere afzondering dan gewoonlijk waarin Arabische vrouwen, jong en oud, zich in dit soort omstandigheden bevinden.

In 'Achter de coulissen van het toneel van het leven', een ander verhaal van Al-Moetanabbie, krijgt een jonge vrouw, Roekijah, te horen dat haar vader, haar twaalfjarige zus, Aminah, wil uithuwelijken aan een bejaarde totok, een schatrijke textielfabrikant.[28] Ze vindt het een schande omdat het gaat om 'iemand die niet bij haar past, tot een lagere stand behoort, niet gelijkwaardig is en niet geschikt is'.[29] Van haar broer hoort ze dat hun vader in geldnood zit, omdat het kapitaal dat hij eerder aan de 'verkoop' van Roekijah heeft verdiend op is. Met de bruidsom van zijn nieuwe schoonzoon, hoopt hij een nieuw bedrijf te beginnen.

Roekijah wil niet dat haar zus in eenzelfde situatie terechtkomt als zijzelf. Ze vervloekt haar oom, die als *munsib*, hoofd van de familieclan, het huwelijk heeft voorgesteld en voorbereid. Ze betreurt het ook dat haar vader haar niet heeft geraadpleegd. Een opvatting die haar broer pareert met de opmerking dat hun vader een Hadramiet is, die van mening zijn dat 'vrouwen slechts moeten luisteren en volgzaam behoren te zijn'.[30] Roekijah meent evenwel dat haar vader beter zou moeten weten en lering zou kunnen trekken uit haar recente ervaringen. Haar eigen bejaarde echtgenoot aan wie ze een paar jaar geleden is gekoppeld is onlangs naar Japara vertrokken om 'een nieuwe bloemknop, die zich begint te openen' als tweede vrouw te huwen.[31] Als deze straks bij hen in huis komt wonen, in de kamer naast haar, verwacht haar echtgenoot dat zij haar mede-echtgenote verdraagzaam tegemoet treedt, voorziet van eten en drinken, bedient en aankleedt. De gedachte alleen al verafschuwt ze. Haar vader heeft er echter geen problemen mee. Hij vindt, aldus haar broer, dat dit soort lijden gebruikelijk is onder vrouwen van Hadramitische origine. 'Hadramieten hebben', zo heeft hij hem gezegd, 'niet genoeg aan een vrouw en als een toegewijde echtgenote verwacht hij dat jij je mede-echtgenote met alle deemoed en genegenheid ter wille bent. [....] Alleen op die manier is er hoop voor vrouwen dat ze in het hiernamaals in de hemel worden toegelaten.'[32] Als ze erop wijst dat de oude bokken eigenlijk geen toegang tot de hemel zouden moeten krijgen, roept haar broer haar verontwaardigd tot de orde en zegt dat het taboe is om deze groep in dit land te beledigen. Als ze niet oppast, zal, zoals hun vader haar ooit toevoegde, 'op het einde der tijden haar tong tot op de aarde reiken'.[33]

Behalve Roekijah en Aminah, maakt ook een ouder vrouwelijk familielid, Rahmah, moeilijke tijden door. Haar nog niet zo oude in Hadramaut geboren echtgenoot gedraagt zich heel anders dan in Indonesië geboren Arabieren en heeft een heel andere inborst. Hij is sinds enkele maanden een fanatieke aanhanger van een lokale beweging die echtgenotes van Arabieren wil verplichten het hele lichaam bedekkende 'woestijnkleding' te dragen, zoals onder Bedoeïenen gebruikelijk is. Rahmah weigert dit ten ene male. Ze voelt zich een Indonesisch-Arabische en geen Arabische uit de woestijn. Nadat ze tegen de uitdrukkelijke wens van haar echtgenoot ongesluierd een condoleancebezoek heeft afgelegd, heeft hij haar na een uit de hand gelopen ruzie tezamen met al hun kinderen de deur gewezen. Tot overmaat van ramp wil hij nu snel huwen met het meisje waarvan ze rijst betrokken. Het kind was weliswaar al beloofd aan een ander, maar koppelbazen weten daar wel raad mee als er een nog grotere winst te behalen is.

Ook dit verhaal biedt een niets verhullende en provocatieve kijk op de kwetsbare positie van vrouwen in Arabische kring. Het zijn tussen de regels door vooral de totoks, de nieuwkomers, die het moeten ontgelden, omdat ze weigeren zich aan te passen aan de veranderde omstandigheden in hun gastland alsook de *munsib* die, in plaats van familiale en religieuze belangen te behartigen, zich verlagen tot het koppelen van geile bejaarden en nog niet volgroeide meisjes uit puur winstbejag. Ze maken misbruik van hun vooraanstaande positie als familielid om dergelijke huwelijken door te drukken.

GADO-GADO SOERABAIA

De meest populaire rubriek van *Aliran Baroe* was zonder meer Gado-gado Soerabaia, waarin van alles en nog wat (*gado-gado* betekent letterlijk mengelmoes) op humorvolle wijze aan de orde werd gesteld. De rubriek die achterin het blad stond en die lezers veelal het eerst lazen, werd geschreven door Charraat. Het was het pseudoniem van een medewerker uit Soerabaja, die goed op de hoogte was van wat zich in de verschillende Arabische gemeenschappen op Java afspeelde. Hij lardeerde zijn stukken volop met Arabische en Javaanse woorden en uitdrukkingen, zelfs lokale dialecten werden niet geschuwd. In zijn rubriek stak hij de draak met ongerijmdheden en wantoestanden in Arabische kring, haalde tegenstanders van de PAI-idealen onderuit, en deelde op vrolijke of bijtende toon plaagstootjes uit aan aanhangers die zich bezondigden aan stommiteiten. Na verloop van tijd nam hij ook ingezonden brieven op, die op eenzelfde wijze werden beantwoord.

In een van de eerste afleveringen van Gado-gado trekt Charraat een parallel tussen dieren die zowel op het land als in het water leven en moslims die in twee werelden leven. Volgens de Sjafi'itische leer zijn amfibieën smerige, kwaadaardige en slechte dieren. Ze vallen in de categorie onrein en mogen niet worden gegeten. Charraat meent dat er, 'met name de laatste tijd', in Indonesië veel moslims zijn met dezelfde eigenschappen als deze dieren. Ze eten van twee walletjes en leven bij wijze van spreken 'dan hier dan daar'.[34] Ze zijn vanwege hun gedrag onbetrouwbaar, gemeen en bezoedeld. Het zijn slechte mensen en wat ze doen is niet te verteren. Hoewel de *sharia*, de religieuze en maatschappelijke wetgeving die op de koran is gebaseerd, deze mensen niet als een besmette groep classificeert, is volgens Charraat op grond van het principe van analogie (*qiyas*), dat in de islam als rechtsbron wordt geaccepteerd, een dergelijke regel wel in te voeren. Hij gekscheert dat de situatie van in twee werelden levende moslims vergelijkbaar is met die van amfibieën als krokodillen en bloedzuigers. Hij noemt deze twee diersoorten niet voor niets. Het Indonesische woord voor krokodil, *buaya*, met de toevoeging land, *darat*, betekent vrouwengek of rokkenjager, terwijl het Indonesische woord voor bloedzuiger, *lintah*, met de toevoeging *darat*, woekeraar betekent. Op het terrein van overspel en woeker lieten de Arabieren zich in de Indonesische archipel niet onbetuigd. Charraat keert zich op ludieke wijze tegen deze praktijken die vooral onder totok-Arabieren voorkwamen.

In zijn rubriek stelde Charraat ook de vooral onder totoks bestaande gewoonte om korte termijn huwelijken te sluiten aan de kaak. In dit geval deed hij dat in reactie op ingezonden brieven. In november 1939 bericht een inwoner van de Arabische wijk Semanggi in Solo dat een plaatselijke 'oude bok' in drie maanden tijd negen maal getrouwd is en bijna evenveel keer gescheiden. Het blijkt onder Arabische inwoners van de stad een normaal verschijnsel te zijn. De schrijver van de brief kent zelfs een als heilige vereerde plaatsgenoot die zo dikwijls is gehuwd, dat hij de tel is kwijt geraakt. Bovendien telt Semanggi veel 'voormalige weduwen' die 'huwelijken voor een week, twee dagen of drie dagen achter de rug hebben en zich in slechts uren tijds hebben laten scheiden'.[35] De huwelijken blijken te worden afgesloten door een plaatselijke *habib*, die overal op Java bij vieringen in Arabische wijken wordt uitgenodigd om te preken over zondig gedrag, huldebetoon aan God en diens liefde voor aardse schepselen. 'Als hij eenmaal ergens een week verblijft', doet hij echter behalve preken, 'vrijwel niets anders dan huwelijken sluiten. Degenen die op vrijdagavond trouwen, komen hun scheidingsbrief een week later halen. Huwelijken die op zaterdagavond plaatsvinden, worden soms al op de maandag daarop ontbonden.'[36] De op schandaaltjes beluste chroniqueur antwoordt schertsend dat deze huwelijksmaniakken beter een huwelijksabonnement zouden kunnen nemen met recht op een flinke korting per huwelijkssluiting. Later schrijft hij dat islamitische voormannen en getuigen die hieraan meewerken 'boleh sadja disambel goreng' (in sambal gebraden mogen worden).[37] In augustus 1940 schrijft een lezer uit Semarang een brief over een zekere Wak Ghadhi, een lid van de lokale Arabische gemeenschap, die een adressenbestand bijhoudt van plaatselijke weduwen en maagden, inclusief lichaamsafmetingen en tarieven, en die als bemiddelaar van kortstondige huwelijken optreedt. Charraat noemt deze verkapte prostitutie spottend een voorbeeld van een slimme Arabische 'handelstactiek'.[38]

Zo nu en dan vuurde Charraat ook 'giftige' pijlen af op tegenstanders van het ideeëngoed van de PAI.[39] In februari 1940 richtten twee aartsconservatieve *sayid*, Idroes Al Masjhoer en Ali bin Jahja, in Solo een comité op ter bevordering van het dragen van de boerka (*burguk*). Masjhoer was jarenlang verbonden geweest aan de *Hadramaut Courant*, maar na het ter ziele gaan van dit blad had hij zich teleurgesteld en uitgeblust uit de actiewereld teruggetrokken. Sindsdien voorzag hij in zijn levensonderhoud als fabrikant van batik. Bin Jahja was zijn carrière begonnen in Bondowoso (Oost-Java), waar hij zich tevergeefs had bezig gehouden met de organisatie van het verzet van de plaatselijke conservatieven tegen aanhangers van de modernistische Al-Irsyad. Daarna had hij zijn geluk beproefd als leraar op een *madrasah*, een Islamitische godsdienstschool, in Batavia. Hij riep daar zoveel weerstand op, dat hij zich genoodzaakt zag zich een aantal jaren in Hadramaut terug te trekken. Na zijn terugkeer was hij, opnieuw als godsdienstleraar, in Solo neergestreken. Volgens Charraat had Bin Jahja een leven van mislukkingen achter de rug. Hij vergeleek hem met de spreekwoordelijke *burung dares*, de uil uit de Indonesische volksverhalen, die overal waar hij verschijnt dood en verderf zaait. Beide heren waren na jaren van stilte blijkbaar weer toe aan een nieuwe uitdaging om zich publiekelijk te kunnen doen gelden.

Charraat liet zich goed op de hoogte gehouden van wat zich in Solo afspeelde en gaf in opeenvolgende nummers van *Aliran Baroe* een smeuïg verslag van de vergaderingen en activiteiten van de kongsi Masjhoer-Bin Jahja, zoals hij het rond hen geformeerde comité snerend noemde. De kongsi was van mening dat de Arabieren in Indonesië zich beter aan de voorschriften van de islam moesten houden. Bin Jahja sprak zich al op een van de eerste bijeenkomsten uit tegen de 'verdorvenheid van veel Arabische mannen, vooral van de jongeren, maar het allermeest van die van de vrouwen'.[40] Hij kreeg bijval van alle kanten. De leden van de kongsi ergerden zich vooral aan Arabische vrouwen die hun lichaam buitenshuis niet geheel bedekten. Een van hen was van mening dat de Arabische vrouwen te zichtbaar waren op straat en dat ze er onzedelijk bij liepen. Een ander vond dat de vrouwen hun schaamtegevoel in

Vaste vignet Gado-gado Soerabaia

Arabische kring verloren hadden. Alleen al de parfumluchten waarmee ze zich omringden, zou zijns inziens een boerka rechtvaardigen. Een derde constateerde dat het verschil tussen Javaanse en Arabische vrouwen geheel was weggevallen. Terwijl aanvankelijk nog werd volstaan met de mededeling dat het dragen van een boerka door de godsdienst was voorgeschreven, werden een paar maanden later hardere maatregelen genomen: 'Elke Alawiet [*sayid*] behoort zijn echtgenoten en vrouwen onder zijn controle te dwingen een "boergoek" te dragen. Vrouwen die deze beslissing negeren, worden hoogstens drie keer aan deze verplichting herinnerd. Als ze dan nog niet gehoorzamen, worden alle banden verbroken. Ze mogen hun huis niet meer betreden, zelfs indien zich een sterfgeval voordoet. Hetzelfde geldt in geval van een bruiloft.'[41] Aangezien het verval in zeden werd toegeschreven aan de PAI, ijverde de kongsi eveneens voor een economische boycot van PAI-leden en het ontslag van PAI-werknemers in de lokale batik-industrie.[42] De kongsi onder leiding van Masjhoer begon ook met de inzameling van geld om boerka's te kopen voor vrouwen die niet over voldoende middelen beschikten om er zelf een aan te schaffen. Tegelijkertijd werden stappen ondernomen om de boerka-acties uit te breiden naar andere plaatsen op Java, zoals Magelang, Wonosobo en Soerabaja.

Vooral de aankondiging van Masjhoers komst naar Soerabaja werkte op Charraat's lachspieren. Hij maakte hem er alvast op attent dat zijn tulband en hemd rood zullen kleuren van de naar hem vanachter de kree gespuwde sirihpruimen. Al gauw werd duidelijk dat het plan van de kongsi Masjhoer-Bin Jahja in Solo en elders tot mislukken was gedoemd. In Solo kwamen echtgenotes van Arabieren massaal in opstand. De lokale PAI-afdeling nodigde Salim bin Djindja uit, een bekende Arabische spreker, die tegen de actie was en voor een enthousiast gehoor van 150 vrouwen voorstelde alle boerka's in een put te begraven.[43] De twee 'helden' zagen zich door alle tegenstand zelfs genoodzaakt de stad te ontvluchten. Volgens Charraat 'waren de meeste vrouwen liever dood of werden ze liever gedood dan dat ze door het dragen van een boerka gedwongen waren een publieke "bezienswaardigheid" te worden'.[44] Andere vrouwen gaven er de voorkeur aan zich drie keer te laten verstoten, hetgeen op een scheiding neerkwam. In de meeste gevallen kwam het echter niet zover, al werd de echtgenote van een van de leden van de kongsi, na tien jaar huwelijk en het baren van acht kinderen, de deur gewezen omdat ze tijdens een rouwbezoek niet gepast was gekleed. De echtgenote van een ander lid werd vanwege eenzelfde vergrijp aan het ziekbed van een bekende door haar man ter plekke te schande gezet in het bijzijn van wanhopig huilende vrouwen.⁴⁵ Zij behoorden echter tot de uitzonderingen. Ook elders kreeg de kongsi geen poot aan de grond, al waren het daar vooral de mannen die zich lieten horen. In Batavia waren het geen aanhangers van de PAI die zich van hen distantieerden, maar jongeren van Rabithah Alawiyah, de behoudende vereniging waartoe Masjhoer en Bin Jahja behoorden. In Soerabaja werd Masjhoer op straat als ´Habib Boergoek´ nagewezen en uitgelachen. Toen een groep Arabische voetballers in een bus op weg naar een wedstrijd hem op straat in het vizier kregen, lieten ze de chauffeur halt houden om hem publiekelijk uit te jouwen.

Charraat bleef ook in volgende nummers smullen van het lot van deze twee naar invloed hunkerende conservatieve Arabieren, zelfs nadat ze zich bij hun nederlaag hadden neergelegd, hun eisen met betrekking tot de boerka en de PAI hadden ingetrokken, en stilletjes naar Solo waren teruggekeerd. Zo schreef hij aan het eind van het roerige jaar 1940 dat Bin Jahja bezoek had gehad van zijn zwager uit Singapore, een vermogend man en wetgeleerde die aan de Al Azhar Universiteit in Caïro had gestudeerd. Hij werd vergezeld door zijn echtgenote, die 'niet alleen geen boerka droeg, maar zelfs volgens de mode in Hollywood gekleed was'. Ze droeg een '[r]oodkleurige rok van gesteven zijde, een strooien hoed met kippenveren boven een op Russische wijze gevouwen voile (…) Terwijl ze de elegantie en air had van Abkaar en Hayat Assegaf', de twee jonge vrouwen uit het Midden-Oosten van wie eerder 'provocerende' foto's in *Aliran Baroe* waren afgedrukt.⁴⁶ De echtgenote bewoog zich op een voor Solo ongekend moderne manier en het moet een belevenis zijn geweest haar in de Arabische wijken te zien lopen. Bin Jahja en Masjhoer gedroegen zich tegen haar echtgenoot als 'muizen tegenover een kat' en durfden hun vroegere standpunten over de kleding van vrouwen niet ter sprake te brengen. Ook de andere kongsi-leden, medeplichtig aan het propageren van de boerka, toonden hun 'vriendelijkste gezicht', lachten waar het moest, en lagen als echte vleiers aan de voeten van de vooraanstaande gast.⁴⁷

Een andere figuur die de chroniqueur geregeld te grazen nam was Moehammad bin Abdallah al-Amoedi, die in 1939 de Indo-Arabische Beweging (IAB) had opgericht. De beweging met een Nederlandse naam keerde zich nadrukkelijk tegen de doeleinden van de PAI. Ze moest niets hebben van het Indonesisch nationalisme en 'streefde naar een versterking van het rasgevoel, zowel in als buiten de partij, en naar het vestigen van het besef dat men Arabier was en moest blijven'.[48] Een standpunt dat de Nederlandse autoriteiten, die enig tegenwicht tegen de nationalistische bewegingen goed konden gebruiken, niet onwelgevallig was. De beweging had vooral aanhangers onder Arabieren die hun economische belangen beter gewaarborgd zagen onder een Nederlands dan onder een Indonesisch bestuur. Al-Amoedi was een warhoofd die zich gemakkelijk voor het karretje van het koloniale bestuur liet spannen en met het ene manifest na het andere kwam. Zo sprak het IAB zich in oktober 1939, tot woede van Indonesische nationalistische partijen en de PAI, uit tegen de voorgenomen actie van de GAPI voor een Indonesisch parlement. In de Indonesische pers stond de afkorting IAB al gauw voor Indische Afgeleefde Bokken of Ini Akalan Busuk, 'Dit is een rotstreek'.[49]

Al-Amoedi's doen en laten werkte met name op de PAI als een rode lap op een stier en hij diende al gauw als kop van jut voor de lezers van *Aliran Baroe*. Charraat liet geen gelegenheid onbenut om hem belachelijk te maken. Zo schreef hij schamper over een 'carnaval' dat Al-Amoedi ter gelegenheid van de geboorte van prinses Irene in Tandjoengpriok had laten opvoeren.[50] Op aandrang van de voorman van het IAB had een rijk bestuurslid een honderdtal van zijn Indonesische koelies in traditionele kleding uit het Midden-Oosten door de stad laten paraderen en daarmee het schaamrood op de kaken van de aanwezige Arabieren gejaagd. Charraat verkneukelde zich ook openlijk over het feit dat het IAB geen uitnodiging voor het congres van Al-Irsyad in 1939 in Soerabaja had ontvangen, terwijl alle plaatselijke organisaties, 'klein, groot, oud, nieuw, allemaal' waren gevraagd. De reden dat de gastheer Al-Amoedi 'zijn schoenzolen' liet zien, was, aldus de kroniekschrijver, dat hij het IAB alleen maar als een reclamebureau voor het zuiveren van zijn besmette naam gebruikte en zich in het geheel niet om de belangen van de Arabische gemeenschap bekommerde.[51]

Charraat verlustigde zich ook over de mislukte onderwijsplannen van het IAB. Al-Amoedi had in zijn woonplaats Soerabaja een Arabische school gesticht, waar kinderen Arabisch en Nederlands zouden leren, maar het lukte maar niet deze belofte na te komen. De doeleinden veranderden steeds, 'net als die van het IAB', en de leraren liepen in en uit, 'Van mevrouw Blauw tot mevrouw Paars, van juffrouw Langhaar tot juffrouw Korthaar, van mijnheer Dik tot mijnheer Dun, van een leraar met Irakees hoofddeksel tot een leraar met een witte kopiah'.[52] Ook de naam van de school was aan voortdurende verandering onderhevig: Al'Maarief werd Al-Marakah dat weer veranderde in achtereenvolgens Hollandsch-Arabische School (HAS), Arabisch-Hollandsche School (AHS), Moderne Arabische School en PHAS.[53] Een maand later wist de rubricist te vertellen dat voor de verf van de laatste naam droog was, het naambord al weer naar beneden was gehaald en de school nu even geen naam had. Mooi is ook het verslag dat Charraat geeft van een lezing van dr. Soekiman van de Partai Islam Indonesia (PII) in het gebouw van het IAB in de havenstad.[54] Tijdens de lezing zit Al-Amoedi op de voorste rij en verwacht ongetwijfeld dat de spreker het IAB zal prijzen. Maar al onmiddellijk na aanvang deelt deze een 'oorveeg' uit aan degenen die de GAPI-actie niet steunen. Charraat smult van het gedrag van Al-Amoedi die grijnzend en met rood aangelopen hoofd meeklapt met het publiek, maar bij thuiskomst ongetwijfeld een aantal aspirines heeft geslikt.

Charraat maakte zich zo nu en dan ook vrolijk over een kleine maar prominente groep gegoede Arabieren van conservatieve Rabithah Alawiyah huize, die dweepten met landen als Egypte, Irak of de Nejad, het Centraal Arabische gebied waar Ibn Saud de scepter zwaaide. Ze droegen hoofddeksels en kledingstukken uit die gebieden, zoals een fez, tarboesj, tulband, Arabisch hemd of toog, hadden foto's van Faisal II, de koning van Irak, of van Farouk, de koning van Egypte, in hun huis hangen, en volgden de politieke ontwikkelingen in deze landen op de voet. Ze wilden zich in tegenstelling tot de PAI-aanhangers niet met Indonesië vereenzelvigen, maar namen merkwaardigerwijs ook steeds meer afstand van Hadramaut, het land van hun voorvaderen, dat ze steeds meer als achterlijk begonnen te beschouwen. Ze benadrukten hun Arabische identiteit door zich te richten op landen in het Midden-Oosten die een vooraanstaande rol in de islamitische wereld speelden. Charraat spotte niet alleen met de kleding die ze droegen, en die andere Arabieren al dertig jaar geleden hadden afgeworpen, maar verweet hen met name dat ze hun werkelijke achtergrond verloochenden en hun toekomst in Indonesië niet onder ogen wilde zien.[55]

Hij had overigens niet alleen kritiek op tegenstanders, ook leden van de eigen groep kregen er geregeld van langs. Zo hekelde hij enkele keren, binnen en buiten zijn rubriek, de gewoonte van Arabieren om gewichtig te doen. Hij duidde het aan met de volgens hem moeilijk in het Indonesisch te vertalen Javaanse term *kepeteit*. Hij omschrijft het als iets

| *Tropenstijl*

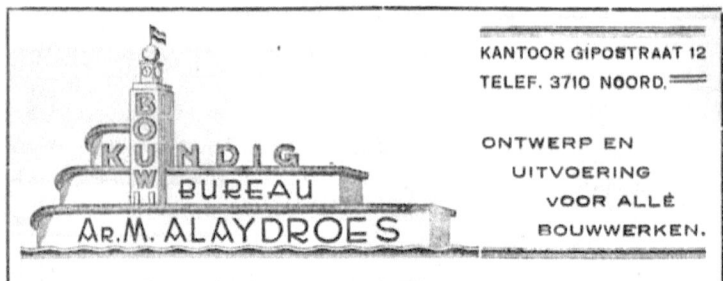

Kepeteit-advertentie

wat mensen doen maar eigenlijk niet doen, als iets waarvan ze denken dat het correct is, maar dat het eigenlijk niet is.[56] Zo kent hij leden van zijn groep 'die heel gehaast zijn, alsof ze iets heel belangrijks moeten doen, maar in feite niets te doen hebben; ze doen dat bewust, opdat de ander denkt dat hij iets te doen heeft'.[57] Een ander voorbeeld dat hij geeft is dat van een Arabische toko die allerlei spullen van Arabische makelij verkoopt, alles onder het logo van de dadel en de kameel (de symbolen van Hadramaut), maar tijdens de feestdagen op het eind van de vastentijd de Egyptische vlag voor de winkel laat wapperen. Misplaatst vindt hij ook de gewoonte van de Arabische eigenaar van een schoenwinkel om in dezelfde periode een bord met gelukwensen in het Nederlands voor de winkel te zetten, terwijl hij geen klanten heeft die Nederlands spreken. Hij vindt het net zoiets als abonnees die een annonce met gelukwensen voor Idul Fitri in het Engels in *Aliran Baroe* laten opnemen, terwijl er maar een tiental lezers zijn die deze taal beheersen.[58] *Kepeteit*!

BESLUIT

Het mag duidelijk zijn dat *Aliran Baroe* haar lezerspubliek op verschillende manieren wist te amuseren, al had het vermaak altijd een serieuze bedoeling. Alle artikelen, geen enkele uitgezonderd, stonden in dienst van de emancipatiegedachte. Ze waren bedoeld om de lezers te ontwikkelen, hun kennis te vergroten, hen los te maken uit de dominante greep van *sayid* en nieuwkomers (totoks), en hen in staat te stellen zich beter aan de moderne tijd aan te passen. Ter ontspanning bedoelde bijdragen, zoals verhalen en roddels, hadden altijd een educatieve bijklank, terwijl bijdragen over ernstige onderwerpen niet zelden een hekelende of spottende ondertoon hadden. Als het ging om vermeende misstanden in Arabische kring schrokken de redacteuren er niet voor terug flink van leer te trekken, met modder te gooien, en het achterste van hun tong te laten zien. De bij tijd en wijle felle en provocatieve stellingname en zelfspot in de journalistieke bijdragen droegen in niet onbelangrijke mate bij aan de popularitaat van het blad. Het hield vooral twijfelaars onder de Indo-Arabieren die niet openlijk voor hun vereenzelviging met het nieuwe Indonesië durfden uit te komen een spiegel voor en viel antagonistische *sayid* en totok-Arabieren aan op een wijze die zowel als komisch als doeltreffend werd ervaren.

Noten
1 De Jonge 1980.
2 Pluvier 1953:91.
3 Kruithof 1980.
4 Bloembergen en Raben 2009:7-24.
5 De Jonge 2010.
6 Schrieke 1920.
7 *Soerat Hadramaut* 1939a:9.
8 *Soerat Hadramaut* 1939a:10.
9 *Soerat Hadramaut* 1939a:10.
10 *Soerat Hadramaut* 1939c, 1940.
11 *Soerat Hadramaut* 1939b:5.
12 *Soerat Hadramaut* 1939c.
13 Bafagieh 1938a:2.
14 Bafagieh 1938a.
15 Bafagieh 1938b.
16 Gafar Ismail 1941.
17 Hamka 1941:11.
18 Ali Assegaf 1939.
19 *Rapat Mauloed* 1939:2.
20 *Rapat Mauloed* 1939:1.
21 Gafar Ismail 1941.
22 *Hayat Assegaf* 1939; *Dhijah Assegaf* 1940.
23 De pogingen om de emancipatie van vrouwen in eigen kring te dwarsbomen

blijkt ook uit de tegenwerking die vrouwen overal ondervonden om een lokale PAI-Isteri (vrouwenafdeling) op te richten. Bijna altijd waren het de mannen die dwars lagen. Pas in april 1940, bijna zes jaar na de stichting van de unie, werd tijdens het eerste lustrumcongres een nationale vrouwenafdeling opgericht.

24 Al-Moetanabbie 1940b.
25 Al-Moetanabbie 1940b:21.
26 Al-Moetanabbie 1940b:22.
27 Al-Moetanabbie 1940b:23.
28 Al-Moetanabbie 1940a.
29 Al-Moetanabbie 1940a:8.
30 Al-Moetanabbie 1940a:8.
31 Al-Moetanabbie 1940a:8.
32 Al-Moetanabbie 1940a:9.
33 Al- Moetanabbie 1940a:9.
34 Charraat 1938:119.
35 Charraat 1939d:31.
36 Charraat 1939d:31.
37 Charraat 1940a:19.
38 Charraat 1940d:20.
39 Charraat 1940b, 1940c.
40 Charraat 1940b:13.
41 Charraat 1940b:13, 16.
42 Charraat 1940e:20.
43 S.A. 1940:12.
44 Charraat 1940c:19.
45 S.A. 1940:12.
46 Charraat 1940f:18.
47 Charraat 1940f:18.
48 Pluvier 1953:91.
49 *Manifest mesoem* 1939:25.
50 Charraat 1939b:20.
51 Charraat 1939c:19.
52 Charraat 1940e:19.
53 Charraat 1940e:19.
54 Charraat 1939e:22.
55 Charraat 1939a:20.

56 Charraat 1939d:32.
57 Charraat 1940a:11.
58 Charraat 1939d:32.

Wim Rutgers

Dicht en ondicht in en op de pers
Hoe Curaçaose periodieken hun lezers amuseerden

> U kunt van mij binnenkort een analyse verwachten van het merkwaardige feit dat wij [op Curaçao] de meeste kranten ter wereld produceren per aantal inwoners. [...] Ieder mens heeft een droom. Als ik veel geld had, zou ik geen jacht kopen of een paleis neerzetten op Rooi Catootje, maar een kleine drukkerij opzetten. Ik zou al het technische werk aan die besmeurde mannen overlaten en, mijn hoed op en mijn benen op mijn bureau, luisteren naar het geratel en gezucht van de machines. [...] Ik zou schrijvers en dichters uitnodigen om mij hun werk te brengen, waarna we samen de tekst nog eens bespreken vóór het in handen van de zetter bevroren wordt tot onveranderlijkheid.[1]

Nieuwsbladen hebben zich op Curaçao in de loop van twee eeuwen ontwikkeld tot veelvormige en multilinguale media tot volksopvoeding en alfabetisering. Waar de liberale pers vooral een civilisatie-ideaal voor het volk uitdroeg, gebruikte de katholieke kerk de pers eveneens en vooral als missiemiddel. Een ander belangrijk aspect betreft de rol die de pers heeft gespeeld in de ontwikkeling van het Papiaments van gesproken volkstaal tot geschreven cultuurtaal.

De geschiedenis van de pers op de Nederlands Caribische eilanden Aruba, Bonaire, Curaçao, Saba, Sint-Eustatius en Sint-Maarten gaat terug tot het einde van de achttiende eeuw, toen op Sint-Eustatius *The St. Eustatius Gazette* verscheen, die waarschijnlijk van 1790 tot 1794 heeft bestaan, maar waarvan slechts enkele exemplaren bewaard zijn gebleven.[2] Op Curaçao verscheen in 1812 de eerste krant onder de naam *The Curaçao Gazette*. Toen het eiland in 1816 – na het Tweede Engelse Tussenbewind (1807-1816) - aan Nederland teruggegeven werd, werd de naam van het nieuwsblad veranderd in *De Curaçaosche Courant*. Het blad bestaat nog steeds en heeft daarmee de status van het oudste Caribische geschreven publicatiemiddel bereikt. Na de emancipatie op 1 juli 1863 en het nieuwe regeringsreglement van 1865 waarbij de preventieve censuur werd afgeschaft die vanaf 1820 van kracht was geweest, 'wiesen de spruiten uit de bodem' zoals Joh. Hartog[3] dat zo beeldend beschreef.

VAN MONOPOLIE TOT MEERSTEMMIGHEID

De afschaffing van de preventieve censuur in 1865, niet de afschaffing van het dagbladzegel in 1869, betekende de ontwikkeling van een veelzijdige pers waarmee het monopolie van de deftige, saaie elitaire Nederlandstalige *Curaçaosche Courant* werd gebroken door de multilinguale meerstemmigheid van liberaal, joods en katholiek. In de postemancipatoire maatschappij van na de abolitie op 1 juli 1863 werd de krant door liberaal en katholiek gezien als een middel tot de emancipatie en opvoeding van het hele volk én, in katholieke optiek, ook als missiemiddel bij uitstek. Met name de kerk heeft de pers gebruikt voor haar missionerende arbeid, maar daarmee ook het volk tot lezen aangezet in de Nederlandstalige *Amigoe* (1884 tot op heden) en wat later in de meer populaire Papiamentstalige bladen *La Cruz* en *La Union* – beide opgericht in 1922 en bestaand tot in de jaren zeventig van de vorige eeuw. Dit aspect van de pers als opvoeder en als voertuig tot alfabetisering van het volk staat centraal in de historische ontwikkeling van de Curaçaose pers.

Eigenlijk kunnen we in het prille begin nog nauwelijks van 'kranten' spreken, in elk geval niet als we daar 'dagbladen' onder willen verstaan. Het nieuws werd op Curaçao in het laatste kwart van de negentiende eeuw, en ook nog lang daarna, wekelijks gebracht in een meestal op zaterdag verschijnend blad in klein formaat, dat in de regel vier pagina's telde met soms een supplement. Zulke bladen bevatten geen foto's (uiteraard), nauwelijks illustraties, slechts weinig advertenties en vooral volle kolommen dicht op elkaar gedrukte tekst onder veelal kleine koppen, zodat er toch nog wel heel wat te lezen viel.

Het was eind negentiende eeuw heel gebruikelijk dat ingezondenstukken-schrijvers (en die waren er veel in die dagen) op elkaar reageerden in verschillende bladen, wat dus veronderstelt dat men gewoon was meer dan een krant te lezen (zoals de eilandbewoners dat vandaag de dag nog steeds doen). Nagenoeg zonder uitzondering waren de bladen meertalig. Gebruikte de redactie al één taal, dan waren er altijd wel

Voorpagina van *La Cruz*, 1 augustus 1934

advertenties, ingezonden stukken of zelfs bijdragen van medewerkers in andere talen. Ook het culturele leven werd in de bladen veeltalig gebracht.

PERS EN LETTEREN

Ik beperk me hier tot de invloed van de bladen op de literatuur. Als we er nu van uit gaan dat een literatuurgeschiedenis niet alleen de productie beschrijft, welke auteurs er in een bepaalde tijd waren en welke werken ze schreven, maar ook hoe dat werk werd gepubliceerd en gedistribueerd, hoe recensenten en critici op dat werk reageerden en welke mogelijkheden er in het algemeen voor de 'gewone lezers' waren om met literatuur in aanraking te komen, dan leveren de oude bladen ons voor de beantwoording van dat soort vragen heel wat materiaal op.

Zonder uitzondering kenden alle bladen ingezonden (gelegenheids)poëzie in allerlei talen – die is zo oud als de Curaçaose pers zelf. Ze kwam al voor in de oudste ons nu nog bekende bladen en is ook vandaag de dag nog een heel normaal verschijnsel. Verder kunnen de kranten ons iets omtrent de literaire productie, de consumptie en het leesgedrag leren, als we afgaan op de daarin verschenen advertenties voor boeken en tijdschriften. Dat konden dan producten uit eigen plaatselijke drukkerijen zijn, maar meestal betrof het geïmporteerd werk.

De krant is voor de eilanden nagenoeg de enige bron van berichtgeving om nog iets te achterhalen van het algemene gezelligheidsleven en het wetenschappelijk en literair genootschapsleven, zoals sociëteiten, het Geschied-, Taal-, Land- en Volkenkundig Genootschap, een Letterkundig Genootschap tot Nut en Beschaving en leesgezelschappen als Concordia, La Precaucion en het Leesgezelschap tot Nut en Genoegen en hun activiteiten.

De krant is via advertenties, verslagen en recensies ook een heel belangrijke bron voor onze kennis van de toneelgeschiedenis. Werd een nieuw boek meestal slechts kort aangekondigd, een toneelvoorstelling van een buitenlands en (vooral) eigen gezelschap werd gewoonlijk uitgebreid gerecenseerd, zowel inhoudelijk als de prestaties van de individuele spelers. Uit de krant leren we nu nog wat een *soirée littéraire et musicale* was en hoe deze *veladas* aan het einde van de negentiende eeuw in de gunst van een talrijk publiek stonden.

Uit de krant leren we wat het talenprogramma op de Curaçaose scholen behelsde. Schooleigenaren-directeuren van particuliere scholen adverteerden hun programma's en zorgden voor uitvoerige verslagen van hun prijsuitreikingen aan het einde van het schooljaar, waarbij voordrachten, improvisaties en toneel in vele talen voor ouders en drommen belangstellende buitenstaanders te bewonderen vielen.

Sommige genres kwamen vooral in de krant tot hun recht. Zo was het gebruikelijk om allerlei actuele kwesties in dialoogvorm te behandelen. Dat gebeurde al in het begin van de negentiende eeuw, was heel populair aan het einde daarvan en zou dat tot het midden van de twintigste eeuw blijven. 'Cursiefjes', volgens de contemporaine aanduiding veelal 'feuilletons' genoemd, of 'columns' met een moderne term, kenden een bloeitijdperk aan het begin van de twintigste eeuw. Dit zijn typische voorbeelden van letterkunde die alleen in de krant – periodiek gebracht – tot hun recht komen.

NUT EN VERMAAK: NUTTIG VERMAAK?

In het eerste deel van zijn persgeschiedenis geeft Gerard Termorshuizen een karakteristiek die eveneens in hoge mate voor de koloniale tijd op de eilanden gold:

> Men leidde in Indië een 'plantenleven', zoals dat werd genoemd. Het dagelijkse leven verliep er eentonig. Voor de mannen was het een bestaan van hard werken en voor veel vrouwen een van dodelijke verveling. Publiek vermaak was er heel weinig. Vandaar de enorme behoefte aan afleiding en vermaak. De Indische pers speelde daar op allerlei manieren op in, onder meer door het afdrukken van verstrooiende lectuur. Een bijzondere rol ging het in de kolonie gesitueerde literaire feuilleton spelen. Veel Indische schrijvers debuteerden in kranten. Daardoor kon het feuilleton het fundament worden voor de Indisch-Nederlandse letterkunde.[4]

Naast het wekelijkse lokale en internationale nieuws bevatten de Curaçaose bladen veel bijdragen als samenspraken, dialogen, (roman)feuilletons, korte verhalen, recensies van toneelopvoeringen, brieven etc. in een deel van de krant dat soms als 'seccion recreativa' werd aangeduid. Zonder uitzondering namen alle bladen geregeld ingezonden (gelegenheids)poëzie op in allerlei talen, ter verstrooiing van de lezers.

LIBERALEN EN KATHOLIEKEN

De in liberale kring na de emancipatie op 1 juli 1863 voorgestane gedachte aan de noodzaak van *civilisacion* (beschaving) en *iluminacion* (verlichting) van een volk dat net een paar honderd jaar slavernij achter de rug had en nog in een zeer zwakke economische positie verkeerde, was geen sinecure. Van eliteorgaan werd de krant democratiseringsmiddel ter ontwikkeling en alfabetisering van de bevolking die tot dan toe een overwegend orale cultuur had gekend. De programmatische naam van de eerste krant in de eigen taal, het Papiaments, verwoordde het streven kort en krachtig: *Civilisadó* (De Beschaver). Het blad ontwikkelde zich vanaf de jaren zeventig van de negentiende eeuw tot een strijdbaar opinieorgaan in een maatschappelijke context van grote lokale en regionale politieke tegenstellingen.

Voor het veelzijdig functioneren van de katholieke pers kan het concept van de 'regime-theorie' verhelderend werken.[5] De talrijke voornamelijk Brabantse missionarissen zagen de katholieke emancipatie in de kolonie als verlengstuk van de emancipatiegedachte op vaderlandse bodem. Een katholiek blad had daartoe steevast een pater als hoofdredacteur en oefende op diverse manieren veel invloed op het letterkundige leven in al zijn aspecten uit: creatief door bijdragen te leveren in de vorm van veelal gelegenheidsgedichten bij katholieke hoogtijdagen en jubilea van missionarissen, bisschoppen en de paus, moraliserende dialogen en feuilletons onder de streep, algemeen opiniërende stukken over lectuur en literatuur, en recensies naar aanleiding van deze katholieke teksten, waarbij in groot formaat geplaatste advertenties van eigen boeken, tijdschriften en toneelvoorstellingen de cirkel rondmaakten. Naast de originele bijdragen in het Papiaments, wist de clerus via talrijke vertalingen deze taal verder te populariseren en als schriftelijk medium te ontwikkelen. Zonder overdrijving kan gezegd worden dat de Missie de zo invloedrijke vertaal- en adaptatietraditie van allerlei talen naar het Papiaments toe gevestigd en ontwikkeld heeft.

De hoofdredacteur van *Amigoe*, pater R.J.C. Wahlen, vatte de betekenis van de pers voor de missie kernachtig samen toen hij opmerkte:

'Het apostolaat der pers kent geen grenzen. Dit machtig hulpmiddel der beschaving en der verspreiding van ons H. Geloof wordt in de arme Missie van Curaçao zeer deugdelijk gehanteerd.'[6] De inhoud diende allereerst opvoedend, leerzaam en moraliserend te zijn, geheel volgens de opvatting van wat in Missie-ogen literatuur hoorde te zijn.

MORALISME

Deze literatuuropvatting manifesteerde zich heel duidelijk, toen eind 1901 op Curaçao het op 30 januari 1901 in het Teatro Español de Madrid voor het eerst opgevoerde toneelstuk van Benito Pérez Galdós: *Electra* in première ging. Het stuk werd in Spanje verboden. Deze censuur veroorzaakte ook op Curaçao een diepgaande en felle discussie tussen liberaal en katholiek over wat literatuur hoorde te zijn. Het drama in vijf bedrijven behandelde het probleem of iemand tegen haar wil onder valse voorwendsels in het klooster 'gepraat' mocht worden.

In de veertien op dat moment op Curaçao verschijnende kranten draaide de discussie om twee hoofdpunten: de al of niet kwetsende strekking van het stuk en de eventuele maatschappelijke onrust die het stuk zou kunnen veroorzaken. De liberale hoofdredacteur C.D. Meyer van *De Wekker* zag in het stuk niets dat antikatholiek genoemd zou kunnen worden, niets onzedelijks, geen aanleiding tot ordeverstoring 'omdat het publiek dat op ons eiland naar de schouwburg gaat niet uit "gepeupel" bestaat', maar uitsluitend 'uit beschaafde en verlichte Israëlieten, Protestanten en enkele Katholieken [...]. Iedereen weet, dat de lagere klasse hier de middelen niet bezit, om den schouwburg te bezoeken en dit ook niet zou doen, al had zij die middelen, want onontwikkeld, analphabeten, hoogst onkundig zooals zij is, heeft zij er niets aan.' (*De Wekker* 16-11-1901.)

Zijn 'liberale' bezorgdheid ging vooral uit naar het ongewenste precedent van de censuur. Maar de Missie oordeelde principieel anders:

> De algemene en vaste beginselen, welke bij de beoordeeling der zedelijkheid van een kunstproduct als maatstaf behooren te worden aangelegd, moeten steunen op de verhouding der menschelijke natuur in het algemeen, tot hetgeen Gods eeuwige Wet gebiedt of verbiedt. (*Amigoe* 22-6-1901.)

| *Tropenstijl*

De discussie kreeg een breder focus dan alleen dit ene toneelstuk en bevatte ook stringente eisen voor romans, want 'wie (van de Nobelprijswinnaar Sienkiewicz) *Quo vadis* leest om der wille van kunstgenot, plukt bloemen op den rand van een afgrond' (*Amigoe* 22-6-1901). Eerste en laatste beoordelingsmaatstaf was voor de Missie niet de literair-esthetische waarde, maar het moreel-religieuze gehalte dat door de priester beoordeeld kon en moest worden. Daarbij ging de herder soms – ver – over de schreef bij het hoeden van zijn schapen, zoals blijkt uit een feuilletonbijdrage van de Nederlandse pastoor Jan Paul Delgeur (1869-1931), waarin hij vertelt hoe hij resoluut een einde maakt aan een in zijn ogen onchristelijke afro-Curaçaose cultuuruiting als de populaire tambú-muziek en dans:

> Je hebt 'n drukke dag gehad, ben 's avonds doodop. Je kruipt onder 'n mond splijtende reuze-geeuw achter je klamboe. Slapen? Denk je maar!
>
> Ten noorden van je wigwam hebben eenige zwartmenschen permissie gekregen voor 'n nachtelijk bal, en met schrik hoor je opeens klaarwakker 'n dof geboemboem, en lallen en handengeklets.
>
> Als je nu verstandig ben, dan steek je solar-lamp weer aan, en ga doodgewoon zitten lezen of schrijven, want slapen kunt ge nu gerust uitschakelen. 't Verstandigste is, je levendig in te denken, dat je verdwaald ben geraakt ergens in darkest Africa, in 't hartje van de Congo b.v. en vooral je niet op te winden als 't dronken gelal je te machtig wordt, geloof me, je schiet er niets mee op, want je staat toch absoluut machteloos, de wet immers keurt deez' bacchanaliën niet af.
>
> Weet u, hoe we hier 'n 25 jaren geleden dat varkje waschten? 't Was misschien niet heelemaal comme il faut, maar radicaal was 't, daar kunt u ... enfin 'onweer' op zeggen.
>
> Vóór mijn vertrek in 1898 naar St. Eustatius, was ik 'n paar maanden gestationeerd op denzelfden buitenpost San Willibrordo, waar ik nu weer 'n jaar of wat, in functie ben.
>
> Zoo nu en dan werd door de omwonende blackies in 't holletje van den nacht de oude Afrikaansche tamboer – 'n ton met 'n ezelvel bespannen – voor den dag gehaald, de mijohn rum ontkurkt, en 't vieze gedoe begon.
>
> Daar hadden vooral de jankokkelingen 'n handje van, misschien wel omdat de eigenaar zelden op de plantage was, liever zat te pokeren vóór 't open raam van 'n bovenhuis op 't Concordiaplein. Dat verveelde me, niet dat gepoker, maar dat herhaaldelijk vuig gecancan.

Op 'n goeien of beter kwajen nacht, was 't weer zoo'n liederlijke reuzerotzooi op die plantage. Ik kon 't niet meer bolwerken. Sprong met 'n nijdig gezicht uit bed, schoot pyamas uit en rijpak aan, zadelde Flecha, mijn trouwe klepper, pakte mijn karwats, en wipte in 't zadel. Ventre à terre de onder schitterenden sterrenhemel door Buitenbosch, Salinja, links om Jankok binnen.

Wat er toen gebeurd is, weet ik heusch niet meer, maar ik zie me nog, pezige zesvoeter die ik was, hoog op mijn nerveuzen hengst plots te midden in dien lallende heupwiegende stomdronken negertroep springen, er onbarmhartig op los karwatsen, met 't wondereffect, dat in 'n minimum van tijd, in die met zweet en stank en Afrikaansche boemklanken bezwangerde koraal, weer de intense stilte heerschte van een pieuze maanlichte tropennacht.

Toen kenterde ik weer huistoe, gaf Flecha een extra portie maïs, kroop achter mijn klamboe en sliep als een bedauwde theeroos, al heel gauw de slaap der rechtvaardigen.

Fout, Jan Paul, heelemaal fout, je bent toen leelijk buiten je boekje gegaan. Nu ja, dat weet ik wel, maar wil je iets bereiken in zoo'n buitenissig perplex geval, dan is dit toch heusch je methode! (*Amigoe* 2-2-1924.)

MORALISERENDE ROMAN-FEUILLETONS IN HET PAPIAMENTS

Ook in het uitgebreide en vaak langdradige roman-feuilleton dat zich over maanden in de krant kon uitspreiden, overheerste in de katholieke pers, die er gretig gebruik van maakte, het religieuze moralisme.

Een bekend voorbeeld van zo'n roman-feuilleton is dat van 1924 waarin 'onze bekende Curaçaosche novelist', de commercieel-artistieke schilder W.E. Kroon in *Giambo bieuw a bolbe na wea* (Oude liefde roest niet) beschreef hoe een Curaçaos gezin uit de arbeidersklasse door het winnen van de loterij tot grote welstand kwam en zich overgaf aan luxe en vertier. Maar rijkdom is niet synoniem aan geluk, welk tijdig besef een herbezinning en terugkeer naar de oude waarden bewerkstelligde.

De roman-feuilletons hadden veelal betrekking op actuele maatschappelijke problemen. W.E. Kroons *Castigo di un abuso* (Straf voor een fout) behandelde het incestmotief en het onmogelijke huwelijk van halfbroer en -zus, een in die jaren vaker voorkomend thema, zoals in

Voorpagina van *Amigoe di Curaçao*, 7 januari 1922

het bekende *Mijn zuster de negerin* van Cola Debrot. M.A. Fraai's *Un yiu di pueblo* (Een volkskind) was niet zozeer een moraliserende dan wel een sociale roman, omdat het vakbondswezen en de tegenstellingen tussen werkgevers en werknemers uitgebreid aan de orde kwamen. De roman pleitte ervoor de arbeiders te doen ontwaken uit de lethargie waarin ze verkeren en hen op te roepen tot solidariteit.

S.M. Suriel's *Muhe culpable* (Schuldige vrouw) moraliseerde weer veel sterker. Hij beschreef het huwelijk van een rijke en drukbezette advocaat met een cabaretdanseres. Ze zijn gelukkig tot een slechte vriendin met haar roddelpraatjes komt, waarna de vrouw haar vertier buitenshuis gaat zoeken en in precaire situaties verzeild raakt. Met deze verhaalinhoud waarschuwde Suriel voor de verleidingen van de *civilisashon moderna* (de moderne beschaving) en pleitte hij voor handhaving van de traditionele waarden.

De literaire waarde van deze roman-feuilletons werd en wordt niet hoog aangeslagen, maar hun verdienste was ontegenzeggelijk dat ze het volk aanspraken en tot lezen aanzetten, waardoor ze veel hebben bijgedragen aan de emancipatie van het Papiaments in zijn ontwikkeling van gesproken volkstaal tot geschreven cultuurtaal.

VAN ERNST NAAR HUMOR

De als verstrooiing bedoelde bijdragen kenden velerlei vorm. Onder 'Conta cuenta' (letterlijk: verhalen vertellen) werd alles geplaatst wat op aangename wijze allerlei aspecten van de actualiteit vertellend onder de aandacht bracht. Het genre kende veel vertegenwoordigers, maar van al die verteller-schrijvers werd alleen A.E. Leito opgenomen in de canon. Hij was dan ook ongetwijfeld de actiefste onder hen en produceerde niet alleen ettelijke lange vertaalde feuilletons maar ook veel Papiamentstalig origineel werk. Nagenoeg wekelijks (met een korte onderbreking in 1938) bracht hij dialogen, beschouwende en verhalende bijdragen, en zelfs een aantal keren poëzie. Hij schreef in *La Cruz* onder zijn eigen naam, A.E. Leito; daarna en daarnaast gebruikte hij het pseudoniem Tuyuchi, en vanaf 1939 Chobil. Onder het hoofdje 'Conta cuenta' werd door hem veel en veelsoortig werk geproduceerd, vaak dialogen tussen 'Tuyuchi en Kozijn', 'Jan en Gerá', 'Perul en Chobil', die in sommige bijdragen zelfs uitliepen op een gedicht, daarnaast humoristisch-verhalende en serieusbeschouwende bijdragen. Genreonderscheidingen waren kennelijk niet zo belangrijk.

Het vernieuwende in zijn werk is dat naast het traditioneel moraliserende de humor zijn intree deed. In zijn werk blijkt de rond de Tweede Wereldoorlog tanende invloed van de Missie. Wel zag hij het 'modernisme' als een vergif dat alle moraliteit in de mens doodde; hij hekelde te blote kleding, de mode, het zich opmaken, het bioscoopbezoek, het uit rijden gaan met auto's en de populaire picknicks. Hij klaagde de moderne vrouw aan die van sport, uitgaan, luxe, kortom van alle geneugten van het moderne bestaan wilde genieten, maar hij bracht deze traditionele moraal in een luchtige verpakking. Waar de roman-feuilletons zwaar van ernst waren, bracht Tuyuchi in de jaren dertig en veertig dezelfde moraal in zijn 'Conta cuenta' beknopt, lichtvoetig-humoristisch.

PIERRE A. LAUFFER

Een volgende stap in de ontwikkeling van het feuilletonisme werd in de jaren zestig en zeventig gezet door de dichter-schrijver Pierre A. Lauffer, die een meester was in het korte verhaal, in realistische sfeerstukjes, columns zouden we ze nu kunnen noemen. Zijn verhalen gingen over het leven van alledag, zoals hij het ervoer in zijn werk en vrije tijd, soms humoristisch en soms ernstig maar altijd lezenswaardig, wat vooral aan zijn soepele stijl te danken is.

Lauffer staat op Curaçao bekend als de nationale Papiamentstalige dichter-auteur die zowel het traditionele Papiaments bewaarde met archaïsmen als het moderne Papiaments verrijkte met neologismen. Dat Lauffer ook Nederlands schreef en zelfs een tijdje van plan was een roman in het Engels te publiceren, kreeg weinig kritische aandacht; hij gold zonder meer als de grote Papiamentist die deze taal in de pers naar een hoger niveau bracht.

Pierre A. Lauffer (KITLV 403274)

| *Tropenstijl*

BOELI VAN LEEUWEN

Van de moderne columnisten is Boeli van Leeuwen met zijn in *Geniale anarchie* (1990) gebundelde krantencolumns verreweg de meest begaafde. De columns behandelden in een mengsel van felle inhoudelijke kritiek, in een soms hilarische stijl en met een fundament van diepe ernst tal van actuele Curaçaose onderwerpen in het algemeen, persoonlijke ervaringen, eilandelijke, koninkrijks- en internationale perikelen, economische fenomenen als off-shore en wat daarbij komt kijken, het (niet) functioneren van het ambtenarenapparaat, de Arubaanse status aparte, de steeds groter wordende verschillen tussen rijk en arm, die hij met stijgende onrust aanschouwde, zijn ideeën omtrent bijbel en christelijk geloof en zijn eigen leven en schrijven.

Het geheim van Curaçao is ondoorgrondelijk, maar Van Leeuwen probeerde het toch in zijn schrijversspiegel te vangen. Zijn visie op zijn schrijverschap schreef hij in 'The rest is silence': 'Ieder mens is een universum, een groot geheim, want ieder mens is geschapen naar het beeld van God. Er zijn geen lelijke mensen. Het is ons kijken dat hen

Omslag van Boeli van Leeuwens *Geniale anarchie*

vernedert. Hun schoonheid wordt hersteld door het zien. Waarom krijgt men pas zo laat in het leven dit vermogen om te zien?'

Retoriek werd hem vaak verweten, het barokke taalgebruik en de vele bijvoeglijke naamwoorden, trucjes met herhalingen, enumeratie, climax, antithese, drieslagen, retorische vragen en paradoxen. Ze zijn het handelsmerk van Boeli van Leeuwen. Zijn op het eerste oog eenvoudige lichtvoetigheid blijkt diepe ernst. Hij verdedigt in de krant de waarden die de literatuur voor hem inhoudt:

> *Newsweek* heeft de vraag gesteld waarom vrijwel alle grote schrijvers van onze tijd in deze hoek zitten en komt tot de conclusie dat schrijven in onze contreien 'has evolved into an eminently political act'. En het maakt niets uit of links dan wel rechts aan de macht is: de Cubaanse schrijvers zijn er geen haar beter aan toe dan hun collega's die het fascisme te lijf gaan. De schrijfmachine is tegelijk een mitrailleur. Zoals ik reeds zei: deze schrijvers worden au sérieux genomen en niet alleen vervolgd of verbannen, maar bekleden ook vaak hoge posten in de regeringen van hun land. Kan men zich Jan Wolkers indenken als minister van buitenlandse zaken en Remco Campert als ambassadeur in Londen? En wie zou Harry Mulisch willen fusilleren. Het overschakelen naar Engelse en Amerikaanse schrijvers is al een sprong – het betreden van de wereld van een schrijver als Garcia Márquez is zonder meer een 'quantum-jump'. (*Amigoe-Ñapa* 7-1-1983.)

TOT SLOT

De vraag rijst naar het huidige belang van allerlei oude teksten die in vergeelde kranten aan de vergetelheid lijken te zijn prijsgegeven. Kan maar niet beter vergeten blijven wat vergeten was? Wat is de literaire waarde van deze vormen van vroege en latere – koloniale en postkoloniale – letteren?

Had John de Pool gelijk toen hij in 1935 oordeelde dat de journalistiek niet automatisch tot de literatuur gerekend moet en mag worden: 'Zij die op Curaçao de pen hanteerden en dat in het Nederlands deden, waren voor het merendeel journalisten en je kon die journalistiek met de beste wil van de wereld geen letterkunde noemen'.[7] Vaak bleken de historische teksten eerder divertissement of weerspiegeling van de tijdgeest dan een serieuze en kritische reactie daarop, en bovendien in het algemeen in een weinig inspirerende en traditionele stijl verwoord. Pas in de jongste tijd wordt aan het feuilletonisme en columnisme – net als elders – ook literaire kwaliteit toegekend.

Dat is ontegenzeggelijk waar, maar de krant was in een tijd dat het boekenaanbod nog gering en kostbaar was, wel een rijke bron van leesstof voor brede lagen van de bevolking. Via de geschreven pers kon men algemene ontwikkeling opdoen over van allerlei, maar zich ook op aangename wijze ontspannen. Uitgedragen werd daarbij dat lezen niet alleen informatief kon zijn maar ook ontspanning en plezier kon bieden. Waarbij naast dat aangename het nuttige principieel niet uit het oog werd verloren. Het belang van de krant wordt andermaal bevestigd als we constateren dat veel van de feuilletons en andere bijdragen in de pers later op de pers in boekvorm een tweede en duurzamer leven gingen leiden.

Noten
1 Van Leeuwen 1990:90, 93-4.
2 Hartog 1982.
3 Hartog 1944.
4 Termorshuizen 2001:23.
5 Bax 1988.
6 *Gouden jubileum* 1920:174, 183-5.
7 De Pool 1961:106.

Ellen de Vries

De geboorte van WINIED
De terugkeer van de satire in de Surinaamse pers

> Paramaribo heeft verschillende pleinen. [...] Een van deze pleinen met een rijke historische achtergrond is het onafhankelijkheidsplein. [...] Ons land heeft vriendschapsbanden met de landen van wie de vlaggen op dat plein hangen. Meten we de innigheid van deze banden aan de conditie van de vlaggen, dan zien we het volgende: Suriname kan het best opschieten met Suriname en het slechtst met Nederland en Frankrijk.
> (WINIED, 25 januari 1989 in *de Ware Tijd*)

INLEIDING

De voorbereiding op de onafhankelijkheid van Suriname verliep niet zonder strubbelingen, maar op 25 november 1975 was het dan toch zover. Terwijl koningin Juliana in Den Haag de soevereiniteitsoverdracht ondertekende, werd Johan Ferrier in Paramaribo beëdigd tot president. De avond daarvoor was het feest in de hoofdstad al losgebarsten. Vuurwerk knalde. Bedrijven en particulieren hadden advertentieruimte gekocht in Surinaamse kranten om de jonge Republiek te feliciteren met het feit van haar bestaan. Voor degenen die minder fiducie hadden in een probleemloze verzelfstandiging en hun koffers hadden gepakt om de oversteek naar het moederland te maken, werden verzoekplaatjes aangevraagd.[1] '*Adjosi* – vaarwel', snikte Max Nijman op de Surinaamse radio.[2]

Nederlandse media – ook uitgerukt om het festijn te verslaan – registreerden hoe de Nederlandse driekleur onder het toeziend oog van prinses Beatrix, prins Claus en premier Den Uyl werd gestreken. De *Leeuwarder Courant* noteerde dat Den Uyl een traan wegpinkte op het moment dat de Surinaamse vlag onder luid gejuich werd gehesen.[3] Symbolisch was misschien wel dat de Surinaamse vlag vervaardigd was door de Dokkumer Vlaggen Centrale en dus ook een Nederlands tintje had.[4]

De onafhankelijkheid van Suriname betekende paradoxaal genoeg niet dat Suriname en Nederland nu afscheid van elkaar namen. Integendeel. Volgens afspraak zou Nederland Suriname in een periode van tien tot vijftien jaar begeleiden naar economische zelfstandigheid. Het werden uiteindelijk 35 lange, woelige jaren voordat de navelstreng werd doorgeknipt. Drie keer werd het zogenaamde ontwikkelingsverdrag opgeschort. Pas in 2010 waren de verdragsmiddelen – drieëneenhalf miljard Nederlandse guldens – uitgeput. Hoe kon het gebeuren, dat – zoals columnist WINIED opmerkte –, de Nederlandse vlag er jaren later zo slecht bij hing op het Onafhankelijkheidsplein in Paramaribo? En wie was WINIED eigenlijk?

Hieronder schets ik de ontstaansgeschiedenis van WINIED tegen de achtergrond van de politieke ontwikkelingen in Suriname en de diplomatieke verhoudingen tussen Nederland en Suriname. Tevens stip ik de – niet onomstreden – rol aan die de media speelden.

DE COUP VAN 1980

Over de besteding van de ontwikkelingsgelden ontstond direct na de onafhankelijkheid al onenigheid. Nederland beschuldigde Suriname van spilzucht, Suriname Nederland van bedillerigheid om niet te zeggen neokolonialisme. Groeiden de bomen aanvankelijk tot in de hemel, al snel kreeg Suriname te maken met economische neergang. Tegen dat decor speelde een conflict tussen ontevreden onderofficieren enerzijds en legerleiding en regering anderzijds. Premier Arron en de legerleiding weigerden in de te gaan op de eisen van de actievoerende militairen voor een eigen vakbond.

De verbazing was groot toen op 25 februari 1980 zestien van hen onder leiding van Desi Bouterse een coup pleegden. Een staatsgreep? In het gemoedelijke Suriname?[5] Na de machtsovername werd in samenspraak met president Ferrier een Nationale Militaire Raad (NMR) geformeerd, waarin onder anderen Bouterse zitting had. Ferrier mocht aanblijven, leden van de regering Arron werden opgepakt op beschuldiging van wanbeleid en corruptie.[6]

Onafhankelijkheidsplein, Paramaribo (KITLV 5388)

Op 15 maart 1980 werd de nieuwe regering geïnstalleerd, die 'zo nodig' in overleg zou treden met de NMR. Noraly Beyer, presentatrice van het journaal van de Surinaamse Televisie Stichting (STVS) stelde de kersverse ministers en minister-president Henk Chin A Sen voor aan de kijkers in Suriname. In zijn regeringsverklaring beloofde Chin A Sen af te rekenen met 'corruptie, sociale onrechtvaardigheden, bureaucratie en vriendjespolitiek'. Hij stond bovendien een ander ontwikkelingsbeleid voor.

Nederland gaf de nieuwe regering het voordeel van de twijfel.[7] Suriname zelf leek bevangen door euforie. Dat de militairen zich afkeerden van het aan het westen gelieerde bewind van Arron was voor sommigen alleen al reden voor bijval. Adviseurs van allerlei pluimage verdrongen zich rond de coupplegers die echter een vastomlijnde politieke ideologie ontbeerden.[8] Desondanks was het leger voorlopig niet van plan terug te keren naar de kazerne. Tot de verkiezingen van november 1987 zou Bouterse in verschillende hoedanigheden de dienst uitmaken in Suriname. Onder invloed van de linkse adviseurs werd de coup omgedoopt tot revolutie. Nadat president Ferrier al eerder was opgestapt, volgde in februari 1982 Chin A Sen zijn voorbeeld na conflicten met de militaire machthebbers en hun adviseurs.

| *Tropenstijl*

De jonge republiek spiegelde zich aan socialistische staten in de regio als Cuba, Grenada en Nicaragua. De revolutionairen wilden afrekenen met de 'oude' op etnische leest geschoeide politiek – erfenis van een koloniaal verleden – en wensten een democratie waarin het volksbelang voorop stond. Journalisten die deze revolutionaire ideeën omarmden, gingen werken voor het Surinaams Nieuwsagentschap (SNA), de nationale voorlichtingsdiensten en de staats-tv (STVS) en staatsradio (SRS). Op die manier hadden de militairen en hun linkse raadslieden een behoorlijke stem in de nieuwsvoorziening van Suriname.

BEKNOTTING PERSVRIJHEID

Nederlandse journalisten die de ontwikkelingen in Suriname op de voet volgden,[9] kwamen regelmatig in conflict met de militaire machthebbers.[10] In 1980 haastte *NRC*-correspondent Rudie Kagie zich het land uit. Kagie had een gerucht willen verifiëren bij de persdienst van de NMR. Hij had gehoord dat het met bloed bevlekte lijk van de Nederlands-Surinaamse militair Fred Ormskerk – opgepakt op verdenking van een tegencoup – per ambulance naar het ziekenhuis was vervoerd. Kagie werd door de voltallige NMR ontvangen. De sfeer was grimmig. Kagie mocht gaan, maar Bouterse waarschuwde: 'Zodra je iets schrijft wat schadelijk voor ons is, word je opgepakt'.

Een dag na zijn vertrek viel een militaire patrouille het huis binnen waarin hij verbleef.[11] Ook andere Nederlandse journalisten zouden later opgepakt, uitgezet of de toegang tot het land ontzegd worden.[12] Kagie merkte in een retrospectief op dat 'schadelijk' niet noodzakelijkerwijs hetzelfde was als onwaar. En dat maakt het juist zo moeilijk, schetste Kagie het dilemma waarin meer journalisten zich herkennen.[13] Dat wilde niet zeggen dat de Nederlandse pers helemaal niet welkom was in Suriname. Bouterse en de militairen gaven dikwijls af op de Nederlandse pers die ze onzorgvuldigheid en vooringenomenheid verweten, maar stonden Nederlandse verslaggevers vaak toch wel te woord.[14]

Ook een aantal Surinaamse journalisten wist zich beknot. Noraly Beyer vertelt in het tijdschrift *Mutyama: Surinaams Tijdschrift voor Cultuur en Geschiedenis* hoe de journalist en eigenaar van het persbureautje Informa, Jozef Slagveer, die zich had ontpopt als spreekbuis van de militairen, direct na de coup het redactielokaal van STVS binnenstapte. Beyer:

'Zonder met zijn ogen te knipperen zei Slagveer dat er deze avond geen binnenlandse nieuws zou zijn.' In plaats daarvan werd een verklaring van de militairen voorgelezen.[15] Hoofdredacteuren van kritische kranten werden regelmatig op het matje geroepen. Linkse bladen die iets schreven wat volgens de machthebbers in strijd was met de 'waarheid' kregen eveneens een veeg uit de pan.[16]

In de nacht van 7 op 8 december 1982 werden vijftien vermeende tegenstanders van het militaire bewind opgepakt en doodgeschoten.[17] Onder hen bevonden zich vijf journalisten. Ook Jozef Slagveer die de militairen aanvankelijk een warm hart toedroeg maar naar het kamp van de tegenstanders was overgelopen, behoorde daartoe. Na 8 december werden alle Surinaamse mediahuizen gesloten. De staatszenders STVS en SRS en het grootste dagblad *de Ware Tijd* mochten openblijven. Op de redacties posteerden zich censoren. De verbijstering was groot, niet alleen in Suriname maar ook in Nederland. Den Uyl liet tijdens de herdenkingsbijeenkomst in de Amsterdamse Mozes- en Aäronkerk zijn tranen de vrije loop. Nederland zette de ontwikkelingshulp stop.

Van een onafhankelijke pers was in Suriname na december 1982 geen sprake meer. De uitzendingen die de Wereldomroep vanuit Hilversum van oudsher in Suriname verzorgde, vonden nog gretiger aftrek. Er was in de hoofdstad Paramaribo geen korte golfradio meer te koop.[18] Het Nederlandse dagbladenoverzicht met daarin nieuws over Suriname werd misschien niet onvoorwaardelijk geloofd, maar door alle partijen in Suriname met ingehouden adem beluisterd. Ze waren de Surinaamse machthebbers een doorn in het oog; de uitzendfrequentie werd daarom herhaaldelijk met fluitsignalen gestoord.

TERUGKEER NAAR DE DEMOCRATIE

Vanaf 1984 werd een voorzichtig begin gemaakt met de terugkeer naar de democratie. Media werden weer opengesteld, zij het met de uitdrukkelijke instructie dat journalisten het nationaal belang en de nationale veiligheid niet mochten schaden. Publicaties uit het buitenland mochten slechts met toestemming van de minister-president geopenbaard worden. Direct al werd *De West* op de vingers getikt met de mededeling dat 'linkse krachten' boos waren vanwege een foto van president Ronald Reagan op de voorpagina.[19]

Terwijl het militaire regime toenadering zocht tot 'oude' politieke partijen die in 1980 waren afgezet, brak in 1986 een gewapende strijd uit tussen Bouterse en zijn voormalige lijfwacht Ronnie Brunswijk. In Surinaamse kranten verschenen opsporingsberichten; Brunswijk die in 1984 uit het leger was ontslagen werd gezocht vanwege bank- en roofovervallen in Oost-Suriname. Het contrast met de berichtgeving in de Nederlandse *Telegraaf*, waarin Brunswijk werd afgeschilderd als een soort Robin Hood die op militairen buitgemaakte goederen gul uitdeelde aan de plaatselijke bevolking, kon nauwelijks groter zijn.[20] In deze 'Robin Hood' zag het Surinaams verzet in Nederland, dat geen vertrouwen had in de uitkomst van het herdemocratiseringsproces, de man die Bouterse zou kunnen verjagen.

Met steun van het verzet richtte Brunswijk het Surinaams Nationaal Bevrijdingsleger op, ook wel Jungle Commando genoemd. Op 21 juli begon de zogenaamde Binnenlandse Oorlog die zes jaar zou duren en vele slachtoffers – ook onder burgers – eiste.

Brunswijk onderhield uitstekende contacten met Nederlandse journalisten die via Surinames buurland Frans-Guyana illegaal het oorlogsgebied binnentrokken. Op de Wereldomroep hoorde men in Suriname over de strijd die zich in het binnenland afspeelde. Er waren er in Suriname die blij waren dat Brunswijk de wapens durfde opnemen tegen Bouterse, maar er waren er ook – onder wie oud-politici en journalisten – die verbaasd waren dat Brunswijk de strijd begon juist op het moment dat de democratie in zicht leek. Met leedwezen keek men naar de doden die vielen en de schade die de oorlog bracht.

George Findlay van *De West* meent in een terugblik, dat de Nederlandse media Brunswijk ophemelden en blind waren voor zijn 'criminele handelingen' en de zinloze vernielingen die hij aanrichtte.[21] Tegelijkertijd waren het Nederlandse verslaggevers die nieuws dat door de Surinaamse machthebbers liever 'verduisterd' werd – zoals de aanval van het leger op het dorpje Moiwana waarbij circa 40 burgers omkwamen onder wie kinderen en vrouwen – aan het licht brachten.[22]

Nita Ramcharan – in 1985 begonnen als corrector bij *de Ware Tijd*, maar al gauw actief als verslaggever – stelt dat het in het begin onmogelijk was objectief verslag te doen van de binnenlandse strijd. Het geringste brokje informatie over het Jungle Commando werd door de machthebbers in Suriname gezien als 'destabilisatie en heulen met de terrorist'. Meestal namen de media berichten over van het SNA, de Nationale

Voorlichtingsdienst (NVD) of de legervoorlichters die Brunswijk consequent met 'terrorist' aanduidden.[23]

Nederlandse media kregen op dat moment op hun beurt moeilijk officieel toegang tot Suriname. Zij haalden hun informatie uit kringen van het Surinaams verzet in Nederland, maar natuurlijk ook uit Suriname zelf. Vaak werden 'betrouwbare bronnen' niet onthuld. Het was een publiek geheim dat de Surinaamse journalist Ingrid de Vlugt jarenlang het ANP en de Wereldomroep informeerde. De Surinaamse journalist Lucien de Freitas werkte bijvoorbeeld voor de AVRO en Leo Morpurgo, hoofdredacteur van *de Ware Tijd*, voor de *NRC* onder vermelding van 'onze correspondent'.[24]

Maar wie die anderen waren? Er ontstond in beide landen een ingewikkeld netwerk van bronnen en relaties van voor- en tegenstanders van Bouterse,[25] van vrienden of vijanden van Brunswijk en van hen die zo hun mening hadden over de ontwikkelingsrelatie en besteding van het ontwikkelingsgeld. Aan beide kanten van de oceaan probeerden allen in een goed blaadje te komen bij de pers.

VERKIEZINGEN

Onderwijl maakte Suriname zich op voor de verkiezingen. 1987 beloofde een spannend jaar te worden. In september werd een referendum over de nieuwe grondwet georganiseerd, in november volgden verkiezingen. Eerder dat jaar, in april, waren twee Nederlandse journalisten neergestreken in Paramaribo: het koppel Marie-Annet van Grunsven en Wim Noordegraaf. Van Grunsven werkte onder andere voor de NOS en de GPD-bladen. Wim Noordegraaf voor *de Volkskrant*. Op een toeristenvisum waren ze Suriname binnengekomen. Ter plekke bleek het gemakkelijker om een visum voor langere tijd te verkrijgen dan in Nederland.

Hun verblijf wierp direct zijn vruchten af. Tijdens het volksreferendum over de nieuwe grondwet in september 1987, kregen zij als enige Nederlandse journalisten de kans daarvan verslag te doen. Bouterse – toen behalve legerleider ook regeringsleider – voelde er niets voor Nederlandse journalisten toe te laten. 'Nederlandse journalisten hebben niet bijgedragen aan een ontspanning tussen hun land en Suriname, integendeel', vond hij. De gevaarlijkste Nederlandse journalisten waren in zijn ogen degenen die voor een paar daagjes naar Suriname kwamen 'met de opdracht vol sensatieverhalen' terug te keren. Noordegraaf en Van Grunsven mochten dan wel kritisch zijn, sensatiezoekers waren ze in zijn ogen niet.[26] [27] Tijdens de verkiezingen in november 1987 was een geselecteerd groepje Nederlandse journalisten overigens wel welkom.

Onafhankelijke media in Suriname – de belangrijkste waren behalve de dagbladen *de Ware Tijd* en *De West* de radiostations Apintie en Rapar – probeerden alle op eigen wijze de grenzen van zelfcensuur op te rekken. *De Ware Tijd* was de durfal. Uit de redactionele commentaren en ook uit naschriften bij artikelen blijkt de vechtlust. Dat *de Ware Tijd* regelmatig met papiergebrek kampte en daardoor soms wekenlang niet kon verschijnen, was niet toevallig. Een van de belangrijke inkomstenbronnen van Suriname, de ontwikkelingshulp, stond nog steeds droog. Er was schaarste aan van alles, ook aan papier. En het was de Surinaamse overheid die verantwoordelijk was voor de distributie van goederen.

De verkiezingen werden glansrijk gewonnen door de 'oude' politieke partijen. Bouterse die met zijn Nationale Democratische Partij (NDP) ook gehoopt had op een plaats op het pluche, had weliswaar verloren, maar in de nieuwe grondwet lag de macht van de militairen verankerd. Dat bleek een vrijbrief om zich regelmatig met het landsbestuur te bemoeien.[28]

De regering van Ramsewak Shankar kreeg van alle kanten het verwijt weinig daadkrachtig te zijn. Maar de problemen waarvoor Shankar zich geplaatst zag waren niet gering: een oorlog die maar voortduurde, een toename van de drugshandel, de economische malaise, de grote invloed van militairen op het bestuur en het uitblijven van ontwikkelingshulp.[29] In deze periode en tegen deze achtergrond werd de column WINIED geboren.

WINIED

De Nederlandse verslaggevers Van Grunsven, Noordegraaf en de journalist Ramcharan van *de Ware Tijd* kwamen elkaar voortdurend tegen op persconferenties. Ze raakten bevriend. Noordegraaf:

> We gingen privé veel met Nita om. Het was een gecompliceerde tijd. Er was ontzettend veel roddel van de *mofo koranti* [letterlijk: mondkrant,

geruchtenmachine]. Je moest schiften wat zin en onzin was. We dachten vaak hardop na. In Nederland denk je: twee bronnen zijn twee bronnen. In Suriname lag het altijd moeilijk. Er was altijd een tweede waarheid. Die kwam niet in de krant en die kreeg je ook niet bevestigd. Dat is altijd in samenlevingen waar de druk groot is. Hoewel gezegd werd dat iedereen werd afgeluisterd heb ik er nooit iets van gemerkt. Maar als je echt iets belangrijks te zeggen had, stapte je liever op de fiets. *God is watching us*, zeiden we dan door de telefoon, dat was een hit van Bette Midler.

Aan de keukentafel bij de familie Noordegraaf/Grunsven ontstond het idee voor een column: 'Dingen van de dag'.[30] De naam was ontleend aan een redactioneel van Leo Morpurgo die in *de Ware Tijd* had geschreven dat de dingen van de dag zorgelijk waren.[31] 'Dingen van de dag' was ook de naam van een kritische radiorubriek van de VARA. Aanvankelijk bleef het vooral bij broeden op het concept van een satirische rubriek. Edward Troon, de echtgenoot van Nita Ramcharan, destijds formeel ambtenaar en mediafreelancer, later fotograaf bij *de Ware Tijd*, werd in januari 1989 uitgenodigd mee te denken. Troon: 'Ik absorbeerde aandachtig de wijsheden van Nita en Wim. Urenlang werd gesproken over stijl, het aantal regels, welke onderwerpen wel of niet.'[32]

Ongeduldig als hij was, timmerde hij op een dag op de typemachine het eerste verhaal in elkaar. Op 25 januari 1989 verscheen het in de krant. Onderwerp was het Vlaggenplein aan het Onafhankelijkheidsplein in Paramaribo, dat vaak als decor diende voor huwelijksfotoreportages. Op indirecte wijze werd de moeizame verhouding met Nederland aangekaart. Nederland weigerde de opschorting van het ontwikkelingsverdrag ongedaan te maken, omdat het vond dat de democratie nog steeds niet voldoende hersteld was en Suriname geen maatregelen nam om de economie te saneren. Tot ergernis van Suriname, die meende dat Nederland telkens eenzijdig de voorwaarden voor hervatting van de hulp wijzigde.

De column was ondertekend met WINIED. Onder die naam – acroniem van de eerste twee letters van de voornamen van de drie schrijvers – zou de column onderaan op pagina twee bekend worden. Zelfs hoofdredacteur Leo Morpurgo had aanvankelijk geen idee wie WINIED was. Zijn vertrouweling Nita Ramcharan zorgde dat de stukjes in de krant kwamen. Een ervan luidde:

> Er is vast ook teveel persvrijheid in dit land. WINIED zit zich beschaamd af te vragen hoe vaak er in deze hoek van de krant onaangenaamheden hebben gestaan. En hoe weinig de schoonheid van de *Faja lobi* [bloem] door WINIED bezongen is. En dat 'Dingen van de dag' nog nooit de kwaliteit van regeringsuien geprezen heeft. Daarom vandaag voor de zekerheid maar een kookrecept. (WINIED, 11 februari 1989.)

De column bracht Morpurgo op het spoor: toen hij over de 'regeringsuien' las, merkte hij tegenover Ramcharan op dat de bijdrage vast geschreven was door iemand die veel van Nederland wist. Na de Tweede Wereldoorlog voorzag de Nederlandse regering bakkers van meel; het brood dat ze bakten heette in de volksmond 'regeringsbrood'. Maar wie wist dat nou in Suriname? Ramcharan maakte Morpurgo deelgenoot van het complot en nodigde hem uit mee te schrijven aan WINIED. Morpurgo zweeg over de identiteit van de schrijvers, ook al werd het hem regelmatig gevraagd. Als men ernaar informeerde, luidde het antwoord van *de Ware Tijd*-medewerkers steevast: 'Kun je een geheim bewaren?' En als de vraagsteller zich dan gretig naar voren boog, plaagden ze: 'Wij ook!'

Morpurgo vond in principe dat een Surinaamse krant door landgenoten moest worden gemaakt, maar had er geen bezwaar tegen dat niet-landgenoten ook bijdragen leverden. Morpurgo wist: 'Er was altijd veel kritiek op de Nederlandse pers, omdat maar al te vaak eenzijdige visies werden gepubliceerd en bij voorkeur negatief.' We hoorden die kritiek eerder. Noordegraaf: 'Het lag toen gevoelig in Suriname. Het zou onhandig zijn geweest, als men wist dat een *bakra* [Hollandse]-journalist voor *de Ware Tijd* schreef.'

Noordegraaf en Van Grunsven moesten in Suriname dikwijls uitleggen dat zij niet van 'de' Nederlandse pers waren. Van Grunsven memoreert: 'Je was voortdurend bezig berichten te verifiëren en uit te zoeken hoe het wel zat. Kranten – ook wel gerenommeerde kwaliteitskranten – schreven soms dingen die niet klopten.' Via de Wereldomroep – die er volgens hen een eigen sausje overheen goot – werden die berichten dan verspreid. Vermoedens waren er natuurlijk wel dat een Hollander meeschreef aan WINIED.

WINIED was populair en verguisd tegelijk. In de column van 28 juli 1989 grapte WINIED:

[...] mag een NDP-er lachen om WINIED? Als goede nationalisten gaan de revo[lutie] *boys* and *girls* zich natuurlijk ook afvragen of een Surinamer wel mag lachen om WINIED. Een beetje raar is dat wel. Want staat ons mooie volk niet bekend om zijn gevoel voor humor? Of is deze eigenlijk alleen voor buitenlandse consumptie bestemd?

Bouterse en de NDP vormden een dankbaar, regelmatig terugkerend onderwerp:

Zo kennen wij Desi Delano Bouterse weer. Hij was gisteren in volle glorie bezig. En dan scheldt hij altijd uit. De pers en Holland in een adem. [...] Bouta zei dat de meeste journalisten in dienst zijn van het buitenland [Nederland] en het andere deel moet politieke scholing krijgen. WINIED wilde zich aanmelden voor scholing, maar kreeg te horen dat de inschrijfformulieren nog niet gedrukt waren. Ook de verzorgers van de lessen moesten nog opgeleid worden. (WINIED, 26 juli 1989.)

MAN VAN HET JAAR

Met de column keerde de humor terug die gedurende de hele militaire periode (1980-1987) vrijwel afwezig was geweest in de krant. Een krant die in de ogen van de lezer anno 2011 wat serieus en saai oogt. De populariteit van WINIED was onder andere af te meten aan de uitverkiezing tot Man van het jaar 1989 door Radio Rapar. Volgens Rapar was WINIED voor vrijwel alle krantenlezers de populairste man. Dat WINIED een man was, maakten de omroepers op uit het feit dat WINIED zich door zijn neefjes wel eens 'oom' liet noemen.

'Bedremmeld en verrast' met deze uitverkiezing roemde WINIED van de weeromstuit Rapars ochtendrubriek 'Nieuws Acht', dat volgens WINIED het predicaat satirische rubriek van het jaar verdiende. Die dag stuurde WINIED een foto in plaats van een tekst. Op de foto waren slechts de onderbenen van WINIED te zien met de voeten in een teiltje water. Het onderschrift luidde: 'Achteraf viel de show van Rasti Rostelli toch iets tegen.' Illusionist Rasti Rostelli was eind 1989 te gast in Suriname; zijn shows waarin hij het publiek overhaalde over gloeiende kolen te lopen waren razend populair.

Troon, aan wie de benen op de foto toebehoorden: 'Toen in dezelfde periode een totaal onzichtbare persoon tot "man" van het jaar werd gekozen, was dat in de ogen van ons columnisten "stereo illusionisme". We waren het aan onze stand verplicht om een stukje van de sluier op te lichten.' Noordegraaf herinnert het zich anders: 'De dag ervoor was uitgebreid door de STVS uitgezonden hoe Bouterse op blote voeten door de hete as van Rasti Rostelli was gelopen. (...) We deden net of we Bouterse's voeten toonden.'[33]

Al spoedig hadden tantes, neefjes en nichtjes van WINIED hun intrede in de column gedaan. Ramcharan verklaart: 'Dat deden we om meer meningen te kunnen hebben. En een nichtje of neefje kon iets onbezonnens roepen, dat konden we dan weer corrigeren. WINIED was een bezadigde oom (sic!).'

Noordegraaf kon zich daarin prima vinden. Voorheen was hij als programmamaker verbonden geweest aan het hilarische jeugdprogramma van de VARA *Dubbellisjes*, waarin hij de rol van oom Ben: 'jeugdgoog' te Blaricum vertolkte. Noordegraaf: 'Het gebruik van oom en tante paste ook in de Surinaamse cultuur. Op de erven waren er altijd tantes of anderen die vanuit hun hangmatten commentaar leverden.'

Dat het genre van de column in die tijd een nieuw fenomeen was dan wel opnieuw uitleg behoefde, blijkt uit een artikel van het persagentschap SNA: 'Veel ruimte voor columnist'. Uitbater Juriaan Dubois had een kort geding aangespannen tegen *de Ware Tijd*; WINIED had geschreven dat Dubois de grond van het toeristenoord Blanche Marievallen onrechtmatig exploiteerde. Uit Nederlandse literatuur haalde het SNA dat het genre van de column in Nederland hoogtijdagen vierde en door sommigen als een nieuw literair genre werd beschouwd, terwijl anderen het columnisme maar een bedenkelijke zaak vonden. 'Vaak genoeg kreeg de column dan ook kwalificaties als oppervlakkig opiniestukje, goedkope grappenmakerij en anti-intellectualistisch gewauwel.'

Ook legde het SNA uit, dat de columnist in tegenstelling tot de journalist dubbelzinnig mag zijn, becommentariëren en zelfs verzinnen mag. 'Hij mag kortom: elk literair middel aanwenden om goden en mindere goden onderuit te halen.'[34] Dubois verloor de zaak. Het was de enige keer dat het tot een kort geding kwam. Op 28 oktober besteedde literatuurcriticus van *de Ware Tijd*, Michiel van Kempen, op de literaire pagina ook nog eens aandacht aan het genre.

Het mooie van de column is dat erin gezegd wordt, wat niemand zegt. De column kan heerlijk kwetsen, maar kwetsen kan alleen maar daar waar iets niet in de haak is. [...] De zuivere van geest lacht en gaat over tot de orde van de dag. Maar wee de gluipers, de intriganten, de opportunisten. Met angst en beven slaan die elke dag de krant open en zij slaken een zucht wanneer zij zien dat hun waarheid *niet* onder woorden is gebracht. Niets bewijst dan ook meer het gelijk van de columnist dan een aangespannen kort geding.

WINIED sneed een keur aan onderwerpen aan. *Bakra*-journalisten uit Nederland, het SNA-agentschap, vice-president Arron, president Shankar, Brunswijk, Bouterse en natuurlijk ook de '*ptata*'s' (letterlijk aardappelen oftewel Hollanders) uit politiek Den Haag werden regelmatig gefileerd. Ook met het deviezentekort en de nijpende schaarste aan goederen werd de spot gedreven. 'Ja, daar zaten wij op te wachten. Eindelijk, na zeven magere jaren wordt nu onze "Miss Suriname Verkiezing" gehouden,' merkte WINIED op 13 maart 1989 vol ironie op. De Lionsclub die de verkiezingen organiseerde, pareerde de kritiek op de wedstrijd met het argument dat het belangrijk was voor een vrouw om mooi te zijn. WINIED schamperde: 'Dan heb je geen problemen met schaarste, met werkloosheid, hoge prijzen, huisvestingsproblemen. [...] De poorten van de wereld zijn opengegaan voor Suriname.'

Het deviezentekort kwam een halfjaar later, tegen het begin van de grote vakantie in Suriname, weer ter sprake. WINIED wist er kunstig een pleidooi voor veilig vrijen van te maken:

> Heel, heel lang geleden waren er mensen die vakantie gingen vieren in het buitenland. Dat was erg leuk. Toen kwamen de deviezenproblemen. Dus al weer heel lang geleden besloten mensen op vakantie te gaan in eigen land. Dat was ook erg leuk. Tot Brunswijk kwam en de mensen alleen nog maar naar [de toeristenoorden] Colakreek en Republiek konden gaan. [...] Maar omdat de onveiligheid op straat toenam, bleef men op den duur toch maar liever thuis. Wat is er leuker dan een feest op eigen erf. Tot het geld op was en niemand meer een aanleiding wist om feest te vieren. Dus gingen de mensen in hun huizen zitten om gezellig *tori te praten* [te kletsen]. [...] 'Vakantie in eigen voorzaal' werd een bekend begrip in ons land. Tot de gewapende inbrekers kwamen. Toen werd het raadzamer de slaapkamer niet meer te verlaten. [...] 'Vakantie in eigen

bed', werd steeds populairder. [...] Terwijl Jungle's [...], bommengooiers, inbrekers, *awari's* [buidelratten] om het huis spookten kropen Surinaamse jongeren braaf onder hun eigen [sic!] dekens. Zo kregen stichting Lobi [de Surinaamse NVSH] en de AIDS-bestrijders toch nog hun zin.' (WINIED, 29 september 1989.)

KERSTCOUP

Eind 1990 werd de democratie opnieuw onderbroken. Toen militairen – ditmaal zonder bloedvergieten – met één telefoontje op kerstavond 1990 de macht grepen en Jules Wijdenbosch (NDP) tot vicepresident en de 77-jarige Johan (Jo) Kraag (NPS) tot president benoemden, meesmuilde WINIED:

> Oom Jo, een wijze man van 77 jaar, ziet zijn presidentschap als een schepping Gods om een bijdrage te leveren aan de opbouw van het gebroken land.' [...] 'Oom Jo en Bosje [Wijdenbosch] komen beiden uit Coronie. [...] En nu de (cocos)-nood het hoogst is, heeft het vruchtbare Coronie ons twee redders des vaderlands geleverd. Hiervoor hebben God en Desi hun toestemming gegeven. God en Bouta's wegen zijn ondoorgrondelijk. Amen.

Nederland bevroor de overbruggingshulp die inmiddels op gang was gekomen om de ergste nood te ledigen. Ondertussen was er nog géén vredesakkoord, er vonden nog steeds mensenrechtenschendingen plaats en militairen werden in toenemende mate met drugszaken in verband gebracht. In augustus 1990 was inspecteur Herman Gooding – belast met het onderzoek naar drugsdelicten – door een onbekende schutter vermoord, nadat hij met de Militaire Politie overleg had gevoerd over een arrestant uit het leger die met drugszaken in verband werd gebracht.[35]

Na de coup in 1990 belaagden censoren opnieuw de staatsmedia. De onafhankelijke media liet men met rust. Die had men nodig. De militairen kwamen hun belofte om snel verkiezingen uit te schrijven na. Vervolgens wilden alle partijen in het gevlij komen bij de kiezer.[36] De 'oude' politieke partijen wonnen de verkiezingen van 1991; Ronald Venetiaan werd president. In 1992 schrapte Venetiaan de macht van de militairen uit de grondwet.

Datzelfde jaar werd de vrede getekend tussen het leger en het Jungle Commando van Brunswijk. Bovendien kwam een *Raamverdrag inzake vriendschap en nauwere samenwerking tussen het Koninkrijk der Nederlanden en de Republiek Suriname* tot stand. Ook nam Bouterse eind 1992 ontslag uit het leger. Daarna keerde de rust zeker niet een, twee, drie terug in het land, maar de militaire periode was definitief voorbij.[37]

Volgens de scribenten droeg WINIED tijdens de postmilitaire periode in belangrijke mate bij aan verruiming van de persvrijheid. Morpurgo stelt:

> Gezien de satirische instelling kon WINIED grensverleggend bezig zijn en zaken die anders niet besproken konden worden, in de krant gooien. De toenmalige machthebbers namen dat niet in dank af en dat werd vaak duidelijk gemaakt aan de redactie.

Troon:

> De samenleving sprak over WINIED als een bestaand persoon. Men had het gevoel dat zijn of haar problemen in dat linker beneden hoekje aandacht kreeg. Dat was de kracht van WINIED. Een ander sterk punt was dat de schrijvers onbekend waren. Een door politici en hun aanhangers veel gebezigde kreet in die periode was: 'We weten uit welke hoek deze opmerking komt.' Over WINIED kon dat onmogelijk gezegd worden.

Ramcharan meent:

> Wat niet kon in redactionele kolommen kon wel in WINIED. Het was luchtig, kort en verwoordde wat er leefde in de samenleving. Een geniale uitvinding die heel erg gewaardeerd werd in de jaren tachtig en negentig.

Noordegraaf beaamt dat WINIED de grenzen van zelfcensuur oprekte. Van Grunsven vult aan dat WINIED een rol van betekenis speelde in het publieke debat. 'Op persconferenties werd vaak gerefereerd aan WINIED: wat zal WINIED wel niet zeggen.' Michiel van Kempen, inmiddels hoogleraar West-Indische Letteren aan de UvA, bevestigt dat het bijzonder was dat WINIED in puntige bewoordingen dingen zei die bijna niemand tijdens de postmilitaire periode toen durfde te zeggen.[38]

CONCLUSIE

Een gedegen inhoudsanalyse zal moeten uitmaken wat de rol van WINIED precies is geweest. Hetzelfde geldt voor de rol van de Nederlandse en Surinaamse media in deze periode.[39] Een nauwkeurige analyse van bronnengebruik kan meer inzicht verschaffen in de achterliggende netwerken en de ingewikkelde dwarsverbanden die er – zoals ik slechts heb kunnen aanstippen – tussen Surinaamse en Nederlandse journalisten en voor- en tegenstanders van het militaire regime en regeringsleiders bestonden. Uitvoerige gesprekken met de toenmalige journalisten en voorlichters kunnen meer licht werpen op de omstandigheden waaronder reportages tot stand kwamen.

Op dit moment lijkt het echter niet overdreven te stellen dat WINIED bijdroeg aan het verruimen van de vrijheid van meningsuiting in de postmilitaire periode. WINIED zorgde weer voor humor in de krant.

EPILOOG

Wat de hoofdrolspelers in dit verhaal betreft: Bouterse is inmiddels in 2010 op democratische wijze gekozen tot president van het land. Brunswijk is plaatsvervangend vicevoorzitter van het parlement. Sinds de uitverkiezing van Bouterse en gezien het feit dat de verdragsmiddelen zijn besteed, heeft de Nederlandse regering weinig contact meer met Suriname. Van de vier columnisten van het eerste uur werkt er geen meer voor *de Ware Tijd*. Morpurgo is met pensioen. Ramcharan en Troon hebben een eigen mediabedrijf. Noordegraaf en Van Grunsven vertrokken in 1992 weer naar Rotterdam. En WINIED? WINIED is nog springlevend.

Noten
1 Een derde van de Surinaamse bevolking had inmiddels de oversteek naar het moederland gemaakt. Oostindie 1998:212.
2 Schalkwijk 1994:21-2.
3 *Leeuwarder Courant*, 25-11-1975.
4 *Leeuwarder Courant*, 19-11-1975.
5 Jansen van Galen 2001:294.

6 De Arron ten laste gelegde corruptie werd later overigens nooit overtuigend aangetoond (Meel 2008:191).
7 Jansen van Galen (2000:315-316) wijt het 'begrip' in Nederlandse politieke kringen voor de handelswijze van de coupplegers aan jarenlange verhalen in de media over 'Surinaamse lamlendigheid, verspilling en incompetentie'.
8 De Bruijne 1983:291.
9 Ik gebruik hier de termen Nederlandse media, media in Nederland en Nederlandse journalisten door elkaar. Ik doel daarbij op journalisten die voor landelijke en regionale media in Nederland werkten, vaak met de Nederlandse nationaliteit en Nederlands van geboorte tenzij anders vermeld. De termen Surinaamse media, media in Suriname en Surinaamse journalisten worden op soortgelijke wijze gebruikt. Hopelijk biedt ook de context voldoende houvast.
10 Opvallend is dat nieuws over Suriname tot ver na 1975 op de binnenlandpagina verscheen. Leurdijk, Reesink en Wermuth (1995:6) menen dat dit tot in 1995 gebeurde bij veel kranten; als reden noemden hoofdredacteuren het grote aantal Surinamers in Nederland. Als berichten deel zouden uitmaken van de grote stroom buitenlandse nieuws, zou er minder ruimte voor kunnen worden gemaakt. Ook het feit dat het ging om de ontwikkelingsrelatie tussen Nederland en Suriname zal een rol gespeeld hebben.
11 Kagie 1980:196-9.
12 Rob Heukels van *de Volkskrant* (in december 1980), Guido van de Kreeke van *de Telegraaf* (in 1983), Ruud de Wit (freelancer) (in 1983), Pieter Storms en Gerard Wessel van *Nieuwe Revu* (in 1986) en Victor Hafkamp van de Wereldomroep (in 1988).
13 Kagie 1980.
14 Zie Dingen van de dag, 26 juli 1989. Uit de column blijkt dat Bouterse scheldt op de Nederlandse pers, terwijl medestander Sital tegelijkertijd een exclusief interview afstond aan de Nederlandse zender Veronica.
15 *Journalisten vertellen* 1992.
16 Ramcharan en Van Binnendijk 2008; Ramcharan 2008. Voor een beschrijving van de eerste censuurmaatregelen na de coup, zie ook Boom 1980; De Rooij 2008.
17 In 2007 werd een begin gemaakt met onderzoek naar 8 december 1982; het zogeheten decemberstrafproces was anno augustus 2011 nog niet afgerond.
18 Ramcharan 2008.
19 Ramcharan 2008:187; *Journalisten vertellen* 1992:20.
20 Voor een uitgebreide beschrijving, zie De Vries 2011.

21 George Findlay, mondelinge informatie, 31-3 en 13-4-2011, Paramaribo.
22 Dat was op 29 november 1986. Zie MacKay 2006; De Vries 2005.
23 Ramcharan 2008:189.
24 Morpurgo mailt op 19 augustus 2011 zich niet exact te herinneren tot wanneer hij voor *NRC* schreef, wel dat hij dat deed in de periode tussen 1986 en 1992 onder vermelding van 'onze correspondent' (Lucien de Freitas, mondelinge informatie, 21-7-2011, Amsterdam Zuid-Oost).
25 Er waren verschillende verzetsgroepen in Nederland, die de media te woord stonden of eigen media tot hun beschikking hadden. Er waren ook voorstanders van Bouterse in Nederland. De Liga van Surinaamse Patriotten onder leiding van Ludwich van Mulier was een van de bekendste. Die gaf ook bulletins uit.
26 *de Ware Tijd*, 22-9-1987.
27 Ze zouden er later door PvdA-woordvoerder Henk Knol van beschuldigd worden op de hand van Bouterse te zijn. Knol moest zijn woordvoerderschap neerleggen, toen hij zijn beschuldigingen – ook tegenover de Nederlandse VARA-verslaggeefster Anne Jean van Grinsven – niet hard kon maken.
28 Buddingh' 1995:346.
29 Dalhuisen, Hassankhan en Steegh 2007:164-5.
30 Wim Noordegraaf en Marie-Annet van Grunsven, mondelinge informatie, 29-7-2011, Rotterdam.
31 Nita Ramcharan, e-mail, 12-8-2011.
32 Edward Troon, e-mail, 15-8-2011.
33 Wim Noordegraaf, e-mail, 23-8-2011.
34 *de Ware Tijd*, 2-10-1989.
35 Buddingh' 1995:352-3.
36 Noordegraaf 1995:226-7.
37 Tijdens de regering Wijdenbosch (1996-2000) werd het ontwikkelingsverdrag in 1997 opnieuw opgeschort. In datzelfde jaar werd Edward Troon door aanhangers van Bouterse ontvoerd en in elkaar geslagen. Een paar jaar daarvoor, in 1993, kwam het echtpaar Ramcharan en Troon 's avonds thuis in een huis beklad met leuzen als Dead en RIP (Rest in Peace). Vermoedelijk vanwege het feit dat ze als verslaggevers/ fotograaf geen blad voor de mond namen. Toch werden de columnisten WINIED in die beginjaren niet bedreigd. Misschien omdat ze anoniem bleven?
38 Michiel van Kempen, telefoongesprek, juli 2011.

39 In mijn onderzoek naar de rol van media in de postkoloniale verhouding tussen Nederland en Suriname maak ik gebruik van *framing*-theorieën. Daarbij wordt ervan uitgegaan dat media al dan niet bewust interpretatiekaders (*frames*) aanreiken waarbinnen feiten geïnterpreteerd kunnen worden.

Olf Praamstra

'Kaatje Kekkelbek'
De Zuid-Afrikaanse pers en de literatuur

INLEIDING

De Nederlandse pers in Zuid-Afrika is ontstaan in een tijd van onrust, toen de kolonie overging in handen van een nieuwe machthebber. De Kaapkolonie, die zich ontwikkeld had uit een verversingpost van de VOC, werd in 1795 veroverd door de Engelsen. Zij troffen een samenleving aan van blanke boeren – afstammelingen van Nederlandse, Duitse en Franse migranten – die een overheersende rol speelden te midden van niet-blanke bevolkingsgroepen van diverse herkomst: de oorspronkelijke bewoners, de Khoikhoi (toen nog Hottentotten genoemd) en de Bosjesmannen (tegenwoordig de San), en slaven uit Azië en Afrika. Het was een boerenland met maar één belangrijke stad, de havenplaats Kaapstad.[1] De officiële taal was Nederlands, maar de spreektaal week daar sterk van af. De zo uiteenlopende groepen die zich van deze taal moesten bedienen, spraken een gecreoliseerd Nederlands dat eerst Afrikaans-Hollands genoemd werd en later kortweg Afrikaans. Maar zodra men schreef, zocht men weer aansluiting bij de taal van de overheid en probeerde men zo zuiver mogelijk Nederlands te schrijven.

De reden voor Engeland om Zuid-Afrika aan te vallen, had alles te maken met de gebeurtenissen in Europa. Het republikeinse Frankrijk had zich na revolutie van 1789 tot doel gesteld om Europa te bevrijden van de tirannie der vorsten; in 1795 was Nederland aan de beurt. De stadhouder werd verjaagd, de burgers kwamen aan de macht en de Bataafse Republiek werd uitgeroepen, een republiek die van Frankrijk weinig bewegingsvrijheid kreeg. Was Frankrijk in oorlog met Engeland – en dat was het – dan gold dat ook voor Nederland. Voor Engeland was dat voldoende reden om de Nederlandse koloniën te veroveren, en dus werd de Kaapkolonie bezet. Vanaf dat moment begint de veren-

| *Tropenstijl*

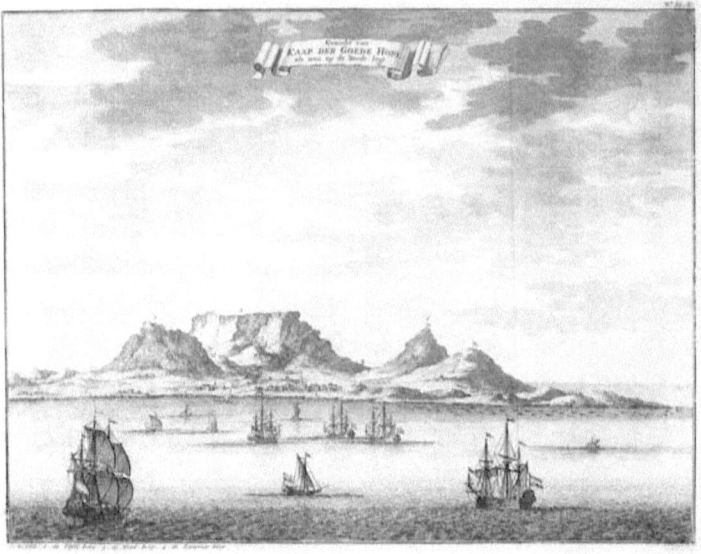

De Kaapkolonie rond 1800

gelsing van Zuid-Afrika. Engels werd de officiële taal in het bestuur en het onderwijs. Toch ging daardoor het Nederlands niet verloren. In de kerk werd er in het Nederlands gepreekt en voor grote groepen van de bevolking bleef de omgangstaal Afrikaans. Er ontstond een tweetalig land, wat in de naam van de eerste krant die in Zuid-Afrika het licht ziet, meteen al zichtbaar is: *The Cape Town Gazette and African Advertiser/Kaapsche Stads Courant en Afrikaansche Berigter*, die op 18 augustus 1800 verscheen. Het was een tweetalig weekblad, in feite een staatsblad, al werden er ook nieuwsberichtjes en advertenties in opgenomen.[2]

Dat juist onder het Engelse bewind de eerste krant in de Kaapkolonie verscheen, is geen toeval. De VOC was altijd afkerig geweest van publiciteit en de eerste drukpersen bereikten Zuid-Afrika pas na 1795. Het oudste bewaard gebleven product van de Kaapse pers is een fragment van een almanak, in 1796 gedrukt door J.C. Ritter, een Duitse boekbinder die zich in 1784 in Kaapstad had gevestigd.[3]

In 1802 sloten Engeland en Frankrijk vrede, met als gevolg dat de Kaapkolonie weer Nederlands werd. De VOC was intussen failliet gegaan, en haar bezittingen waren overgegaan naar de Bataafse Republiek. Het betekende een korte pauze in de verengelsing van Zuid-Afrika; de tweetalige *Cape Town Gazette* veranderde in een Nederlands blad, dat onder de naam *Kaapsche Courant* van 1803 tot 1806 heeft bestaan. In deze jaren is het blad sterk op Nederland georiënteerd, en leeft men mee met de zorgelijk situatie waarin het geplaagde moederland zich bevindt. De Franse overheersing had een desastreus effect op de welvaart van de bevolking en de *Kaapsche Courant* begon een inzamelingsactie, ondersteund door een gedicht waarin de lezers werden opgeroepen geld te geven. De eerste strofen van het gedicht gaan alsvolgt:

Komt, Edele Zuid-Africaanen!
Komt, toont uw' edelmoedigheid,
Helpt ook het lot van hun verlichten,
Wier bitt're nood om bijstand schreit...

Het Moederland zo fel geteisterd,
Door bange Krijg, bij keer op keer,
Vindt onder Africa's banieren,
Gewis haar eigen kind'ren weêr![4]

Voorpagina van de *Kaapsche Stads Courant en Afrikaansche Berigter*, 18 juli 1801

Zo zijn de pers in Zuid-Afrika en de literatuur vanaf het begin onlosmakelijk met elkaar verbonden.

De Hollandse periode was van korte duur, want in 1806 was de vrede tussen Engeland en Frankrijk alweer voorbij en werd de Kaap opnieuw door de Engelsen bezet.[5] *The Cape Town Gazette* kreeg zijn oude naam weer terug en zou tot 1826 als tweetalige krant blijven bestaan. Daarna ging het blad verder als *The Cape of Good Hope Gouvernement Gazette*: een Engelstalig staatsblad waarvan de inhoud voornamelijk uit proclamaties bestond.[6] Voor nieuws en advertenties, en ook voor amusement, was het Kaapse publiek aangewezen op andere kranten.

HET ONTSTAAN VAN EEN VRIJE PERS

De eerste onafhankelijke krant was de *South African Commercial Advertiser*, die in 1824 werd opgericht en van groot belang is geweest in de strijd voor de vrijheid van drukpers. De oprichters waren Engelse Kapenaars die in Engeland opgegroeid waren en – gewend aan vrijheid van meningsuiting – ook in Zuid-Afrika een vrije pers wilden. Redacteur John Fairbairn, een van de oprichters, bond de strijd aan met de overheid in de persoon van Lord Charles Henry Somerset, gouverneur van de Kaapkolonie van 1814 tot 1827. Somerset stelde alles in het werk om de vrije pers in Zuid-Afrika te voorkomen, maar tevergeefs. Fairbairn verdedigde zijn zaak tot aan de regering in Londen, en kreeg gelijk. Na het aftreden van Somerset werd in 1829 door het Kaapse gouvernement de vrijheid van drukpers afgekondigd.[7] Ook de Nederlandse pers in Zuid-Afrika profiteerde hiervan.[8]

De *South African Commercial Advertiser* was een Engelstalig weekblad, maar belangrijke hoofdartikelen werden geregeld in het Nederlands vertaald.[9] Toch zal de nadruk op het Engels voor Joseph Suasso de Lima aanleiding geweest zijn om een Nederlandse krant uit te geven.

De Lima is een van de vele kleurrijke journalisten uit de beginjaren van de Nederlandse pers in Zuid-Afrika. Hij was een Amsterdammer afkomstig uit een Portugees-Joodse familie, die zich op jonge leeftijd tot het christendom had bekeerd. Na voltooiing van een studie in de rechten werkte hij twee jaar voor het gouvernement in Nederlands-Indië, totdat hij wegens geknoei met documenten werd geschorst. Daarop besloot hij naar De Kaap te gaan, waar hij in 1818 aankwam. Als jurist heeft

De voorpagina van het eerste nummer van de
South African Commercial Advertiser, 7 januari 1824

hij nooit meer gewerkt, maar in Kaapstad vond hij werk als vertaler en onderwijzer, als boekhandelaar en drukker, als schrijver en gelegenheidsdichter en producent van toneelvoorstellingen. In 1826 richtte hij het eerste onafhankelijke Nederlandse nieuwsblad op, *De Verzamelaar*. Het was een weekblad, bedoeld om de 'opkomenden letterbloei' in de kolonie te bevorderen, dus eigenlijk meer een cultureel blad dan een krant. Maar toen datzelfde jaar de tweetalige *Cape Town Gazette* als Engelstalig staatsblad onder een andere naam verder ging, herdoopte De Lima zijn *Verzamelaar* tot *Kaapsche Courant, Afrikaansche Berigter of De Verzamelaar*. Het zou hem de titel 'die vader van die Hollands-Afrikaanse koerantewese' opleveren, een eer hem toegekend na zijn dood en waar hij nooit enig profijt van heeft gehad, want commercieel was de onderneming geen succes. In 1830 ging De Lima failliet en op de puinhopen van het oude bedrijf verrees een nieuwe krant, *De Zuid-Afrikaan*, die onder redactie stond van een van zijn grootste vijanden, de niet minder kleurrijke Charles Etienne Boniface.[10]

Boniface was in 1807 vanuit Parijs in Kaapstad gearriveerd, waar hij in korte tijd goed Nederlands leerde. Hij werkte als muziek-, dans-, taal- en schermonderwijzer, maar ontwikkelde zich ook tot toneelschrijver en leider van toneelgezelschappen. Hij was zeer getalenteerd, maar eveneens bijzonder lastig en opvliegend, en maakte gemakkelijk vijanden. Een van die vijanden was De Lima, met wie hij door zijn werk voor het toneel in contact was gekomen. Een paar jaar hebben ze samengewerkt en zijn ze zelfs bevriend geweest, maar een tamelijk onschuldige spotbrief van De Lima aan het adres van Boniface deed de vriendschap omslaan in haat. Ze vochten hun ruzie in het openbaar uit, zelfs op het toneel. Toen De Lima failliet ging en zijn drukpers in handen kwam van een van zijn schuldeisers, aarzelde Boniface geen moment om de redactie van de nieuwe krant op zich te nemen. Op 9 april 1830 verscheen het eerste nummer van *De Zuid-Afrikaan*.[11]

De Lima had om problemen met de overheid te voorkomen politieke en godsdienstige kwesties zoveel mogelijk laten rusten, maar Boniface maakte van *De Zuid-Afrikaan* een blad met een duidelijke politieke koers: pro-Afrikaans en anti-Engels. Hij richtte zich vanaf het eerste nummer tegen de *South African Commercial Advertiser* van Fairbairn, een krant met weinig sympathie voor de Afrikaners, zoals de boeren zich ter onderscheiding van de Britten waren gaan noemen.[12] Ook *De Zuid-Afrikaan* verscheen één keer per week, op vrijdag, in het Nederlands en het

Joseph Suasso de Lima

Engels; pas veel later zou het blad twee keer per week verschijnen, maar dan is Boniface al lang geen redacteur meer; na zes maanden was hij met slaande ruzie vertrokken. Overigens zou *De Zuid-Afrikaan* de politieke koers die hij had ingezet bijna honderd jaar lang blijven volgen.[13]

Het anti-Engelse sentiment onder de boerenbevolking werd in de jaren dertig steeds sterker. De taalpolitiek, de komst van Britse immigranten en vooral de moderne ideeën over de behandeling van de niet-blanke inwoners stuitten bij de Afrikaners op steeds heviger verzet. De Engelsen veroordeelden de omgang van de Afrikaners met hun slaven, de kleurlingen en de oorspronkelijke bewoners van Afrika. Engelse zendelingen namen het voor deze onderdrukte groepen op. In 1835 werd door het gouvernement de slavernij afgeschaft. Meer en meer werd het Britse bestuur door de Afrikaners als een 'vreemd bestuur' ervaren, en in 1836 begon de Grote Trek. Om aan het bewind van de Engelsen te ontsnappen, trokken de boeren steeds verder Afrika in om hun eigen staat te vestigen. Eerst probeerden zij het aan de oostkust van zuidelijk Afrika, maar de Engelsen lieten dat niet toe en annexeerden dit gebied als een nieuwe kolonie onder de naam Natal. Daarop trokken de boeren verder landinwaarts, waar zij twee onafhankelijke republieken stichtten, Transvaal en Oranje Vrijstaat, die in respectievelijk 1852 en 1854 door Engeland als zodanig werden erkend. Vanaf dat moment bestond Zuid-Afrika uit twee Engelse koloniën in het Zuiden, de Kaapkolonie en Natal, en twee onafhankelijke boerenrepublieken in het Noorden, Transvaal en Oranje Vrijstaat. In de laatste twee was Nederlands de officiële taal, in de Kaapkolonie en Natal was dat het Engels, al zou het Nederlands zich ook daar handhaven.[14]

In al die gebieden werden Nederlandse, Engelse en vaak tweetalige kranten opgericht.

STAND VAN ZAKEN

De geschiedenis van die kranten is slechts summier beschreven, en dat al weer lang geleden. Er bestaan drie beknopte overzichten van de geschiedenis van de pers in Zuid-Afrika, twee in het Afrikaans en een in het Engels, verschenen tussen 1930 en 1943.[15] Verder staat er het een en ander over de pers en sommige redacteuren in literatuurgeschiedenissen.[16] Maar ook hiervoor geldt dat dat al weer lang geleden is. De stand van de geschiedschrijving van de Nederlandse pers in Zuid-Afrika vertoont grote overeenkomsten met die van de pers in Nederlands-Indië, voordat Gerard Termorshuizen aan zijn studie begon. Twintig jaar geleden waren er over de Indische kranten ook slechts een tweetal verouderde boeken te vinden, stond er wat informatie over Indische journalisten in het standaardwerk over de Indische literatuurgeschiedenis, de *Oost-Indische Spiegel*, en hadden sommige kranten en drukkerijen bij jubileumjaren een herdenkingsboek uitgegeven.[17] Verder was het een onontgonnen terrein.

Een moderne geschiedenis van de Zuid-Afrikaanse Nederlandse pers ontbreekt dus, maar een ruwe omtrek van die geschiedenis valt op grond van de eerder genoemde overzichten wel te schetsen. Daarnaast bestaan er nog enkele gedenkboeken van Afrikaanse kranten en zijn er boeken die de geschiedenis van de pers in een bepaalde stad of regio beschrijven; en sporadisch heeft een enkele journalist zijn eigen biografie gekregen.[18] Verreweg de belangrijkste publicatie in dit verband is een bibliografie uit 1982 van alle Zuid-Afrikaanse nieuwsbladen tussen 1800 en 1982, met opgave van hun vindplaatsen; een bibliografie die vier jaar later met nog ongeveer honderd nieuwe titels is aangevuld.[19]

Uit deze bibliografie blijkt dat er in de negentiende eeuw een onvoorstelbare hoeveelheid kranten is opgericht, en ook weer ten onder gegaan, sommige zelfs al na een paar maanden. In totaal zijn het er bijna vijfhonderd.

ONTWIKKELING VAN DE NEDERLANDSE PERS IN ZUID-AFRIKA

Dat de geschiedenis van de Zuid-Afrikaanse pers in Kaapstad begint, spreekt voor zich: daar woonden immers de meeste mensen. Buiten Kaapstad is Grahamstad in 1831 de eerste met *The Grahamstown Journal*. Die krant is min of meer bij toeval ontstaan. De oprichter ervan was Louis Henry Meurant, zoon van een Franstalige Zwitser en een Engelse moeder, die naar Kaapstad waren geëmigreerd. Zijn ouders overleden jong en Meurant groeide op in een Afrikaans-Hollands gezin. Vanaf zijn elfde werkte hij als leerling-drukker bij de *South African Commercial Advertiser*.[20] In 1830, amper twintig jaar oud, vertrok hij met een kleine drukpers naar Grahamstad, met de bedoeling daar als drukker een bestaan op te bouwen. Binnen een paar maanden was duidelijk dat hij van opdrachten voor drukwerk niet kon leven; op aanraden van zijn nieuwe stadgenoten onderzocht hij de mogelijkheid om een krant te beginnen. Nadat hij driehonderdvijftig inwoners bereid had gevonden om zich te abonneren, publiceerde hij op 30 december 1831 het eerste nummer van *The Grahamstown Journal*.[21] Aanvankelijk was het een tweetalige krant, maar al spoedig ontwikkelde die zich tot een Engelstalig nieuwsblad. Acht jaar later verkocht Meurant zijn onderneming om te investeren in andere zaken, maar de journalistiek zat hem in het bloed, en niet lang daarna begon hij opnieuw. In 1844 richtte hij een Nederlandse krant op: *Het Kaapsche Grensblad*.[22]

Datzelfde jaar verscheen ook de eerste krant buiten de Kaapkolonie, in Natal. Ook hier kwam het initiatief van mensen die afkomstig waren uit de krantenwereld in Kaapstad: de al eerder genoemde Boniface, en Cornelis Moll. Nadat Boniface met slaande ruzie *De Zuid-Afrikaan* had verlaten, had zij zich weer op het toneelleven gestort; aanvankelijk met succes, maar na verloop van tijd dreven financiële redenen hem terug naar de journalistiek. Samen met Cornelis Moll, een oud-leerling van hem, richtte hij een Engelstalig nieuwsblad op: *The Moderator or Cape of Good Hope Impartial Observer*, dat een paar maanden later een tweetalig blad werd onder de naam *De Meditator*. Evenals eerder in *De Zuid-Afrikaan* nam Boniface een uitgesproken politiek standpunt in: voor de Afrikaners en tegen de Britten. Twee jaar later ging dit blad al weer te gronde. Het leven van Boniface is een aaneenschakeling van ruzies, schulden en geldgebrek. Het werd voor hem steeds moeilijker om in Kaapstad aan de kost te komen; in 1844 vertrok hij samen met Moll naar Pietermaritzburg in Natal om een nieuw bestaan en een nieuwe krant te beginnen.

Pietermaritzburg was gesticht door de 'voortrekkers', de boeren die in 1836 de Kaapkolonie hadden verlaten om aan de Engelsen te ontsnappen. Dat was ze dus niet gelukt, want de Engelsen hadden kort na hun aankomst Natal geconfisqueerd, zodat ook Pietermaritzburg weer onder Engels bewind stond. Niettemin vormden Afrikaners nog steeds de meerderheid van de inwoners, en Moll en Boniface richtten daarom een Nederlandse krant op, *De Natalsche en Pietermaritzburgsche Trouwe Aanteekenaar* die meestal kortweg *De Natalier* werd genoemd.[23] Ook hier rustte geen zegen op. Al na een paar maanden kregen Boniface en Moll een hoogoplopende ruzie, die voor de rechtbank werd uitgevochten en die leidde tot de ondergang van het blad. Moll was daarna nog actief bij de oprichting van verschillende nieuwe bladen in Natal – Engelse en Nederlandse –, maar voor Boniface werd het leven uitzichtloos: hij pleegde in 1853 zelfmoord na eerst tevergeefs gevraagd te hebben of hij kon worden opgenomen in een inrichting.[24]

Moll was rond 1856 ook betrokken bij het ontstaan van de eerste kranten in Transvaal, terwijl daarvoor, in 1850, met behulp van mensen uit Grahamstad in Oranje Vrijstaat de eerste nieuwsbladen verschenen.[25] Zo ontstond er vanaf het midden van de negentiende eeuw een bloeiende pers in Zuid-Afrika. Doorgaans werden die kranten om commerciële redenen opgericht, zoals we aan het voorbeeld van Meurant in Grahamstad hebben kunnen zien. Maar er speelden ook andere overwegingen mee. De jonge republieken Oranje Vrijstaat en Transvaal wilden over een eigen staatscourant beschikken, zoals eerder al de Kaapkolonie. En dan waren er de tegenstrijdige belangen tussen de Engelsen en de Boeren: sommige bladen, zoals de *South African Commercial Advertiser*, namen een pro-Engels standpunt in, terwijl Boniface met *De Zuid-Afrikaan* een duidelijk Afrikaner geluid liet horen. Daarentegen waren er ook Afrikaners die geen enkel heil zagen in verdere polarisatie tussen de twee blanke bevolkingsgroepen, en in reactie daarop hun eigen nieuwsblad begonnen, zoals *Het Volksblad* dat een verzoenende toon aansloeg. Weer andere Afrikaners vonden beide bladen in kerkelijk opzicht te liberaal en wilden een blad dat de orthodoxie een stem gaf, wat leidde tot de oprichting van *De Volksvriend*.[26] Zo had bijna iedereen wel een reden om een eigen krant te beginnen. De meeste ervan verdwenen ook weer snel. De president van Oranje Vrijstaat, Marthinus Theunis Steyn, merkte daar later over op: 'Zuid-Afrika is bedekt met de graven van Hollandse tijdschriften en koeranten; op allen staat hetzelfde opschrift te lezen, nl. "Gestorven door gebrek aan ondersteuning"'.[27]

Maar er zijn ook bladen die het lang hebben volgehouden. Om mij tot de Nederlandse te beperken die ik zojuist genoemd heb: *Het Volksblad* hield het dertig jaar vol en *De Zuid-Afrikaan* haalde zelfs de honderd, al moest het daarvoor wel fuseren met *De Volksvriend*.[28]

Hoewel dit de belangrijkste Nederlandse bladen in de Kaapkolonie waren, zou geen ervan uitgroeien tot een dagelijks verschijnende krant. Twee tot drie keer per week, een hogere frequentie haalden ze niet. Het eerste Nederlandse dagblad verscheen pas in 1895, in Pretoria, en ging vijf jaar later alweer te gronde als gevolg van de Boerenoorlog. Engelse dagbladen waren er veel eerder en hielden het ook veel langer vol. [29] Ook de oplagecijfers – voor zover bekend – stellen weinig voor. Hiervoor zagen we al dat Meurant in Grahamstad driehonderdvijftig abonnees

De Verzamelaar, 7 januari 1826; *De Zuid-Afrikaan*,
9 april 1830; *De Tijd*, 29 oktober 1862

nodig had om van de uitgave van *The Grahmanstown Journal* een winstgevende onderneming te maken. Grotere bladen trokken meer lezers – aan het einde van de negentiende eeuw zijn er bladen met oplagen rond de tweeduizend –, maar daar staat tegenover dat een blad als *De Natal Afrikaner* op een gegeven moment nog maar honderdvijftig abonnees telde, een aantal waardoor het blad wel in moeilijkheden kwam maar niet ten onder ging. Onder een nieuwe redactie en met een nieuwe naam (*De Afrikaner*) bleef het nog tientallen jaren bestaan.[30] En ondanks het relatief kleine aantal abonnees kon een krant heel winstgevend zijn. Zo had de redacteur en eigenaar van *De Volksvriend* in een kleine twintig jaar – hij was toen vijfendertig – zoveel verdiend dat hij 'vir die res van sy lewe van geldelike sorge gevrywaar was'.[31]

AMUSEMENT

Voor de eigenaar, die vaak ook de redacteur was, was het zaak om zoveel mogelijk intekenaren te krijgen, en die vooral ook te houden. *De Volksstem* uit Pretoria van 21 februari 1874 nam in de rubriek Mengelwerk een paar voorbeelden op van de agressieve manier waarop Amerikaanse kranten hun abonnees benaderden. Die dreigden hun lezers met hel en verdoemenis als ze het zouden wagen om hun abonnement op te zeggen, en waarschuwend hielden zij hun voor dat het niet op tijd betalen van het abonneegeld de eerste stap was op weg naar criminaliteit.[32]

Zover wilde *De Volksstem* niet gaan, maar dat men de lezers aan zich moest binden, was ook in Zuid-Afrika een feit. Hét middel daarvoor was verstrooiing en amusement, en evenals de pers in Nederlands-Indië maakten de Afrikaanse bladen daarvoor gebruik van de literatuur; literatuur in alle denkbare vormen. Iemand als Boniface blonk uit in het schrijven van satirische stukken in verzen en proza. Hij is een waardige representant van de 'tropenstijl' die ook zoveel Indische kranten kenmerkt. Andere redacteuren schreven bedaarder en gaven zich over aan huiselijke poëzie, naar het voorbeeld van de ook in Zuid-Afrika zeer geliefde dichter Tollens.[33] Populair waren ook de vele verhalen die als feuilleton verschenen. Tussen 1866 en 1869 schreef de predikant Thomas François Burgers in *Het Volksblad* humoristisch-realistische verhalen over het leven in een dorp in de Oost-Kaap: 'Tooneelen uit ons dorp, of Schetsen uit ons Dagelijksch Leven'. In totaal verschenen er tweeëntwintig verhalen, verspreid over veertig afleveringen. Toen er in 1867 twaalf verhalen gepubliceerd waren, besloot de Kaapse uitgever van *Het Volksblad* ze in drie kleine boekjes te bundelen. In 1882 verscheen er in Nederland nog een herdruk van, en in 2004 – ook in Nederland – een bloemlezing uit alle verhalen die Burgers voor *Het Volksblad* geschreven had, wat in Zuid-Afrika weer aanleiding was om deze in het Afrikaans te vertalen, zodat ook de moderne lezer in Zuid-Afrika, die het Nederlands niet meer machtig is, ze nu kan lezen.[34]

Burgers is een uitzondering. De andere feuilletonschrijvers zijn zo goed als vergeten. Wie kent Joshua Herschensohn nog, redacteur van *De Natal Afrikaner*? Geboren als zoon van Duits-Joodse ouders in Rusland vocht hij mee in de Krim-oorlog, en verzeilde via omzwervingen door Turkije, Palestina, Egypte en India in Natal, waar hij werk vond als onderwijzer. Daarna vocht hij aan de kant van de Engelsen tijdens de Eerste Boerenoorlog (1880-1881) in Transvaal, om na de gunstige afloop ervan voor Transvaal snel weer naar Natal uit te wijken, waar hij vanaf 1886 als journalist de partij van de Afrikaners koos. Om lezers te trekken schreef hij het ene na het andere feuilleton, verhalen die zich afspeelden in Zuid-Afrika, maar vaak ook elders, zodat hij er veel herinneringen aan zijn eigen avontuurlijke leven in kwijt kon.[35] Die feuilletons werden druk gelezen.[36] Voor Zuid-Afrika gold hetzelfde als voor Nederlands-Indië in de negentiende eeuw: voor literaire bladen of boeken was de markt te klein, zodat de lezer voor literatuur – proza en poëzie – op de krant was aangewezen.[37]

Om een zo groot mogelijk publiek te bereiken, waren vooral in de provincie veel van deze bladen tweetalig, dat wil zeggen Engels en Nederlands.[38] Het eerste nieuwsblad in het Afrikaans verscheen pas in 1876, *Die Afrikaanse Patriot*, een maandblad dat in het begin een oplage had van niet meer dan vierhonderd exemplaren. Het was een ideële onderneming, gesticht door het een jaar eerder opgerichte Genootskap van Regte Afrikaners dat zich beijverde om het Nederlands te vervangen door het Afrikaans, ook als men schreef.[39] Voor die tijd kwam in de kranten ook wel Afrikaans voor, maar aanvankelijk werd het alleen gebruikt met het doel het publiek te laten lachen om domme Hottentotten die geen onderwijs hadden gevolgd en zich daarom van deze 'kombuis- of Hotnotstaal' moesten bedienen.[40]

De eerste die het Afrikaans op deze manier gebruikt is Boniface.

KARIKATUREN

In de Kaapkolonie waren de oorspronkelijke inwoners, de Khoikhoi of Hottentotten, die van landbouw en veeteelt leefden, in de loop van de achttiende eeuw in een toestand van halve slavernij geraakt, toen de blanke boeren steeds verder het binnenland introkken. Met het verlies van hun land, verloren ze ook hun middelen van bestaan en waren gedwongen om tegen veel te lage lonen voor de nieuwe heersers te werken. Toen sommigen van hen naar de steden trokken in de hoop op een beter bestaan, vormden zij daar al snel een stedelijk proletariaat. Als mens werden zij nergens voor vol aangezien, het waren goedkope arbeidskrachten die een strakke leiding nodig hadden.

De positie van de Hottentotten verbeterde met de komst van de Engelsen, met name met de komst van zendelingen. Zij wilden dit verwaarloosde volk bekeren tot het christendom en een menswaardig bestaan bieden. In 1799 werd in opdracht van de London Missionary Society Bethelsdorp gesticht, een religieus opvoedcentrum voor Hottentotten, niet ver van Port Elizabeth. De boeren en de Afrikaners in de steden zagen het met lede ogen aan: in hun optiek was dit niets anders dan een poging van de Engelsen om hen van deze goedkope arbeidskrachten te beroven. In 1828 barstte hierover een felle polemiek los, toen de Schotse zendeling John Philip zijn *Researches in South Africa* publiceerde. Hierin uitte hij harde kritiek op de boeren, die de Hottentotten eerst van al hun middelen van bestaan hadden beroofd en daarna misdadig slecht behandelden.

Tegen deze beschuldigingen verdedigden de boeren zich op twee manieren. Ze ontkenden dat de Hottentotten door hen werden uitgebuit en mishandeld, en ze probeerden de Hottentotten zelf af te schilderen als domme, luie, onbetrouwbare en aan alcohol verslaafde inboorlingen die alleen konden functioneren als de harde hand van de meester zich dagelijks liet voelen. Door het werk van de zendelingen, en vooral door de Hottentotten een lui leventje te laten leiden in een plaats als Bethelsdorp werden hun slechte eigenschappen alleen maar versterkt.

Als journalist heeft Boniface in deze polemiek een hoofdrol gespeeld. Vanaf het allereerste nummer van *De Zuid-Afrikaan* had hij de kant van de kolonisten gekozen en viel hij de zendelingen en aanhangers van Philip aan, die gesteund werden door *The South African Commercial Advertiser* van John Fairbairn. Hij hekelde de moderne ideeën van de Engelsen, en in bijna elk nummer werd Philip hard en op de man gericht aangevallen. Daarnaast schuwde Boniface geen enkel middel om de Hottentotten een slechte naam te bezorgen. Een zeer geschikt middel daarvoor, ontdekte hij, was de karikatuur.

De eerste keer dat hij hiervan gebruik maakte, was naar aanleiding van een proces wegens smaad tegen Philip die in 1830 door een landgenoot voor de rechter werd gesleept, omdat hij hem had beschuldigd van misbruik van een Hottentot die bij hem in dienst was. Boniface deed in de krant uitgebreid verslag van het proces dat ongunstig verliep voor Philip. Die rechtszaak bracht hem op het idee om de misbruikte Hottentot, Hendrik Kok, in een gefingeerd verhoor met de rechter de beschuldiging van Philip volledig te laten ontkrachten. Kok, zo blijkt uit dit verhoor, is te dom om te begrijpen waar het in deze zaak om gaat. De beschuldigingen tegen zijn baas zijn door Philip zelf ingefluisterd, en Kok laat zich in dit verhoor in zijn eigen woorden kennen als een dronkenlap en een dief, zonder enig besef van goed en kwaad. Hij is van nature zo lui dat als de rechter hem met gevangenisstraf dreigt, hij die straf opgewekt tegemoet ziet: het betekent voor hem een paar weken gratis eten en luieren.

Niet lang na dit 'verhoor' van Kok verschijnt in *De Zuid-Afrikaan* een gefingeerde ingezonden brief van een Hottentot uit Bethelsdorp, Adam Slokker, die hetzelfde doel dient als de karikatuur van Kok: alle Hottentotten, in elk geval die in Bethelsdorp, zijn dronkenlappen en ruziezoekers, die door de hypocriete Philip en zijn aanhangers worden opgestookt om zich over de blanke boeren te beklagen.

Met deze karikaturen maakte Boniface zich populair onder de boeren en de inwoners van Kaapstad. *De Zuid-Afrikaan* werd een veel gelezen krant, en Boniface heeft door deze karikaturen een groot aandeel gehad in het ontstaan van het stereotype van de luie, onbetrouwbare en drankzuchtige Hottentot, dat zich, zoals Elisa Diallo overtuigend heeft aangetoond, min of meer blijvend in het collectieve geheugen van de blanke Afrikaners zou nestelen.

Stereotypen komen nooit helemaal uit de lucht vallen. In Bethelsdorp kwam veel werkloosheid voor. De voornaamste reden was gebrek aan geld: de zendelingen konden de Hottentotten geen betaald werk bieden en de boeren in de omgeving wilden aan het project niet meewerken. Ook alcoholisme onder de Hottentotten kwam veel voor, maar daaraan waren de boeren zelf medeschuldig, omdat zij de arbeiders voor een deel uitbetaalden in wijn. Het beeld dat Boniface van hen schetste was dus voor zijn lezers herkenbaar, temeer omdat hij de eerste was die ze in hun eigen taal liet spreken: het Afrikaans, het gebroken Nederlands dat hun gebrek aan beschaving nog eens accentueerde.[41]

Zoals hiervoor vermeld hield Boniface het niet lang vol bij *De Zuid-Afrikaan* en keerde hij na zes maanden terug naar de Kaapse toneelwereld. In 1832 schreef hij voor de Kaapse schouwburg zijn bekendste toneelstuk, *De Temperantisten*, een stuk dat in literaire vorm een voortzetting is van zijn campagne tegen Philip en zijn volgelingen. Philip had een matigheidsgenootschap opgericht om het alcoholisme onder de Hottentotten te bestrijden, The Cape of Good Hope Temperance Society. In zijn toneelstuk – een 'kluchtig blijspel' staat er op de titelpagina – presenteert Boniface de drankbestrijders als hypocrieten, die zelf stevig drinken en zich uit louter bemoeizucht bekommeren om een volk dat door hen helemaal niet geholpen wil en ook niet geholpen kan worden. In het blijspel komen zes Hottentot-personages voor die allen dienen om het publiek te laten lachen – ten koste van henzelf. Maar onder hun humoristisch uiterlijk, dat al blijkt uit de namen die Boniface ze geeft (Galgevogel, Droogekeel, Dronkelap, Waterschuw, Kalfachter en Grietje Drilbouten) gaat hetzelfde stereotype schuil: de Hottentotten worden getypeerd als drankzuchtig, gewelddadig en dom, en de enige vrouw onder hen is iemand met een losse sexuele moraal. Ook hier laat hij deze personages omwille van het humoristisch effect Afrikaans praten, terwijl alle andere personages keurig Nederlands spreken. *De Temperantisten* was een groot succes; het is het eerste oorspronkelijke toneelstuk dat in Kaapstad gepubliceerd is.[42]

KAATJE KEKKELBEK

Omdat het toneelstuk van Boniface afgezien van de dialogen van de Hottentot-personages in het Nederlands geschreven is, kan het niet beschouwd worden als het begin van de Afrikaanse literatuur. Die eer is weggelegd voor Kaatje Kekkelbek, een humoristisch stukje met zang en dans – 'vaudeville' is de negentiende-eeuwse term ervoor – waarin een 'Hottentottenmeid' opkomt die een vrolijk liedje zingt in een Afrikaans dat sterk door het Engels is gekleurd.[43]

De karikaturen van Boniface in *De Zuid-Afrikaan* en het succes van *De*

'Hottentottenmeid'

Temperantisten inspireerden andere journalisten tot het schrijven van soortgelijke stukken. In de Kaapkolonie was het de eerder genoemde Meurant die in het door hem opgerichte *Kaapsche Grensblad* dialogen en gefingeerde ingezonden brieven in het Afrikaans opnam. Het doel was op een humoristische manier actuele kwesties aan de orde te stellen. Meer kranten volgden dit voorbeeld, ook tweetalige en zelfs Engelse.[44] Zo verscheen het 'hebban olla vogala' van de Afrikaanse literatuur, 'Kaatje Kekkelbek, or life among the Hottentots', in 1846 in een Engelse krant, *Sam Sly's African Journal*. Het is geschreven door Andrew Geddes Bain, en eerder opgevoerd, op 5 november 1838, in Grahamsstad.[45]

Kaatje Kekkelbek vervult dezelfde functie als de Hottentotpersonages van Boniface. Ook Bain keert zich tegen de goede bedoelingen van Philip en zijn volgelingen. Kaatje komt op, spelend op een mondharp, en begint te zingen:

> My name is Kaatje Kekkelbek,
> I come from Katrivier,
> Daar is van water geen gebrek,
> But scarce of wine and beer.
> Myn ABC at Ph'lipes school
> I learnt a kleine beetje,
> But left it just as great a fool
> As gekke Tante Meitje.

Vervolgens onderbreekt zij haar zingen om, in een soort van terzijde, de boodschap in het Afrikaans nog eens te bevestigen: 'Regt dat 's amper waar wat ouw Moses in de Kaap zeg van Dr. Ph'lipes zyn school. Hy zegt: "Das ist alles flausen en homboggery".'[46]

Kaatje Kekkelbek is het evenbeeld van de Hottentot-personages van Boniface. Ze is dom, lui en drankzuchtig, en haar boodschap is duidelijk: de naïeve zendelingen verspillen hun tijd met hun pogingen om haar en haar lotgenoten beschaving bij te brengen. Of om de woorden van Kaatje te gebruiken: 'Jan Bull is een domme moerhond – een kleine kind kan hom vern . . . k!' De Boeren wisten wel beter, die waren door schade en schande wijs geworden.[47] Het publiek vond het prachtig, en Kaatje Kekkelbek heeft in de Afrikaanse 'spreekwoordeskat' een plaatsje gekregen als het type van de 'grappige babbelkous wat alles uitflap en hoog en laag onder haar skerp tong laat deurloop'.[48]

The Sly Corner.

KAATJE KEKKELBEK;
OR,
LIFE AMONG THE HOTTENTOTS.
AS SUNG WITH UNBOUNDED APPLAUSE AT THE GRAHAM'S TOWN AMATEUR THEATRE.

TUNE:—"*Calder Fair;*" or, "*How cruel was the Captain.*"

[Kaatje Kekkelbek enters, playing a Jews' harp.]

My name is Kaatje Kekkelbek,
   I come from Katrivier,
Daar is van water geen gebrek,
   But scarce of wine and beer.
Myn A B C at Ph'lipes school
   I learnt a kleine beetje,
But left it just as great a fool
   As gekke Tante Meitje.

SPOKEN.—Regt dat 's amper waar wat ouw Moses in de Kaap zegt van Dr. Ph'lipes zyn school. Hy zegt: "Das ist alles flausen en homboggery."

                  Met myn Tol de rol, enz.

But a b, *ab*, and i n, *ine*,
   I dagt met uncle Plaatje,
Aint half so good as brandewyn,
   And vette karbonatje.
So off we set, een heele boel,
   Stole a fat cow and sack'd it,
Then to an Engels setlaars fool
   We had ourselves contracted.

SPOKEN.—Ja, jong! jy kan myn g'loo', dat ons het die Setlaars gehad; en hy denk altoos dat het ander volk is wat zyn goed steel; zoo een Jan Bull is een domme moerhond, een kleine kind kan hom vern...k!

                  Met myn Tol de rol, enz.

We next took to the Kowie Bush,
   Found sheep dat was not lost, aye,
But a schelm boer het ons gevang,
   And brought us voor McCrosty.
Daar was Saartje Zeekoegat, en ik,
   En ouw Dirk Donderwetter,
Klaas Klauterberg, en Diederick Dick,
   All sent to the tronk together.

'Kaatje Kekkelbek or, life among the Hottentots'

Kannemeyer, de toonaangevende geschiedschrijver van de Afrikaanse literatuur, merkt naar aanleiding van 'Kaatje Kekkelbek' op: 'Dit is opvallend dat Afrikaans [...] in die vroeë geskrifte gebruik is vir die weergawe van die taal van die gekleurdes met die doel om 'n sekere geestigheid te bereik of 'n lokale kleur aan 'n werk te gee.'[49] Eerder was dat Elisabeth Conradie, die een geschiedenis geschreven heeft van de Nederlandse literatuur in Zuid-Afrika, ook al opgevallen: 'almal wat grappig, sarkasties en ironies wil wees, kies die Afrikaanse vorm; in die ernstiger poësie en prosa neem Nederlands die plek van die volkstaal in'.[50]

In die situatie zou pas na 1875 verandering komen door toedoen van het Genootskap van Regte Afrikaners dat zich, zoals gezegd, ten doel stelde om ook in de schrijftaal Afrikaans te gebruiken, al was het dan wel een 'zuiverder' soort Afrikaans waaruit Engelse elementen zoveel mogelijk werden geweerd.[51]

CONCLUSIE

De strijd voor het Afrikaans als schrijftaal laat ook de kranten niet onberoerd. Het orgaan van het Genootskap van Regte Afrikaners, *Die Patriot*, wint steeds meer lezers. Begonnen met een oplage van slechts 400 telt het blad een decennium later al 3000 intekenaren. Voorstanders van het Afrikaans winnen meer en meer aan invloed. In kranten wordt steeds vaker naast het Nederlands en het Engels ook in het Afrikaans geschreven, al zijn er *diehards*, zoals Herschensohn, die stukken in het Afrikaans afwijzen omdat het om een dialect zou gaan.[52] Maar tegen het einde van de negentiende eeuw is het voor iedereen duidelijk dat het geschreven Nederlands te ver van de gesproken taal afstaat. In een poging om het Nederlands als schrijftaal toch nog te behouden wordt er eerst een spellingvereenvoudiging doorgevoerd – 'mensch' wordt 'mens' –, die later wordt gevolgd door een vereenvoudiging van de taal zelf. Maar ook tegen dit vereenvoudigde Nederlands komt verzet: het is kunstmatig en geen Afrikaans. Als in 1910 de Unie van Zuid-Afrika wordt uitgeroepen, lijkt het Nederlands nog een belangrijke slag te winnen, omdat het naast het Engels als een van de twee officiële talen erkend wordt, maar het is een schijnoverwinning. In 1914 wordt het scholen toegestaan om in plaats van Nederlands Afrikaans als onderwijstaal te gebruiken, en als in 1925 ook het Afrikaans als officiële taal erkend wordt, is de rol van het Nederlands in het openbare leven uitgespeeld. Dat betekent ook het einde van de Nederlandse pers in Zuid-Afrika.[53]

Begonnen in 1800 zet rond 1900 de neergang van de Nederlandse pers in en begint de opkomst van de Afrikaanse kranten, die zich ontwikkelen tot echte dagbladen en veel hogere oplagen zullen bereiken. Maar dat neemt niet weg dat het Nederlandse nieuwsblad in Zuid-Afrika in de negentiende eeuw een korte maar hevige bloeiperiode heeft gekend. Het is hoog tijd voor een moderne geschiedenis van deze Afrikaanse tak van de Nederlandse journalistiek. Bovendien heeft deze pers, zoals eerder al door literatuurhistorici uit Zuid-Afrika werd vastgesteld, een uitermate belangrijke rol gespeeld in de ontwikkeling van zowel de Afrikaanse als de Nederlandse literatuur in Zuid-Afrika.[54]

Bijlage

KAATJE KEKKELBEK
or
LIFE AMONG THE HOTTENTOTS.
AS SUNG WITH UNBOUNDED APPLAUSE AT THE
GRAHAMS'S TOWN AMATEUR THEATRE

TUNE: – 'Calder Fair', or, 'How Cruel was the Captain'

[Kaatje Kekkelbek enters, playing a Jew's harp.]

My name is Kaatje Kekkelbek,
I come from Katrivier,
Daar is van water geen gebrek,
But scarce of wine and beer.
Myn ABC at Ph'lipes school
I learnt a kleine beetje,
But left it just as great a fool
As gekke Tante Meitje.

SPOKEN – Regt dat 's amper waar wat ouw Moses in de Kaap zeg van Dr. Ph'lipes zyn school. Hy zegt: 'Das ist alles flausen en homboggery,'
                                      Met myn Tol de rol, enz.

But a b c, and i n, *ine*,
I dagt met uncle Plaatje,
Aint half so good as brandewyn,
And vette karbonatje.
So off we set, een heele boel,
Stole a fat cow, and sack'd it,
Then to an Engels setlaars fool
We had ourselves contracted.

Tropenstijl

SPOKEN – Ja, jong! jy kan myn g'loo', dat ons het die Setlaars gehad; en hy denk altoos dat het ander volk is wat zyn goed steel; zoo een Jan Bull is een domme moerhond, een kleine kind kan hom vern . . . k!

                                      Met myn Tol de rol, enz.

We next took to the Kowie Bush,
Found sheep dat was not lost, aye,
But a schelm Boer het ons gevang,
And brought us voor McCrosty.
Daar was Saartje Zeekoegat, en ik,
En ouw Dirk Donderwetter,
Klaas Klauterberg, en Diederick Dick,
All sent to the tronk together.

SPOKEN – Regt! so een Boer is een moer slimme ding! Hy was erst net so stom als de Setlaars en Christemens, *maar Hot'nots en Kaffers het hom slim gemaakt!* Ja! Rasnawel, ons het die dag so lekker sit kramnaatjes eet, dat de vet zoo langs de bek afloop; maar hier kom de Boer by ons uit met zyn overgehaalde haan en sleep ons heele spul na de tronk. Maar nou trek hy weg oor Grootrivier, die moervreter zeg dat hy niet meer kan klaar kom met de Engelse Gorment!

                                      Met myn Tol de rol, enz.

Drie months we daar got banjan kos,
For stealing os en hammel,
For which when I again got los,
I thank'd for Capt Campbell.
The Judge came round, – his sentence such
As he thought just en even,
'Six months hard work,' which means in Dutch,
'Zes maanden lekker leven.'

SPOKEN – So een Jud, hy verbeel hom dat hy slim en geleerd is, als hy daar zit met zyn witte kop, wat net so lyken als die ding waar de Engelse die vloer mee schoon maak, en zyn mantel en bef net als een predikant; – maar ons Hotnots, will jy g'loo' is banjan slimmer, – ons weet wel wanneer ouw Kekwis rond kom – dan steel ons de meeste, want zyn straf is altoos '*Six months hard labor!*' maar die kwaai ouw, met die rooi bakkies, wat hulle zeg Menzie, die is beetje straf – hy geef ons twee jaren in de bandiet, en laat ons klop so als in ouw Breslaar zyn tyd. Die lange speetses van Seur Jan Wyl, daar geef ons niks om! Maar ou Kekwis het hulle afgezet, omdat hy te goed was voor ons, en Muisgraaf in zyn plaats gesteld. Daar is ook een Montakee de *Sectaris*, die net zoo goed als Gov'neur in die Kaapstad [is] tegenswordig. Niemand kan *de* kerel ver . . k. Hy laat al de Hot'nots work op de Hard way which is a very hard way of dealing met de poor Hot'nots.

Met myn Tol de rol, enz.

De tronk, it is een lekker plek,
Of 'twas not juist so dry,
But soon as I got out again,
At (Todd's) I wet mine eye.
At Vice's house, in Market-square,
I drown'd my melancholies;
And at Barrack Hill found soldiers there
Who treated me with jollies.

SPOKEN – Rasnavel, jong! jy kan myn g'loo', dat die ouw dikke kerel zyn brandewyn lekker is! maskie ouw Pratt zyn ook. Maar ons neem altoos sluk by ouw Todd als ons uit die tronk kom, dan smaak hy reg lekker!

Met myn Tol de rol, enz.

Next morn dy put me in blackhole,
For one Rixdollar stealing.
And knocking down a vrouw dat had
Met myn sweet heart some dealing.
But I'll go to the Gov'nor self,
And tell him in plain lingo,
I've as much right to steal and fight
As Kaffir has or Fingoe.

SPOKEN – Dats onregt, het is de grootste onregt in de wereld! de teef het myn man afgeronseld, en hulle het myn in de blackhole ingesteek! Ik moet gelyk krygen; de Engels Gorment moet myn gelyk geef, ander zal ik toon wat Kaatje Kekkelbek kan doen!

Met myn Tol de rol, enz.

| *Tropenstijl*

> Oom Andrie Stoffels in England told,
> (Fine compliment he paid us,)
> Dat Engels dame was juist the same
> As ons *sweet* Hot'not *ladies*.
> When drest up in my voersits pak,
> What hearts will then be undone,
> Should I but show *my face or back*
> (Kaatje here turn round)
> Among the beaux of London.

SPOKEN – Regt, jong! I wish toch dat de *mis-den-vaarheid Syety* would send me to England to speak the trut net so as oom Andries and Jan Zatzoe done in *Extra Hole*, waar al de Engels kom met ope bek om alles in te sluk wat ons Hotnots vertel. I not want Dr. Flipse to praat soetjes in myn oor wat I moet say, so hy done met Jan Zatzoe, en ouw Riet met oom Andries. Kaatje Kekkelbek het zelfs een tong in haar smoel en is op haar bek niet gevalle. Ik zal vertel hoe de boere en de Setlaars ons hier vern . . . k en verdruk, en dat hulle een *Temper Syety* hier wil oprigt om ons niet meer brandewyn te laat drink, dan zal ik plenty va'rlands t'wak en dacha kryge om te stop, en brandewyn en half kroons; want als een mens wil ryk word in England, jy moet maar banjan kwaad spreek van de Duits volk; maar hulle zal voor myn niet laat gaan, hulle is bang voor Kaatje Kekkelbek! Maar myn right wil ik hebbe. Ik gaat verd . . . . na de Gov'neur!! – [*Exit Kaatje.*]

Klip Springer.

Bron: G.S. Nienaber, *Afrikaans tot 1860*. Johannesburg: Voortrekkerspers, 1942, pp. 50-2.

Noten
1 Ross 1999:21-35.
2 Conradie 1934:223-4; Bosman en Dreyer 1930:1; Cutten 1935:5-7.
3 Conradie 1934:222-3.
4 Conradie 1934:225.
5 Ross 1999:35.

6   Bosman en Dreyer 1930:1; Conradie 1934:226.
7   Crwys-Williams 1989:11-7.
8   Vergelijk Conradie (1949:8): 'Vryheid van die pers was altyd die eer en die trots van die Engelse oorheerser. Na 'n kort, heftige stryd aan die begin van die 19de eeu is hierdie vryheid verseker, en kon ook die Hollands-Afrikaanse pers onbelemmerd sy gang gaan.'
9   P.J. Nienaber 1943:12.
10 Bosman 1928:257-70, citaten op p. 260; Conradie 1934:227.
11 Diallo 2003:43-9.
12 P.J. Nienaber 1943:20.
13 Bosman en Dreyer 1930:2-4; Cutten 1935:22-3.
14 Ross 1999:35-49; Wesseling 1999:328-32.
15 Bosman en Dreyer 1930; Cutten 1935; P.J. Nienaber 1943.
16 Besselaar 1914; Bosman 1928; Conradie 1934, 1949.
17 Faber 1941; Wormser 1941; Nieuwenhuys 1972; *Tyd en vlyt* 1948; Joël 1952.
18 Behrens 1955; Ploeger en Orban 1960; Gordon-Brown 1979; Haw 1996; Shaw 1999; Hofmeyr 1913; G.S. Nienaber 1968; Botha 1984.
19 *List newspapers* 1986.
20 *Sixty years ago* 1963:[1]; G.S. Nienaber 1968:2-4.
21 Gordon-Brown 1979:7-10.
22 P.J. Nienaber 1943:40.
23 Diallo 2003:57.
24 P.J. Nienaber 1943:71-4; Diallo 2003:57-8.
25 Cutten 1935:45, 50; P.J. Nienaber 1943:74-5, 95-7; Behrens 1955:5.
26 Bosman en Dreyer 1930:3-7; P.J. Nienaber 1943:20-34.
27 Geciteerd naar G.S. Nienaber 1933:215. Het Afrikaanse woord voor abonnee is ondersteuner.
28 Bosman en Dreyer 1930: 5-6 en 13-15; P.J. Nienaber 1943:25-7, 30-4.
29 *List newspapers* 1986:18-20, 31, 40, 65, 71, 121, 141; Behrens 1955:29; zie ook Besselaar 1914:235: 'Engelse dagbladen zijn er volop; iedere stad van enige betekenis heeft zijn plaatselike bladen [...]. [Maar] het landelik, Hollandslezend publiek [leeft] niet met de koortsachtige haast der grote steden en heeft [...] genoeg aan zijn twee- of driemaal per week verschijnend blad [...].'
30 Conradie 1949:326; P.J. Nienaber 1943:76-7.
31 Bosman en Dreyer 1930:13.

32 *De Volksstem* 21-2-1874; Cutten (1935:53) vergist zich als hij deze voorbeelden ziet als een oorspronkelijke oproep van het blad uit Pretoria. Met dank aan Rosa Swanepoel (Pretoria).
33 Conradie 1949:224-8.
34 Burgers 2004, 2007.
35 Conradie 1949:229-34.
36 G.S. Nienaber 1933:212.
37 Conradie 1949:320-1.
38 Cutten 1935:31-2.
39 Kannemeyer 1984:48-54.
40 Besselaar 1914:202-6; Conradie 1949:254, 270.
41 Diallo 2003:49-53.
42 Diallo 2003:53-6.
43 Zie G.S. Nienaber 1942:xxviii: 'Dit het op sy beurt as stimulus en voorbeeld gedien vir die skepping van ander oorspronkelike werk'.
44 Conradie 1949:32-5.
45 Kannemeyer 1984:35. Wellicht staat 'Kaatje Kekkelbek' in de traditie van de Amerikaanse 'minstrel show', waarin blanke acteurs met zwart gemaakte gezichten zwarten ten tonele voerden. Vaak ging het om de uitbeelding van slaven die stereotiep werden neergezet als dom, lui, vrolijk, muzikaal en – heel belangrijk – tevreden over hun comfortabele leven, waarin zij alleen maar de bevelen van hun bazen hoefden op te volgen. Het genre ontstond begin jaren dertig van de negentiende eeuw in de Verenigde Staten en bestond aanvankelijk uit korte stukjes met zang en dans. Mij lijkt het niet onwaarschijnlijk dat de auteur van 'Kaatje Kekkelbek' hierdoor beïnvloed is. In dat geval zou het stuk in Grahamstown opgevoerd kunnen zijn door een als Hottentotse geschminkte en verklede blanke actrice.
46 Geciteerd naar G.S. Nienaber 1942:50.
47 Geciteerd naar G.S. Nienaber 1942:50.
48 Conradie 1949:27.
49 Kannemeyer 1984:35.
50 Conradie 1949:270; zie ook G.S. Nienaber 1933:104.
51 Kannemeyer 1984:48-51.
52 Kannemeyer 1984:51-2, 86-7; G.S. Nienaber 1933:103-14.
53 Kannemeyer 1984:85-9; G.S. Nienaber 1933:105-6.
54 Conradie 1934:222-65, 313-37, 1949:25-35, 224-36, 242-71, 300-41, 367-75; Kannemeyer 1984:24, 28-30.

Peter van Zonneveld

'Vlinder... gloeiend van begeeren'
Poëzie als amusement in de Indische pers

Indische kranten en tijdschriften van de twintigste eeuw bevatten een enorme hoeveelheid poëzie, waarin nog veel moois te ontdekken valt.[1] In deze bijdrage wil ik twee vragen proberen te beantwoorden. Hoe amusant was (en is) dat poëtische amusement? En: wat zegt die poëzie over de koloniale samenleving?

Het gaat hierbij vaak eerder om versjes en liedjes dan om echte poëzie. De lezers van toen hebben er kennelijk genoegen aan beleefd, zo mag men wel concluderen uit de hoeveelheid en de diversiteit. De literaire kwaliteit is doorgaans echter gering. Zo staan er allerlei limericks of gedichtjes in verwante dichtvormen in het satirische weekblad *De Zweep* (1922-1923) van de legendarische Dominique Berretty, directeur en eigenaar van het persbureau Aneta in Batavia. Een voorbeeld van zo'n versje van geringe kwaliteit, dat in al zijn simpelheid toch iets zegt over de koloniale verhoudingen en de man-vrouw-relaties, is:

> Een koopman in Zuid-Tapanoeli
> (die rijk werd in coprah en foeli)
> Ging 't niet voor den wind:
> z'n zoon (eenig kind)
> leek sprekend op zekeren koeli.[2]

DE REIS

Wie Indische kranten en tijdschriften doorneemt op de gedichten daarin, treft allerhande thema's en motieven aan. Veel is te vinden in de rubriek 'Het lied van de week' in *De Indische Post* (1921-1939). Een van de frequent opdoemende motieven is de reis van Nederland naar Indië en vice

Tropenstijl

versa. P. Kloppers publiceerde in die rubriek het lied 'Holland-Java', waarin de overtocht in zes strofen bezongen wordt. Het begint aldus:

> Om zes uur is de kust uit zicht.
> Nou gaan wij naar de Oost.
> Een enk'le verre stip van licht,
> Een laatste groet tot troost...
> Een bootsman die vertrouwelijk knikt,
> Tuurt langs de zee en zoekt...
> Hij wil niet weten dat-ie snikt,
> En vloekt en vloekt en vloekt.

Vanuit Southampton kun je uitstapjes maken naar Londen, Bournemouth of Wight.

In Genua schijnt de zon. De zee is blauw en bij het wegvaren 's avonds is de stad één kleurenpracht. In Port Saïd wachten de winkel van Simon Artz en talloze bedelaars.

> En dan – vervloekt – die Roode Zee,
> Dat is je grootste straf.
> Daar zijn de menschen zweetend vee,
> Daar val je tien pond af,
> Goddank – Colombo dat je laaft;
> De westerling viert feest,
> Oh! waar de rickshaw-koelie draaft
> Als beest, als beest, als beest.

> Een nacht in Sabang, dan weer voort,
> Belawan – 't gaat nu snel,
> De Delianen al van boord,
> Vaarwel, vaarwel, vaarwel!
> In Singapore eet je ijs
> En vreemde lekkernij,
> Dan Priok, en daar is de reis
> Voorbij, voorbij, voorbij...[3]

d'Oriënt van 7 juli 1934 waarin 'De Indischgast' is opgenomen

| *Tropenstijl*

ONTHEEMDING

Een dominant motief in de Indische poëzie is ook het gevoel van ontheemding, van onrust, van het leven tussen twee vaderlanden. In het tijdschrift *d'Oriënt* (1923-1942) beschrijft Omega (pseudoniem van J.F.L. de Balbian Verster) in zes strofen het lot van de Indiëganger. De laatste strofe luidt:

> Als de tros wordt losgesmeten,
> ginds, ver weg, na je verlof,
> sta je langs de witte reeling
> en je denkt: Ha fijn, ik bof:
> straks gelukkig weer de sawahs,
> nassi goreng en de rest...
> weer de bergen en de kali's
> wat is eigenlijk het best?
> Sawahs, bergen, bamboe, kampongs
> en het strakke, Indisch licht,
> of de molen en de trekvaart
> en de kerkgang van je nicht?
> Tusschen 't Oosten en het Westen
> ligt de groote blauwe zee...
> en als er een mailboot afvaart,
> wil je altijd wel weer mee...
> 't zij van hier naar ginds, de kou in,
> 't zij van ginds naar 't warme hier...
> en je slentert naar de bar toe...
> en dan bijt je in je bier![4]

Dat gevoel van ontheemding is ook te vinden aan het slot van 'De Indischgast' van G. de Wijkenaar:

> En als-ie na z'n tropentijd
> In Holland weer gaat wonen,
> Dan spelen in z'n ouwe kop
> Soms wat vergeten droomen.
> Dan merkt-ie pas, dat in z'n ziel
> Verweerde barsten zitten;

Dan snikt-ie even en... hij vloekt
Op Holland – in 'De Witte'.⁵

SATIRE

Soms worden gedichten, liedjes en versjes ook gebruikt om kritiek uit te oefenen op de politiek in Indië. Vaak moet de Ethische Politiek het ontgelden. De 'verheffing' van de inlander wordt belachelijk gemaakt:

> Ethiek is de zucht tot hoogere ontwikkeling,
> Maar,... het gaat er niet in bij iedere inboorling.
> Lakschoenen, blauwe bril en das,
> Gecompleteerd met een gekleede jas,
> Dat droegen toch uw vaad'ren niet, o Oosterling?⁶

Tijdens de rondreis die Louis Couperus in 1921 en 1922 door Nederlands-Indië maakte, had zijn optreden in Soerabaja opzien gebaard. Hij was niet tevreden met de omstandigheden waaronder hij moest spreken, wilde zijn honorarium contant, et cetera. Dit was niet onopgemerkt gebleven en Indië sprak er schande van. Zo ook *De Zweep*, die er een speciaal 'Couperuslied' aan wijdde. Het is ondertekend door Minstreel en begint met de regels: 'Couperus, Couperus, wat maak je je kwaad,/ Je weet niet hoe leelijk zoo iets jou toch staat'. De tweede en de derde strofe, en het refrein daartussen, luiden:

> Couperus, Couperus, 'uitstekende' vent,
> Door halfdwaze vrouwen en kwezels verwend,
> Dacht jij soms in 't wondere Insulinde,
> Hetzelfde walg'lijk gekwebbel te vinden,
> Nee, brave, nee, summum van ijdelheid,
> Voor zooiets hebben we hier geen tijd,
> We laten ons hier door geen schijn verblinden,
> Doch weten des Pudels Kern te vinden.
>
> *Couperus, eunuch in het Hollandsch serail,*
> *We roepen je toe een driedubbel heil.*

| *Tropenstijl*

Louis Couperus met zijn echtgenote Elisabeth Couperus-Baud
(rechts) en mevrouw Adriana Westenenk-Nering Bögel met zeven
kinderen en een oppas aan het Tobameer, 1921 (KITLV 18994)

Couperus, Couperus, 'uitstekende' baas,
Houd toch op met je mislijk gedaas,
Je kwam hier als gast die zich duur liet betalen,
Met 't voorlezen van larmoyante verhalen,
Je trachtte te spelen den gentleman,
Doch weet je wat je werkelijk ben:
Een vreeslijk pedante onuitstaanbare kwast,
En bovendien een onhebbelijke 'gast'.[7]

LOFLIEDEREN

Er zijn lofliederen op Holland, maar ook op Indië. *De Indische Post* levert
van die laatste categorie een paar fraaie voorbeelden op. Een ervan, ondertekend door A.Z., luidt:

'Mademoiselle Couperus', spotprent door Louis de
Leeuw in *De Roskam* van 11 mei 1917

Aan Indië!

Ik houd van jouw donkere landen,
In de davrende regenmoesson.
Ik houd van het flonkerend branden,
Van je glanzende zegenzon.

Ik houd van je stoffige wegen,
Ik houd van je velden rijst.
Ik houd van je kampongstegen,
Waar grauwe armoede grijst.

Ik houd van je maanlichte nachten,
Van je bloemzachte bloesemgeur.

> En ik houd van je sterrenprachten
> En je diepblauwe hemelkleur.
>
> Ik houd van je eeuwigen zomer,
> Ik houd van je eeuwige Mei.
> Ik was maar een stille droomer,
> Maar mijn mooiste droom blijf toch jij.[8]

ALLEDAAGS LEVEN

Het alledaagse leven in Indië wordt beschreven in herkenbare taferelen. Typerend is een 'Lied van de week' dat 'Indische-voor-avond' heet, geschreven door een zekere Loek:

> Mevrouwtje, die is wezen baden,
> En Meneer is terug van kantoor.
> En Simin, die haalt nou de krees* op,
> En de theepot staat op het komfoor.

Vanuit de voorgalerij kijken ze naar wat er buiten gebeurt. Nu komt er bezoek van een ander echtpaar:

> Dan brengt Simin de heeren een splitje**
> En het kistje Wascana-sigaar...
> En de dames, in 'schattig' toiletje...
> Nou ja... die taxeeren mekaar.

Er wordt stevig geroddeld, de heer des huizes tapt een 'moppie', waar mevrouwtje 'heel zedig, van bloost'.

> Dan komt er een portje op tafel...
> De tongen die raken wat los
> En meneer, die vertelt 'een geheimpje'
> En de dames... die roepen... 'O Gós'

---

* Oprolbaar zonnescherm.
** Klein flesje of een half glas sodawater of mineraalwater, vermengd met whisky of een andere sterke drank.

> 't Is buiten nu donker geworden.
> Het meneertje zegt: 'Jo, het wordt tijd'
> Dat is de manier in den Oost zoo,
> Waarop 'men' den voor-avond slijt.[9]

Een week later verschijnt het vervolg, de 'Indische na-avond', waarin het uitgaan wordt beschreven. Het is ook de tijd van de terugblik:

> Of meneer, in de krossie-males,*
> Die vertelt van de ouwe tijd:
> Van de sarong en de kabaja
> En de vierkante pot… en de meid.

Ook hier ontbreken de verwijzingen naar amoureuze contacten niet:

> Soms ook zit er een orang-baroe,**
> In z'n voorgalerij… alleen.
> Die wacht tot na elven de mail af
> En hij loert door de kree-kiertjes heen.
>
> Dan ziet ie een inlandsche loopen.
> En zij… nou… zij ziet hem wel staan.
> En ze wacht, bij de pisangboomen,
> Met iets van… zou het misschien wel gaan?[10]

Nederland moet zich niet teveel met Indië bemoeien is ook een motief dat regelmatig opduikt. Zo schrijft ene Loup in *De Indische Post* een gedicht in vijf strofen onder de titel 'Stop!' De derde strofe:

> Holland, wou je ons bedillen?
> Zijn wij nog niet groot genoeg
> Om te weten wat wij willen?
> Is er een van ons die vroeg
> Om je preeken en de rest?
> Oost is Oost en West is West![11]

---

*   Luie stoel, fauteuil.
** Nieuweling.

| *Tropenstijl*

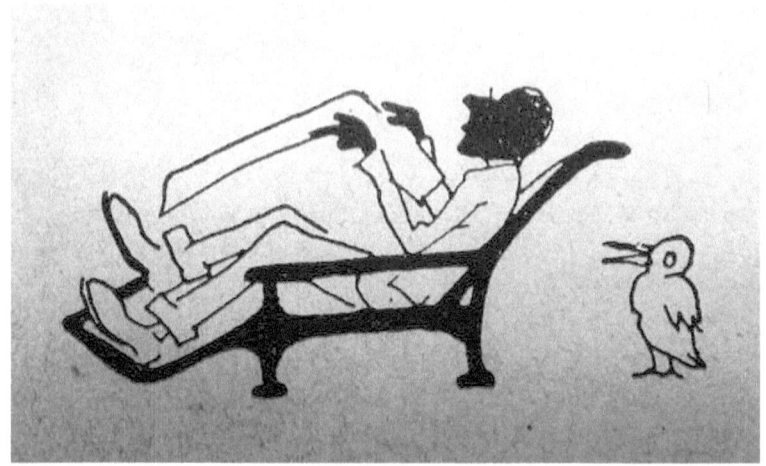

Krossie-males, vignet uit *De Indische Post* 1923, nummer 11

ALTIJD EEN VREEMDE

Niet iedereen went aan Indië; sommigen blijven altijd een vreemde. De nieuwkomers weten van niks, maar ook mensen die al langer in Insulinde vertoeven, kunnen zich niet thuis voelen.

Typerend voor dit genre is het gedicht 'Nog altijd orang-baroe' van ene Loek. Een fragment:

> Ik heb m'n picol* rijst gegeten
> Ik ben hier thuis geraakt, gewend.
> En toch bleef ik een 'orang-baroe'
> Hier,… door m'n Hollandsch sentiment.
> Ik kon niet de bekoring voelen,
> Van 't mooi van d'Oosterzonneglans.
> Ik ben hier nu al zooveel jaren,
> Maar lust nog steeds geen doerians.**
> Al die intense bonte kleuren,
> Die warme gordel van smaragd,
> Ze brachten me maar niet aan 't gloeien,

* Schoudervracht; handelsgewicht, 61,7 kg.
** Grote stekelige vrucht.

Ze bleven mij... een doode pracht.
Javaansche kunst... Stamboelgekakel,*
De liedjes van Javaansche min,
De rongeng**... slametanspektakel,
Het pakt me niet... 't bleef zonder zin.
Hoe ooit een man z'n Hollandsch kostje
Voor de rijsttafelvreugd liet staan,
Het blijft nog steeds, na zoveel jaren,
M'n kersepit te boven gaan.[12]

INDISCHE HOSPITA

Het thema van de Europeaan in Indië kan in allerlei gedaanten opduiken. Zo is 'Vaarwel aan mijn Indische hospita' een hommage aan de vrouw die de baar voor allerlei onheil heeft behoed. Het begint aldus:

Adieu, mijn njonja roemah-makan***
Oud toevluchtsoord voor elken baar,
Met sloffen aan je blote voeten,
En je ongekamd, loshangend haar.

In haar rommelige bedoening zorgde zij goed voor haar gasten. Haar verblijf mag dan weinig luxueus zijn geweest, ze voelde zich toch verantwoordelijk voor haar jonge huurders:

Al stonden niet, als in des Indes,
Er zeven jongens op een rij
Aan de rijsttafel, toch, mijn brave,
Rijsttafel... kon geen mens als jij.

Al gaf je dan ook vuile klamboes
En dertien soorten eetgerij,
Tienderlei lepels, glazen, borden,
We bleven toch gezond erbij.

---

*   Stamboel, toneel in het lichtere genre.
**   Ronggeng, dansmeisje (danst op feest, tegen betaling).
***   Hospita.

| *Tropenstijl*

> Gezond?... Wat heb jij de orang-baroe,
> Echt, als een moeder opgepast,
> Jij met je 'Wah... adoe menir seg,
> Voorzichtig, ja, straks jij nog last'.
>
> Wat heb je... ik mag nu wel klappen,
> Hem hier voor ondergang behoed,
> Wanneer je hem, aan z'n oor, kwam zeggen:
> 'Pas op die... met d'r mooie snoet'.
>
> 'Jij bent nog maar zoo'n jonge snuiter
> En ik ben wel je moeder niet.
> Maar ik wil niet, jij na die kelder,
> Mag toch niet zeg, kasian, verdriet'.[13]

MAN-VROUW-RELATIES

Bij zulke gedichten kun je zien dat ze literair niet van grote kwaliteit zijn, maar dat ze wel inzicht kunnen bieden in die wereld van toen. De omgang tussen Europese mannen en Aziatische vrouwen is niet alleen in het proza, maar ook in de poëzie een geliefd onderwerp. Opmerkelijk is, dat men in de tijdschriften vaak partij lijkt te kiezen voor de zwakkere partij, de vrouw die weinig rechten heeft en gemakkelijk verstoten kan worden. In talloze vormen komt dit motief in de gedichten voor. In 'De vrouw uit de kampong' van Roel van Dongen gaat het over de jeugdige Krelis, een Europeaan die zijn geld over de balk smeet en daardoor geldzorgen kreeg:

> En dus trok ie in de rimboe,
> Zoo ellendig als een hond,
> Zelfs geen gonzende muskieten,
> Niets dan stilte in het rond.
> Om z'n leven wat te kleuren
> Nam ie zich een bruine vrouw,
> Die z'n huis en have deelde,
> Hollandsch-praten leeren wou.

Naast zijn grammofoon-gejengel
Kwam toen kinderen-geschrei.
Krelis voelde zich niets prettig,
Want hij was nu niet meer vrij.
Doch een vrind zou het hem leeren
Gaf hem toen den goeden raad:
''t Is 't beste als zoo'n menschje
Met haar kind naar huis toe gaat'.

Zoo nam hij een blanker vrouwtje,
'Zij' ging naar een groote stad...
Niet naar huis. Want die daar wisten,
Dat ze nu een schande had.
En voor hem begon het leven
Toen maar weer van voren aan;
D'eerste is voor haar kwijnend kindje,
Veil, de straat maar opgegaan.

Jaren zijn er zoo verstreken.
Krelis heeft zich rijk geboerd,
Met zijn vrouw en in zijn landje;
Want in d'Oost ging 't toch beroerd.
… … … … … … … … … … …
Jaren zijn er zoo verstreken.
In een schamel kampong-huis
Zwoegt een bruine vrouw haar leven
Draagt er stil haar schande-kruis.[14]

Van mededogen getuigt ook het gedicht 'Van een Indisch groote-stads-kind', waarin Loek zich bekommert om het lot van een opgroeiend Indo-Europees meisje, dat een dramatische toekomst tegemoet lijkt te gaan:

Zóó heb ik 't vlindertje zien fladdren,
Van kleine, simpele kapel
Tot vlinder… gloeiend van begeeren,
Van schelle kleuren, bont en fel.

> 'k Heb ook die diepe, donkere oogen
> Wel dof van tranen soms gezien.
> 'k Heb later... Maar zóó wordt mijn liedje,
> Licht te sentimenteel misschien.
>
> 'k Wou enkel maar een krabbel maken
> Van 't Indisch kind van 'burgerstand',
> Dat zaligheid moet leeren vinden
> In twostep en Hawaianband.
>
> Van 't Indisch kind met zwarte lokken,
> Wier jong, onstuimig bruisend bloed,
> 't Bataviaasch mondaine leven
> Als ideaal begeeren moet.
>
> Van 't kind, dat in danseuserokken
> En bij bedak* wordt opgevoed.
> Als vlindertje om de kaars moet dansen,
> Totdat ze 't met haar zieltje boet...[15]

De trouw van de inlandse vrouw kan soms ook overdreven worden. Als parodie op de smartlappen van Jean-Louis Pisuisse en Max Blokzijl schreef Victor Ido (pseudoniem van Hans van de Wall) het liedje 'De soldatenmeid':

> Er was eris 'n soldatenwijf,
> De meid van 'n koloniaal.
> Ze was zwart van huid, niet mooi van lijf,
> En ze droeg 'n blauwbonte sjaal.
> Die meid,
> Die zwarte meid,
> Die lelijke, zwarte meid.
>
> Ze hield van hem, ze dee alles voor hem,
> En volgde hem trouw te veld;
> Als *zij* met 'm was in 't heetst van den strijd,

---

* Blanketsel.

Maakte zij hem tot 'n held.
Die meid,
Die zwarte meid,
Die leelijke, zwarte meid.

Als de koloniaal het gevang in moet omdat hij zijn korporaal heeft geslagen, gaat ze hem opzoeken met een bundeltje in haar hand, waarin ze een kabaai en sarong, bruin kleursel en proviand heeft verstopt. Wanneer ze dan weer naar buiten komt, let de schildwacht niet op haar. En nadien:

Maar toen er 'n uur en meer verliep,
En 't vreeselijk regende en woei,
Trad 'r 'n andere tangsi*-meid
Zonder bundeltje uit de boei.
Die meid,
Die zwarte meid,
Die leelijke, zwarte meid.[16]

Ten slotte zijn er ook gedichten die wel literaire pretenties hebben. Ze zijn serieus bedoeld, en bezingen vaak de schoonheid van Indië, of een aspect daarvan. Zo trachtte Victor Ido de schoonheid en de gratie van de hofdanseres te verwoorden in 'De serimpi'. Het slot:

Er is een hoogheid in heur wezen
Van vorstelijke danseres
Al wat vulgair is, houdt zij verre;
Zij danst, maar doet dit als prinses.
Geen wulpschheid als van and're vrouwen,
Die dansen voor een handvol geld.
't Is àl van lijn en hand'ling edel,
Geen luidheid en geen ruw geweld.
In diepe zwijging schrijdt zij voort,
Den smachtblik neergeslagen,
Dan òpslaand éven, als kan ze dien
Der mannen niet verdragen.

* Gevangenis, kazerne.

| *Tropenstijl*

> Het sierlijk hoofd, vol donkre haren
> Gebonden in een dichten wrong,
> Doorpend met spelende juweelen,
> Beweegt bij elken slag der gong.

TOT SLOT

Indische kranten en tijdschriften bieden een staalkaart van de Indische poëzie. De gedichten brengen onder woorden wat de lezers bezighoudt: het contrast tussen Holland en Indië, aanpassingsproblemen, heimwee, het ontheemd zijn, het leven tussen twee vaderlanden. Onrecht wordt aan de kaak gesteld. Maar er zijn ook gedichten over de alledaagse ergernissen van de gewone Indischman. De relatie tussen Europese mannen en Aziatische vrouwen blijkt in de poëzie, net als in het proza, een dankbaar onderwerp. Vaak wordt daarbij de zwakkere partij in bescherming genomen.

Poëzie als amusement? Ja, zeker. Soms zijn de gedichten en liedjes niet amusant, maar flauw en zouteloos. Soms ook zijn ze bepaald geslaagd. Wat opvalt is, dat het steevast gaat om meer dan amusement alleen. De belangrijkste functies van deze doorgaans pretentieloze gedichten lijken, naast amuseren, een glimlach van herkenning oproepen, troost bieden, lucht geven aan verontwaardiging, ontroeren en inspelen op het geweten van de lezers. Tegelijk vormen ze een belangwekkende bron voor wie weten wil wat men toen dacht en deed. Ze laten zien hoe de koloniale maatschappij in elkaar zat, hoe mensen uit verschillende etnische groepen met elkaar omgingen, en wat dit voor consequenties had voor de relaties tussen man en vrouw. In die zin kan de poëzie in de Indische pers beschouwd worden als een spiegel van de koloniale samenleving.

Noten

1. Ik maak in deze bijdrage dankbaar gebruik van het materiaal dat door studenten is verzameld in het kader van werkgroepen die Gerard Termorshuizen en ik in 2004 en 2007 hebben begeleid aan de Universiteit Leiden. Dat vormde de basis voor verder onderzoek. De resultaten hiervan worden gepubliceerd in de *Spiegel van de Indisch-Nederlandse poëzie*, die Bert Paasman en ik thans samenstellen.

Victor Ido, pseudoniem van J.H.F. van de Wall,
omstreeks 1900 (KITLV 9051)

2 *De Zweep* nr. 32 (1922), p. 1042; Elderhorst 2006.
3 *De Indische Post* 1 (1921-1922), nr. 1, p. 11; De Pré 2008.
4 *d'Oriënt* 27 (1934); Van Manen 2008.
5 *De Reflector* 1, p. 883; Oostebrink 2005.
6 *De Zweep* nr. 35 (1922), p. 1156.
7 *De Zweep* nr. 34 (1922), p. 1098.
8 *De Indische Post* 1 (1921-1922), nr. 18, p. 8.
9 *De Indische Post* 3 (1923-1924), nr. 10, p. 9.
10 *De Indische Post* 3 (1923-1924), nr 11, p. 8.
11 *De Indische Post* 9 (1930), nr. 24, p. 8.
12 *De Indische Post* 2 (1922-1923), nr. 17, p. 8.
13 *De Indische Post* 2 (1922-1923), nr. 23, p.8.
14 *De Indische Post* 1 (1921-1922), nr. 29, p. 8.
15 *De Indische Post* 4 (1924-1925), nr. 48, p. 17.
16 *Weekblad voor Indië* 7 (1910), afl. 1 (24 april), p. 7.

Angelie Sens

'Zonder Tom Poes zijn we onverkoopbaar!'
*Getekende beelden in de Nederlandstalige Indische/Indonesische pers,
circa 1920-1957*

INLEIDING

Zeggen de namen Jan Kickhefer, Cor van Deutekom, Frits van Bemmel, Jo König, Nora Schnitzler en Menno van Meeteren Brouwer de lezer nog iets?[1] Wat hen met elkaar verbindt is dat zij als politiek tekenaar, als illustrator en soms ook als striptekenaar hebben gepubliceerd in kranten en tijdschriften in Nederlands-Indië. Ook Jan Boon alias Tjalie Robinson was een niet onbegenadigd tekenaar.[2] Marten Toonder is alom bekend en wellicht gaat er een lichtje bij de lezer op als de naam Jo Spier valt, als tekenaar jarenlang verbonden aan *De Telegraaf* en na de oorlog aan *Elseviers Weekblad*. Ook zij leverden beeld aan in Nederlands-Indië en Indonesië verschijnende periodieken. Ieder deed dit op eigen wijze, met een eigen stijl en met een eigen boodschap.

Niet alle tekenaars waren – tijdelijk – werkzaam in Indië zelf. Zo leveren de Toonder Studio's in Nederland strips en ander beeldmateriaal aan naoorlogse kranten wereldwijd, ook in Indonesië. De uitroep die ik als titel voor deze bijdrage heb gekozen – 'Zonder Tom Poes zijn we onverkoopbaar!' – is afkomstig van Eddy Evenhuis, in de jaren vijftig van de vorige eeuw hoofdredacteur van *de Vrije Pers* te Surabaja.[3]

In deze naoorlogse periode proberen kranten- en tijdschriftuitgevers en hun hoofdredacteuren nadrukkelijk hun afzetmarkt uit te breiden naar de diverse bevolkingsgroepen in de Indonesische archipel, ook of vooral de niet-Nederlandstalige markt; een streven dat reeds voor de oorlog in gang wordt gezet. Een van de achterliggende ideeën is dat vooral 'vermakelijk beeld', zoals strips en andere beeldverhalen, dit segment potentiële abonnees over de streep kan trekken in een periode dat het Nederlandse smaldeel in Indonesië steeds smaller wordt.

GETEKENDE BEELDEN: PRENTEN EN STRIPS

Het voorkomen van getekende beelden in Indische kranten en tijdschriften neemt een aanvang in de eerste decennia van de twintigste eeuw om in de jaren twintig en vooral dertig naar volwassenheid te groeien. Diverse kranten hebben vanaf het begin van de eeuw weekendbijlages, steeds vaker met rubrieken speciaal voor vrouwen en kinderen, en met getekend beeld, in het begin nog voornamelijk illustraties. Met de voortschrijdende technische mogelijkheden, vooral op het gebied van het clicheren, neemt het verschijnsel 'beeld in de pers' toe, zoals bij dagbladen als *Het Nieuws van den Dag voor Nederlandsch-Indië*, het *Bataviaasch Nieuwsblad* en *De Preanger-Bode*[4] te zien is. Ook in Indische tijdschriften als *De Reflector* (Batavia, 1915-1922), *De Revue* (Soerabaja, 1920-1924), *De Indische Post* (Bandoeng en later Soerabaja, 1921-1939), *De Zweep* (Batavia, 1922-1923) en opvolger *d'Oriënt* (Batavia, 1923-1942), *Actueel Wereldnieuws en Sport in Beeld*[5] (Batavia, 1924-1942), *Woord en Beeld* (Batavia, 1929-1930) en de *Revue voor Oost-Java* (Soerabaja, 1932-1935)[6] worden illustraties, (politieke) prenten en later ook strips ingezet om jong en oud te vermaken en *en passant* ook te 'beleren'. Kranten en tijdschriften hebben hiertoe vaak vaste tekenaars in dienst, die voor meerdere bladen werkzaam zijn. De meeste tekenaars verdienen het beleg op hun boterham met commercieel illustratie- en reclamewerk, in een periode waarin getekende advertenties een normaal verschijnsel zijn. Sommigen vullen dit aan met vrij werk in het kunstcircuit.

Indische bladen wenden zich bij tijd en wijle ook tot bekende Nederlandse politiek tekenaars en kunstenaars, zoals Albert Hahn (1877-1918), Willy Sluiter (1873-1949), Piet van der Hem (1885-1961), Is. van Mens (1890-1985)[7] en Jo Spier om (politieke) prenten van hun hand te mogen plaatsen. Op Spier kom ik nog terug.

Wat zeggen deze getekende beelden ons over de samenleving waarin ze tot stand kwamen? Wat zeggen ze over het lezerspubliek, dat prenten en vooral strips met gretigheid verslindt? Dat de prent- en stripkunst aparte genres zijn, met eigen 'voorschriften' en een eigen dynamiek, moge duidelijk zijn. Wat beide echter bindt, is het adagium 'beelden zeggen meer dan duizend woorden'. Voorts bieden getekende beelden ontspanning, vermaak – humor! – en andere vormen van escapisme, zoals het vertoeven in een spannende fantasiewereld.

Een ander belangrijk bindend element is het commerciële succes van getekende beelden. Ook uitgevers in Indië storten zich met volle overgave op de 'beeldmarkt' die nieuwe lezers en in hun kielzog nieuwe adverteerders lokt. Voor kranten en tijdschriften bedoelde series prenten en stripverhalen worden vaak als zelfstandige bundels uitgegeven na hun bewezen populariteit.

Beeldelementen als illustraties en prenten komen meestal van 'eigen' Nederlandse, Indische of Nederlands-Indische bodem. De meeste strips daarentegen zijn van buitenlandse makelij.

Rond 1900 zien Amerikaanse krantenmagnaten als Joseph Pulitzer en William Randolph Hearst het grote commerciële belang in van *comics*. Hun concurrentiestrijd om de lezer en abonnee wordt grotendeels uitgevochten door middel van deze komische strips. Met dit beeldelement mikken ze op een nieuw en breed publiek voor hun kranten, waaronder immigranten, laagopgeleiden en vrouwen. Strips worden al snel ongekend populair en nieuwe genres doen hun intrede, zoals strips waarin dieren de 'menselijke' hoofdrol spelen en spannende avonturen-, heldenen sciencefictionstrips.

In de jaren dertig bereikt de uit de Verenigde Staten overgewaaide striprage ook Nederlands-Indië. Indische uitgevers importeren strips en vertalen deze voor een Nederlandstalig publiek. Leveranciers zijn internationaal opererende Amerikaanse 'syndicaten', zoals het in 1915 in New York opgerichte King Features. Beroemde strips als 'Popeye the Sailor Man' (vanaf 1929) en het sciencefictionachtige 'Flash Gordon' van Alex Raymond (vanaf 1934) vinden via King Features hun weg naar bladen over de hele wereld.

Een andere manier voor Indische bladen om aan kopij – tekst en beeld – te komen, zijn licenties bij Nederlandse dagbladuitgevers. Zo verwerft dagbladuitgever C.W. Wormser (1876-1946) – uitgever van onder andere het *Algemeen Indisch Dagblad de Preangerbode* (Bandoeng) – in de jaren twintig een tijdlang *copyrights* (in de letterlijke betekenis van 'kopijrechten' en niet het auteursrecht) van het *Algemeen Handelsblad* en later van *De Telegraaf*.[8] Deze overeenkomsten gaan vaak gepaard met het zenden van clichés vanuit Nederland.

Begin jaren dertig wordt het van oorsprong Engelse beeldverhaal Bruintje Beer[9] in 'het Dames- en Kinderblad', de zaterdagse bijlage van het *A.I.D. de Preangerbode*, afgedrukt. Bruintje Beer heeft dan vooral door het *Algemeen Handelsblad* furore gemaakt in Nederland. Hoogstwaarschijnlijk kan de Bandoengse krant dit beeldverhaal plaatsen via haar overeenkomst met het *Handelsblad*.

'De blanke dreiging' door Jo König, in het kerstnummer van *Actueel Wereldnieuws en Sport in Beeld*, december 1931. Collectie Persmuseum Amsterdam.

(POLITIEKE) PRENTEN EN HUN TEKENAARS

Het gebruik van politieke en spotprenten in de pers in Nederland wordt in de negentiende en vooral twintigste eeuw een gevestigde traditie. De prent is een geducht wapen in de politieke en maatschappelijke strijd – de 'strijd met de tekenpen' – tussen 'links' en 'rechts', tussen de religieuze partijen (verzuiling!) en tussen groeperingen pro en vooral contra het *establishment*. In Indië, waar politieke en religieuze verhoudingen een andere lading hebben dan in het moederland, ontstaat geen vergelijkbare traditie. Hier is het vooral een 'strijd met de pen', die zich in de journalistieke 'tropenstijl' manifesteert met kopstukken als Karel Wybrands en Henri Zentgraaff.

Niet dat er geen tekenaars werkzaam zijn in Indië die met hun prenten politiek en maatschappij op beeldjournalistieke wijze op de hak nemen, maar het zijn er niet veel en de bijtende spot die we van de Nederlandse situatie kennen ontbreekt grotendeels. Prenttekenaars werkzaam voor Indische bladen zijn in hun werk veeleer beeldende chroniqueurs van het alledaagse leven dan ideologische critici van staat en maatschappij. Mild spottende karikaturen en esthetisch aantrekkelijke tekeningen kenmerken veel van hun werk. Frits van Bemmel (1898-1981),[10] Jo König (?-1953),[11] Menno van Meeteren Brouwer, Cor van Deutekom, en Jan Kickhefer zijn voorbeelden van tekenaars werkzaam in Indië. Op de laatste drie ga ik wat dieper in en vervolgens zal ik een blik werpen op het tekenwerk van Jo Spier en Jan Boon.

MENNO VAN MEETEREN BROUWER

In 1910 zet Menno van Meeteren Brouwer (1882-1974) op 28-jarige leeftijd voet aan wal op Sumatra. Na een korte en mislukte 'carrière' als opzichter van een beoogde rubberplantage, schrijft hij directeur-hoofdredacteur van *Het Nieuws van den Dag voor Nederlandsch-Indië*, Karel Wybrands, een brief met het voorstel hem aan te stellen als tekenaar voor dit spraakmakende dagblad. Wybrands is enthousiast, aldus Van Meeteren Brouwer in 1957, omdat prenten volkomen nieuw zijn voor de dagbladpers in Indië.[12] Wybrands wijst erop dat er in Indië geen behoorlijke clichémakerij is om zijn dagblad te verlevendigen met getekende beelden. Geen nood. De hoofdredacteur bestelt in Nederland apparatuur en toebehoren en binnen enkele maanden beschikt zijn krant

'Pers en parket' door Menno van Meeteren Brouwer, oorspronkelijk in *Het Nieuws van den Dag voor Nederlandsch-Indië*, 23 december 1911. Collectie Persmuseum Amsterdam.

over een clichémakerij onder leiding van een Nederlandse clichémaker. 'Menno', Van Meeteren Brouwers *nom de plume*, tekent in 1911-1912 verklarende prenten bij de kritische zaterdagse causerieën van K.W. (Karel Wybrands). Zijn prenten en illustraties worden, aldus Menno, zeer gewaardeerd.[13]

Van Meeteren Brouwer keert in 1921/1922 terug naar Europa en Nederland. Hij blijft tot aan de Tweede Wereldoorlog tekenen en illustreren voor opdrachtgevers die de Indische markt bedienen met kranten, tijdschriften, boeken en reclame-uitingen. Als de verbindingen tussen Nederland en Indië door het uitbreken van de oorlog wegvallen, drogen de inkomsten van Menno op. De hoop om de Indische inkomstenbron na de oorlog weer aan te boren is een ijdele. 'Met de souvereiniteitsoverdracht werd de voor hem meest waardevolle boom omgekapt, omdat hij van de vruchten daarvan leefde.' Aldus staat te lezen in een van de interviews die ter ere van de 75-jarige in 1957 worden afgenomen.[14] Een jaar daarvoor geeft Van Meeteren Brouwer in eigen beheer het prentenalbum *Nederlands-Indië zoals het was: Menno's Indische penkrabbels* uit.[15]

'Poekoel Boem' door Menno van Meeteren Brouwer, in *Nederlands-Indië zoals het was: Menno's Indische penkrabbels*, 1956. Collectie Persmuseum Amsterdam.

COR VAN DEUTEKOM

De tekenaar Cor van Deutekom (geboren Malang, maart 1895) heeft een scherpe maar fijne tekenstijl. Hij is in de jaren twintig en dertig verbonden aan *De Zweep* en *d'Oriënt* en zijn tekeningen verschijnen ook in *De Revue*, *De Indische Post*, de *Java Bode* en *De Nar*. Evenals collega-tekenaars verdient hij zijn brood (ook) met reclametekeningen, onder andere voor bedrijven als de Bataafsche Petroleum Maatschappij (BPM), General Motors en de Koninklijke Paketvaart Maatschappij (KPM).[16]

Er is verder niet zoveel bekend over de Indische jaren van Van Deutekom. Termorshuizen meldt het volgende over hem in zijn *Realisten en reactionairen*:

> Opvallend zijn z'n politieke prenten in de *Java-Bode* van begin 1929. Hij was een bekend sneltekenaar alsook conferencier die met beide kwaliteiten zowel kinderen als ouderen tijdens tournees op Java en Sumatra amuseerde. Zo was hij in augustus-september 1935 op Sumatra waar hij onder andere optrad in de Witte Sociëteit in Medan onder auspiciën van de Delische Kunstkring.[17]

Van Deutekom raakt in de jaren dertig in de ban van het nationaalsocialistische gedachtegoed. Terug in Nederland (onduidelijk is wanneer) vindt hij emplooi als tekenaar bij 'foute' kranten en tijdschriften. Hij is tijdens de oorlog aan de Nederlandse Nationaal Socialistische Uitgeverij verbonden. In december 1942 gaat Van Deutekom tekenen voor *Volk en Vaderland*. Vanaf februari 1943 heeft hij een eigen strip over het aapje 'Joco' in het gelijkgeschakelde *Twentsch Nieuwsblad* en in die periode maakt hij ook politieke prenten voor het *Nationaal Dagblad*.[18] Het zal niet verbazen dat hij na de oorlog voor de Commissie Perszuivering (CPZ) moet verschijnen.

JAN KICKHEFER

Jan ('Kick') Kickhefer (1907-1965) is van 1929 tot 1932 werkzaam bij Philips in Eindhoven als reclame-ontwerper en illustrator. Als hij in 1932 ontslagen wordt vanwege zijn communistische sympathieën, keert Kickhefer Eindhoven de rug toe en gaat hij aan de slag bij reclamebu-

'Humor in de reclame' door Cor van Deutekom, in *d'Oriënt*,
30 augustus 1930. Collectie Persmuseum Amsterdam.

reau De la Mar in Amsterdam. De la Mar stuurt hem in december 1932 naar Batavia met een driejarig contract voor de vestiging aldaar. Na twee jaar koopt hij het contract af en gaat hij reizen. Hij maakt in die tijd prenten die in *Het Volk* gepubliceerd worden.[19] Eind jaren dertig vindt Kickhefer emplooi als tekenaar bij het *Bataviaasch Nieuwsblad*.

'Hofer', artiestennaam van Kickhefer, geeft met zijn anti-Duitse prenten in het *Bataviaasch Nieuwsblad* in de jaren 1939-1941 een duidelijk signaal af: wij Nederlanders in Indië staan achter 'onze' landgenoten in Nederland en onze broeders en zusters in Europa, dat onder de voet gelopen wordt door Hitler-Duitsland. Het *Bataviaasch Nieuwsblad* acht zijn wekelijkse tekeningen in de zaterdagkrant zo belangrijk – ze zijn kennelijk populair bij de lezers – dat maar liefst twee bundels worden uitgegeven in die periode.[20] Dat Kickhefer de kans krijgt om die prenten te maken voor de gerenommeerde hoofdstedelijke krant is naar het zich laat aanzien te danken aan hoofdredacteur J.H. (Jan) Ritman.

Het lijkt erop dat Kickhefer, op zoek naar opdrachten, zijn werk ook aanbiedt aan *Het Nieuws van den Dag voor Nederlandsch-Indië*, dat dan onder hoofdredacteurschap van Willem Belonje staat. Dat maken we tenminste op uit de reactie op een ingezonden brief van Kickhefer in oktober 1939 in genoemde krant. De brief gaat over voorspellingen die de Bandoengse astroloog C. Gorter voor het jaar 1939 heeft gedaan.[21] Hierover verschijnen op 14 en 15 september 1939 vernietigende hoofdredactionele commentaren van Belonje. Kickhefer springt een maand later min of meer voor Gorter in de bres en beschuldigt op zijn beurt Belonje ervan de waarheid geweld aan te doen. Als reactie hier weer op schrijft Belonje onder meer:

> De strekking van het betoog [van Kickhefer] is blijkbaar minder een pleidooi voor den heer Gorter, dan een poging om een courant, die eenige volstrekt onbeduidende platen van den heer Kickhefer afgewezen heeft en die bovendien principieel staat tegenover zijn half-communistische, half-nationaal-socialistische ideeën, iets onder den neus te wrijven.[22]

Tijdens de Japanse bezetting belandt Kickhefer in kamp Tjimahi; hij maakt vele tekeningen van het kampleven, die sinds kort digitaal beschikbaar zijn via het Geheugen van Nederland.[23] Na de oorlog vergezelt hij in december 1946 luitenant-gouverneur-generaal H.J. van Mook naar de conferentie te Denpasar (Bali), alwaar hij portretten tekent van de

'De visite van Oom Matsuoka' door Hofer, oorspronkelijk in het *Bataviaasch Nieuwsblad*, 2 april 1941. Collectie Persmuseum Amsterdam.

deelnemers die bijeengekomen zijn om te spreken over de vorming van de deelstaat Oost-Indonesië. In 1948 emigreert Kickhefer met zijn gezin naar Australië.

JO SPIER

Ik wil hier graag één voorbeeld aanhalen van een Nederlands journalistiek tekenaar die niet in Indië woonachtig was, maar wiens werk op grote populariteit kon rekenen in zowel de Nederlandse als de Indische pers: Jo Spier (1900-1978). Het werk van Spier getuigt van groot vakmanschap en wordt gekenmerkt door fijne lijnen en een fantastisch oog voor details van mensen en landschappen. Zijn prenten zijn vrijwel nooit uitgesproken 'politiek'.

Spier bezoekt de voormalige kolonie minstens twee keer, een keer voor en een keer na de Tweede Wereldoorlog.[24] In januari 1935 reist Spier met zijn vrouw in opdracht van de Stoomvaartmaatschappij 'Nederland' en *De Telegraaf* door Indië. Ze bezoeken Sumatra, inclusief Atjeh; op Java doen ze onder andere Batavia, de residentie Bantam, Soerabaja, Semarang en Bandoeng (slechts een dag) aan, en ook Bali wordt vluchtig bezocht. Spiers prenten worden groots afgedrukt in *De Telegraaf* en in 1936 gebundeld uitgegeven onder de titel *Uit en thuis*. Hun reis gaat niet onopgemerkt voorbij aan de Nederlandstalige Indische bladen, waarin interviews met de in het Koninkrijk 'wereldberoemde' tekenaar opgenomen worden.[25]

In een artikel dat in diverse Indische kranten verschijnt, schrijft de niet bij naam genoemde journalist:

> [...] ik luister naar een geweldig enthousiaste familie Spier en naar een teekenaar-journalist of journalist-teekenaar die uitroept: 'Wat een prachtig land! Wat een imponeerend materiaal! Wat is Indië een openbaring!'[26]

Spier en zijn vrouw zijn dan net terug uit Atjeh.

> Atjeh heeft veel indruk op me gemaakt, aldus de teekenaar. Het is verwonderlijk dat er niet meer toeristen naar dat land gaan [...]; welk een merkwaardige herinneringen aan den Atjeh-oorlog! Ik heb de beteekenis van die oorlogen nooit zóó diep beseft als bij dit vluchtig bezoek aan

'Port Said' door Jo Spier, in *Uit en Thuis*, 1936. Collectie
Persmuseum Amsterdam. © De Erven Jo Spier.

> Atjeh. Méér dan duizend verhalen over oorlogs-gruwelen zeiden die twee
> zijlijntjes van de Atjeh-tram: dat ééne lijntje naar Peutjoet en dat andere
> naar het hospitaal... Bijzonder imponeerend was ook Batéé Ili, waar ik de
> plek zag, zoo bekend van die plaat, U weet wel: Van Heutsz en zijn staf,
> een aanval leidend.[27]

Onduidelijk is welke 'plaat' Spier bedoelt. Het zou kunnen dat hij refereert aan een bekende foto van Christiaan Benjamin Nieuwenhuis (1863-1922) van 3 december 1901.

In een interview in de *Java-Bode* ontlokt de interviewer Spier de volgende uitspraak:

> Hij is blij dat hij even van den weg der toeristen is afgeweken: hij heeft nu
> gezien, wat het in den Atjeh-oorlog geweest moet zijn om verzetslieden
> op te sporen in een gebied zoo groot als Frankrijk, en 'ik heb 100 procent
> scherper begrepen, wat de Atjeh-oorlog voor ons koloniaal prestige be-
> teekend moet hebben'.[28]

| *Tropenstijl*

Spier, bekend en gewaardeerd om zijn tekeningen in zwart-wit, krijgt in Indië de neiging om in kleur te gaan tekenen.

> Dat had ik in Holland nooit. Daar was het zwart en wit, harde contouren. Maar hier, in dit land met zijn geweldige kleurigheid, zijn vruchtbaarheid, hier moet ik in kleuren op 't papier zetten wat ik zie.[29]

In 1947-1948 maakt Jo Spier, nu samen met zijn collega-journalist Piet Bakker (1897-1960), wederom een reis naar Indië. Opdrachtgever is 'hun' *Elseviers Weekblad*. Spiers prenten worden hierin afgedrukt en in 1950 gebundeld in *Oost*, ingeleid door de bekende Indische journalist, en na de oorlog hoofdredacteur van *Elseviers Weekblad*, W.G.N. (Wouter) de Keizer (1899-1974). *Oost* bevat tekeningen van hun bootreis naar en de rondreis in Indonesië, waar ze ook Hollandia aandoen.[30]

'Van Heutsz en zijn staf tijdens de aanval bij Batéé Illiëk' (Atjeh). Foto Christiaan Benjamin Nieuwenhuis (1863-1922), 3 december 1901.

'De hoofdstraat van een Papoeadorp bij Hollandia' door Jo Spier, *Oost*, 1950. Collectie Persmuseum Amsterdam. © De Erven Jo Spier.

| *Tropenstijl*

JAN BOON

De eerste tekeningen van onderwijzer, journalist, schrijver, sportman en duizendpoot Jan Boon (1911-1974) verschijnen in de jaren dertig incidenteel bij zijn artikelen in het *Bataviaasch Nieuwsblad*. Tijdens de Japanse bezetting ontpopt Boon zich als een waar cartoonist in kamp Tjimahi, waar hij samen met familieleden en vrienden provisorisch een blad, *Kamp-krant*, later *Kampkroniek*, maakt. Het cartoonduo dat hij in Tjimahi creëert, krijgt de namen Keesje Kaalkop en Kareltje Kawat mee.[31]

Na de oorlog werkt Boon als journalist, hoofdredacteur en cartoonist voor het legerblad *Wapenbroeders*. Zijn cartooneske stripje 'Taaie en Neut', twee plat Amsterdams pratende soldaten (een dunne lange en een korte dikke), wordt razend populair onder Nederlandse militairen in Indonesië en daarbuiten. De eerste 'Taaie en Neut' verschijnt – anoniem – op 17 juni 1946 en in april 1949 wordt er door de legerleiding een bundel van uitgebracht, maar zonder naamsvermelding van de maker!

In juni 1948 blikt Boon terug op twee jaar 'Taaie en Neut'. Als voorbeelden noemt hij de tijdens de oorlog zeer populaire, vooral Amerikaanse cartoons en strips met soldaten in de hoofdrol, zoals 'Willy and Joe' van Bill Mauldin die zijn types neerzet als mensen die door de omstandigheden het 'vak' militair moeten uitoefenen. Ook 'Taaie en Neut' zijn gewone – 'Hollandse' – jongens, soldaten die door het lot wapenbroeders zijn geworden in Indonesië. Boon zegt over 'Taaie en Neut' het volgende:

> [...] doorgaans zijn deze soldaten nuchtere kerels. Van die gekleurde-prenten-heldhaftigheid met zwaaiende sabels, met bloed en wapperende vaandels met kogelgaten moeten ze niet veel hebben. Ook vechten is een kwestie van overleg en bedachtzaamheid. Dan valt er ook niet veel eer te behalen. Het is gewoon dienst. Je kan natuurlijk plotseling lelijk knijp raken. De dienst houdt niet met ALLES rekening. Op zulke momenten kan je flauwvallen of weglopen of grienen. Maar je kan er ook geweldig op los kleunen natuurlijk. [...] En als er niet gekleund kan worden, dan grinnik je en zegt net dat ene woord, dat 'humor van de eerste orde' wordt genoemd. Waar ze in buitenlandse bladen honderden guldens voor betalen en waar millioenen lezers zich slap om lachen. En maar een hoogst enkele lezer zich de diepere, tragische achtergrond van realiseert. [...] Hun humor is als de vetklier van de watervogel: ze smeren zich er voort-

'Taaie en Neut' door Jan Boon, op het omslag van het kerstnummer van *Oud-Wapenbroeders*, december 1952. Collectie Persmuseum Amsterdam. © Lilian Ducelle.

durend mee in tegen de natheid van de beroerdigheid en worden dus niet nat en beroerd. [...] [Humor] is het beste antidotum tegen zwakte, minderwaardigheidsgevoel, ontreddering en heimwee.[32]

Vanaf oktober 1951 tekent Boon vanuit Indonesië de inmiddels gedemobiliseerde 'Taaie en Neut' voor het in Nederland door het Veteranen Legioen Nederland uitgegeven *Oud-Wapenbroeders*.[33]

STRIPS: VERMAAK EN COMMERCIE

Het is al gezegd: strips werden vaak geïmporteerd uit het buitenland, hetzij via afgeleide licenties, hetzij direct via de zogenaamde internationale 'syndicaten', en vertaald voor een Nederlandstalig publiek. Het in Batavia uitgegeven weekblad *d'Oriënt*[34] plaatst de door King Features gedistribueerde sciencefictionstrip 'Flash Gordon' van Alex Raymond vanaf 21 september 1935. Een week eerder wordt de strip als volgt aangekondigd:

> De schitterende tekeningen van een der bekendste Amerikaansche illustrators: Alex Raymond – werden door het weekblad 'd'Oriënt' exclusief voor Nederlandsch-Indië aangekocht en in het nummer van de volgende week maken wij een aanvang met het vertellen van Flash Gordons fantastische avonturen.[35]

De strip is in *no time* razend populair. Na zo'n zes afleveringen meent de redactie van *d'Oriënt* haar lezers, en vooral haar (potentiële) nieuwe abonnees, een groot plezier te doen met een herdruk van die eerste zes afleveringen van Flash Gordon. Het is de redactie namelijk ter ore gekomen dat 'ontelbare trouwe lezers [...] de Flash Gordon-koorts gekregen hebben' en dat zij de avonturen van deze sciencefictionheld willen uitknippen en bewaren.[36]

Vervolgstrips als 'Flash Gordon' zijn aantrekkelijk voor de lezers en hebben een wervende kracht voor de uitgevers. Lezer(tje)s kijken elke dag of elke week reikhalzend uit naar de avonturen van hun helden. Kranten en tijdschriften hebben met dit soort strips – en dit geldt mutatis mutandis ook voor het vervolgverhaal, het feuilleton – een belangrijk instrument in handen om mensen aan zich te binden.

Een aflevering van Alex Raymonds 'Flash Gordon', in *d'Oriënt*, 3 september 1938. Collectie Persmuseum Amsterdam.

Een aflevering van Billy Cams 'Camouflages', *d'Oriënt*, 3 september 1938. Collectie Persmuseum Amsterdam.

'De olie-sancties' door Billy Cam, in *d'Oriënt*, 21 december 1935. Collectie KIT Amsterdam.

| *Tropenstijl*

Behalve geïmporteerde beeldverhalen kent de Indische pers ook strips met Indische verhalen, situaties en beelden. Een vroeg voorbeeld is een Nederlandstalig beeldverhaaltje uit 1921 in nummer 6 van *De Reflector*, getiteld 'Indrukken van een Orang Baroe'. Heleen Oostebrink schrijft deze anonieme strip toe aan Menno van Meeteren Brouwer, maar gezien de stijl zou het ook een andere tekenaar kunnen zijn.[37]

De eerste Indonesische strip verschijnt vanaf 1930 in het Maleis-Chinese dagblad *Sin Po* (Nieuw Blad). De strip 'Put On' van tekenaar Kho Wan Gie (1908-1983) zal, met uitzondering van de jaren 1942-1946, tot 1965 in *Sin Po* verschijnen.[38]

In 1935 vindt de Amerikaan William Campbell (1892/93-1962) emplooi als tekenaar bij *d'Oriënt* in Batavia. Hij wordt aangetrokken door J.F. (Frits) Mounier, die vanaf eind 1935 tijdelijk de functie waarneemt van hoofdredacteur Albert Zimmerman (1902-1996) wegens Europees verlof van de laatste.[39] Campbell gaat onder zijn artiestennaam Billy Cam voor het weekblad tekenen. Eind december 1935 verschijnt Billy Cams in Batavia en omstreken gesitueerde strip 'CAMouFLAGES' voor het eerst in dit populaire geïllustreerde Indische weekblad. Billy Cam zal zijn strip tot in 1939 wekelijks tekenen, wat neerkomt op totaal ruim 150 afleveringen.[40]

Billy Cam tekent behalve strips ook politieke of politiek getinte prenten voor *d'Oriënt*. In december 1935 verschijnt van zijn hand een paginagrote tekening over de beoogde 'oliesancties' die de Volkenbond het Italië van Mussolini dreigt op te leggen voor de inval in Ethiopië (Abessinië) in oktober 1935.[41]

Een wat ludieker karakter heeft Cams prent van de Kerstman in dezelfde decembermaand, maar toch zit er een serieuze ondertoon in. Nederlandsch-Indië heeft haar verlanglijstje aan de Kerstman doen toekomen. Er staan twaalf wensen op:

> 1. Tantièmes; 2. Belasting-verlaging; 3. Lager benzineprijzen; 4. Meer kruisers; 5. Geen salarisverlaging voor de ambtenaren; 6. Een bezoek van de Prinses; 7. Meer vliegtuigen; 8. Bergklimaat in de kuststreken; 9. Iedereen een gratis abonnement op d'Oriënt; 10. Betere suikerprijzen; 11. Werk voor werkloozen; 12. Zoo nu en dan een sneeuwbuitje.[42]

Behalve tijdschriften plaatsen ook dagbladen (dagelijkse) strips. 'Bruintje Beer' prijkt, zoals gezegd, begin jaren dertig in de zaterdagse bijlage 'het

'Dinsdag komt de goede Sint' door Nora Schnitzler, in het Sinterklaasnummer van het *AID de Preangerbode*, december 1939. Collectie Persmuseum Amsterdam.

Dames- en Kinderblad' van het *A.I.D. de Preangerbode*. En *Het Nieuws van den Dag voor Nederlandsch-Indië* vergast zijn lezers vanaf 1938 op de stripseries van Tarzan (onder andere 'Tarzan van de Apen' en 'De Zoon van Tarzan'),[43] om enkele voorbeelden te noemen.

In 1939 is Bruintje Beer kennelijk nog steeds ongekend populair bij de Indische jeugd, getuige het volgende berichtje in *Het Nieuws van den Dag voor Nederlandsch-Indië*:

> De populariteit van Bruintje Beer blijkt in Indië zóó groot te zijn, dat de directeur van Onderwijs en Eeredienst ten behoeve van het Westersch Lager Onderwijs in Indië bij het Alg. Handelsblad te Amsterdam liefst 8.640 series Bruintje Beerboekjes heeft aangekocht.[44]

Niet alleen gedrukte strips mogen zich in de jaren dertig verheugen in een grote populariteit, ook de Amerikaanse verfilmingen (animatie- en *real life* Hollywoodfilms) ervan trekken volle bioscoopzalen.

HET COMMERCIËLE BELANG VAN STRIPS: HET VOORBEELD VAN HET WORMSERCONCERN

J.A. (Joop) Wormser (1907-1997), zoon van dagbladuitgever C.W. Wormser, loopt in 1937 enige maanden 'stage' bij *De Telegraaf* in Amsterdam. Na terugkomst in Indië wil hij het geleerde in praktijk brengen om de kranten van zijn vader te vernieuwen en aantrekkelijker te maken voor een breder publiek, én de concurrenten de baas te blijven.[45] In de Indische context betekent dat ook niet-Nederlandstalige lezers en abonnees te interesseren voor de kranten en tijdschriften van het Wormserconcern. Naast goede nieuwsgaring en onderscheidende journalistiek, onderkent Joop Wormser de potentie van *funnies* of *comics*. Hij maakt op de redactie in Amsterdam aan den lijve mee hoe krantenstrips bij een breed publiek gewild zijn. In die jaren heeft *De Telegraaf* bijvoorbeeld de Disneystrip 'Mikkie Muis' (Mickey Mouse).[46]

Wormser ontmoet op de redactie hoogstwaarschijnlijk de tekenaar Jo Spier, die journalistieke prenten maakt voor de spraakmakende krant van Hak Holdert.[47] Waarschijnlijk is *De Telegraaf* ook een van de schakels tussen de Wormsers en de in Semarang geboren illustratrice Nora Schnitzler (1901-1983),[48] die in Nederland voor *De Telegraaf* tekent en bijvoorbeeld in december 1939 zowel het Sinterklaas- als het Kerstnummer van het *A.I.D. de Preangerbode* verluchtigt met haar illustraties.

Vol enthousiasme ontvouwt Joop Wormser in 1939 zijn nieuwe plannen voor zijn vaders dagbladenconcern. Een nieuw element in die plannen is het exploiteren van zelfstandige *funny papers* waarvoor hij de inhoud uit de Verenigde Staten wil betrekken (King Features vooral). Hij wil de bedrijfsvoering van de uitgeverij efficiënter maken. Zo wil Wormser de drukpersen, in de uren dat ze niet gebruikt worden voor de krant, inzetten voor het drukken van deze striptijdschriften. Nodig zijn *copyrights* en matrijzen om vervolgens clichés te laten gieten en de nieuwe tijdschriften te drukken op goedkoop krantenpapier (rotatie-krantenpapier) in – voorlopig – een kleur, zwart. Wormser denkt aan een eerste oplage van zo'n 50.000. In zijn voorstel dienen er voor elke 'taalgroep' op Java vertaalde versies gemaakt te worden. Dit plan en enkele andere vernieuwingsplannen zal de jonge Wormser pas na de oorlog ten uitvoer kunnen brengen. Zijn vader wil er in 1939 niet aan.

Na de Tweede Wereldoorlog richt Joop Wormser, hij is zijn in augustus 1946 overleden vader opgevolgd, het blad *Action*[49] (in het Nederlands en het Maleis) op, geënt op die vooroorlogse ideeën. Hij koopt inderdaad de *copyrights* via King Features van onder andere 'Mickey Mouse', 'Barney Baxter in the Air' en 'Popeye the Sailorman'. Hij schaft een vierkleurenpers aan en verkoopt *Action* via Chinese tussenhandelaren aan een meertalig publiek.[50]

Wormser doet ook zaken met de Toonder Studio's die zich na de oorlog, als er (weer) meer mogelijkheden voor internationale plaatsing van strips komen, ook gaan toeleggen op *syndication* à la King Features. In 1946 maakt Toonder op verzoek van de Gemeenschappelijke Pers Dienst (GPD) een nieuwe strip, 'Panda', gevolgd door de strip 'Kappie'. Op 10 maart 1947 verschijnt ook 'Tom Poes' weer in dagbladen in Nederland, tegelijkertijd in de *NRC* en *de Volkskrant*. In 1948 zijn de avonturen van Tom Poes en heer Bommel in maar liefst veertien landen in de periodieke pers te volgen.[51] Een van die landen is Indonesië, waar vanaf 1 december 1948 het vervolgverhaal 'Tom Poes en de Pier-race' dagelijks in *de Vrije Pers* verschijnt, nog geen anderhalve maand nadat het in Nederland te volgen is.[52] Onafgebroken volgen de verhalen van Tom Poes elkaar op in dit Wormserdagblad in Surabaja.[53]

Joop Wormser heeft kennelijk het *copyright* op strips van de Toonder Studio's voor al zijn dagbladen; behalve *de Vrije Pers* (Surabaja) zijn dat het *A.I.D. de Preangerbode* (Bandung) en *De Locomotief* (Semarang). Zo treffen we Tom Poes in december 1953 nog aan in het na de oorlog herrezen *A.I.D. de Preangerbode*. Het betreft de strip 'Tom Poes en de Klokker', die in Nederland van 31 augustus tot 5 november 1953 loopt.

In 1948 heeft het *A.I.D. de Preangerbode* de strip 'Olle Kapoen en het vreemde huis' van de hand van Phiny Dick, de echtgenote van Marten Toonder.[54] Maar Wormser is niet de enige die het *copyright* op Dicks strips heeft. Ook Wormsers concurrent J.C. Kolling, eigenaar-directeur van de *Nieuwe Courant* te Surabaja (de opvolger van het vooroorlogse *Soerabaiasch Handelsblad*), heeft permissie om 'Olle Kapoen' dagelijks in zijn dagblad af te drukken. De reeks start begin januari 1949 met 'Olle Kapoen en het geheimzinnige recept'.

In datzelfde jaar zien we een oude bekende opduiken in Kollings *Nieuwe Courant*: Kickhefer, die – vanuit zijn nieuwe land Australië – onder zijn welbekende pseudoniem Hofer politieke prenten tekent voor het dagblad. Bijvoorbeeld op 25 januari 1949 een prent over 'Lake Success', waar de Verenigde Naties dan zetelen, en op 19 maart 1949 een prent over de Engelse minister van Buitenlandse Zaken, *Labour*politicus Ernest Bevin, en zijn 'progressieve' beleid ten aanzien van Azië, dat volgens zijn tegenstanders zal uitmonden in een communistische overmacht, door de tekenaar verbeeld met wuivende korenaren in de vorm van hamers-en-sikkels.

In september 1953 is Jan Verhoek (1918-2001), directiesecretaris van Wormser en hoofdredacteur van het *A.I.D. de Preangerbode*, in opdracht van zijn in Nederland residerende baas bezig met de heroprichting van het blad *Action*. Kennelijk is het in 1947 opgerichte blad in 1950 ter ziele gegaan. Het idee is het tijdschrift in een kleiner formaat dan voorheen met hetzelfde drukoppervlak te maken, zodat er meer pagina's per nummer mogelijk zijn. De plannen stranden na maanden werk van Verhoek. Dit is volgens de laatste deels te wijten aan de tegenwerking van de adjunct-directeuren van het Wormserconcern, die reeds voor de oorlog in dienst waren van het bedrijf en die, naast het feit dat ze kennelijk zeer gehecht zijn aan hun in 1946 overleden directeur C.W. Wormser, zich verzetten tegen een nieuwe drukker die in Nederland geworven is.[55] Verhoek in 1954 aan zijn directeur Wormser:

> Ik had een tekenaar in Bandung ontdekt, die de Flash Gordons aan de lopende band uit zijn mouw schudde. Een proeve van zijn werk overhan-

digde ik dr. V. ter toezending aan U. Dit is in Januari geschied. Ik heb er niets meer over mogen vernemen. De tekenaar heeft zich inmiddels verbonden met een Chinese uitgever. Het zal U bekend zijn, dat, ook voor mijn tijd, elke poging tot een heruitgave van 'Action' weerstand ondervond.[56]

Interessant is het 'plagiaat' dat uit dit citaat naar voren komt. Er wordt kennelijk niet geschroomd om Indische tekenaars opdracht te geven bestaande, auteursrechtelijk beschermde strips te laten (na)tekenen.

'ZONDER TOM POES ZIJN WE ONVERKOOPBAAR!'

In 1953 staat de Nederlandstalige kranten en tijdschriften in Indonesië het water tot aan de lippen. Gebrek aan geld, aan materiaal (lettermatrijzen, plastic clichés), aan kopij (*copyrights*), aan mensen, alsmede het nieuwe vergunningenstelsel en de nakende voor Nederlandse employés zeer ongunstige nieuwe deviezenregeling per 1 januari 1954 zijn hier mede debet aan. Steun uit Nederland is onontbeerlijk, aldus de pleidooien van Verhoek en de hoofdredacteur van de Wormserkrant *de Vrije Pers*

Een aflevering van 'Tom Poes en de Klokker', in *AID de Preangerbode*, 10 december 1953. Collectie Persmuseum Amsterdam. © 1953 Stichting Toonder Auteursrecht.

(Surabaja), Eddy Evenhuis (1920-2002).[57] Evenals Verhoek ziet Evenhuis soelaas in het werven en vasthouden van met name Indonesische en Chinese abonnees voor hun Nederlandstalige dagbladen en tijdschriften. Evenhuis schrijft gepassioneerde brieven aan collega-hoofdredacteuren en -journalisten, zijn baas Wormser, het Hoge Commissariaat en de Sticusa.

> Wij zijn het medium om dagelijks duizenden Indonesiërs en Chinezen te bereiken en het wonderlijke is, dat ze daar nog voor betalen ook. Dit geldt voor elke Nederlandse krant hier, mutatis mutandis. Zolang de Nederlandse bladen hier nog kunnen verschijnen moet men – zonder opzien te baren – naar mijn vaste overtuiging alles doen om ze in stand te houden.[58]

Evenhuis meent dat men in Nederland een verkeerd beeld heeft van wat de krantenlezer in Indonesië wil lezen en 'zien'. Strips vormen zijns inziens hierin een belangrijk element.

> De V.P. [*Vrije Pers*, AS] wordt onverkoopbaar zonder Tom Poes, zonder de smeuige verhalen over verdwenen diplomatenvrouwen, feestjes van de markies de Cuevas[59] en noemt U maar op. [...] Nu heb ik zelf het copyright van 'Het Vrije Volk' – gratis. En een knipseldienst, die het Amsterdam-kantoor van de Verenigde Dagbladpers verzorgt. Zonder dat – nogmaals: speciaal Tom Poes! – kunnen we niet werken. Als dit bij een intrekken van de vergunningen kan worden overgenomen, zou het heel belangrijk zijn, aangenomen, dat er dan nog Nederlandse journalisten zijn, die er een krant van kunnen maken. Plastic-cliché's zijn altijd welkom. Aneta levert foto's, maar die dienst stelt weinig voor. Van de jongste Prinsjesdag kregen we bijvoorbeeld niets. Als uw dienst wat meer plastics zou kunnen sturen, liefst wat actuele, zou dat ongetwijfeld bij elke redactie bijzonder welkom zijn.[60]

Evenhuis ziet het eind 1953 somber in. Hij verzucht in een brief aan de waarnemend hoofdredacteur van *De Locomotief*, Henk Hefting, dat rekening gehouden moet worden met ontwikkelingen die zullen leiden tot 'terug naar patria en de bladen laten verrekken'.[61]

TOT SLOT

Beeld in kranten en tijdschriften is een belangrijk instrument om de aantrekkelijkheid van periodieken te vergroten en daarmee abonnees en adverteerders te werven en beiden vooral te behouden. Ook na de komst van de fotografie blijft het getekende beeld nog lange tijd een belangrijk element in de Nederlandstalige Indische en Indonesische pers. Illustraties verlevendigen rubrieken, feuilletons en (achtergrond)artikelen. De prenten in Indische bladen hebben, uitzonderingen daargelaten, doorgaans geen scherpomlijnd politiek karakter. Ze reflecteren veeleer, vaak mild spottend, op de samenleving van alledag en schetsen soms een getrouw, soms een karikaturaal beeld van de 'Indische mens en maatschappij'. Dit geldt ook voor de Nederlandse tekenaar Jo Spier, die in zijn 'Indische' prenten daarnaast ook veel aandacht besteedt aan Indische landschappen. Kritische geluiden ontbreken zeker niet, maar deze hebben niet de intentie om de Indische samenleving op haar grondvesten te doen schudden.

De jaren dertig zijn het decennium van het beeldverhaal, de strip. In eerste instantie nemen Indische kranten en tijdschriften – via licenties en copyrights – strips, cartoons en andere beeldverhalen over uit het buitenland, vooral de Verenigde Staten, en via een omweg uit bladen in Nederland. De beeldverhalen worden razend populair bij het publiek en uitgeverijen zien er het grote – commerciële – belang van in. Ook strips die zich afspelen in Indië hebben een podium. Begin jaren dertig doet de Maleistalige stripfiguur 'Put On' zijn intrede via *Sin Po*, enkele jaren later gevolgd door de wekelijkse Nederlandstalige 'CAMouFLAGES' in *d'Oriënt* (1935-1939) van tekenaar Billy Cam.

Het zijn qua vorm prenten noch strips, maar de producten van Jan Boons tekenstift – laten we ze cartoons noemen – vormen een belangrijk element in het 'historisch archief' van getekende beelden in de pers in Indië/Indonesië. Vanuit het perspectief van gewone mannen die tot soldaat gebombardeerd worden in een oorlog ver van huis, becommentarieert Boon de omstandigheden in het Indonesië van die eerste naoorlogse jaren met zijn bersiap, zijn politionele acties en de gevolgen hiervan voor niet alleen de 'kleine man', maar ook voor de Indonesische en Nederlandse samenleving als geheel.

Lezers waarderen de illustraties, prenten en strips. Ze sluiten aan bij hun belevingswereld en jong en oud herkent zichzelf in de getekende verhalen en schetsen. De getekende beelden die in deze bijdrage de revue passeerden, zijn, uitgezonderd de geïmporteerde strips, onmiskenbaar 'Indisch'. Ze bevestigen de status quo van de koloniale verhoudingen: de vermeende superioriteit en leidersrol van de Nederlands-Europese bevolkingsgroep versus de in stand te houden dienstbaarheid en onderdanigheid van de 'inlander'. Daarnaast bieden de getekende beelden, vooral de strips, de lezers vermaak, ontspanning en het even kunnen wegdromen van de dagelijkse realiteit.

Ondanks het commerciële karakter van het getekende beeld in de pers, worden de meeste tekenaars niet echt rijk van hun prenten, illustraties, strips en cartoons. Ze zijn voor een belangrijk deel aangewezen op inkomsten uit reclamewerk. Het zijn vooral de uitgeefconcerns en de syndicaten, houders van auteursrechten, die profiteren van de grote populariteit van krantenstrips en hun afgeleide producten als striptijdschriften, -boeken en films.

Na de Tweede Wereldoorlog, en vooral na het ontstaan van de Republik Indonesia, worden strips zelfs van levensbelang geacht voor het voortbestaan van de Nederlandstalige pers in Indonesië. Het achterliggende idee – Indonesische en Chinese lezers werven met behulp van (eenvoudige) beeldtaal – is niet ontdaan van een kleinerende houding ten opzichte van deze voormalige gekoloniseerde bevolkingsgroepen en getuigt niet zelden van een gebrek aan realiteitszin, zoals het voorbeeld van Evenhuis laat zien. Getekende beelden, vooral strips, hebben het tij dan ook niet kunnen keren voor de Nederlandstalige kranten en tijdschriften in Indonesië. Eind 1957 sluit het boek definitief voor deze bladen, een zich snel ontwikkelend Indonesisch medialandschap achterlatend, inclusief een bloeiende beeldcultuur in de landstalen.

Noten

1 Plaatsnamen als Bandung, Surabaja en Aceh (de schrijfwijze na 1945) worden in dit artikel als het gaat om de vooroorlogse periode geschreven als Bandoeng, Soerabaja en Atjeh.
2 Van den Berg 1994.
3 Eddy Evenhuis, hoofdredacteur van *de Vrije Pers*, aan H.A. Hogendoorn, hoofd Voorlichting van het Hoge Commissariaat te Djakarta, 25-9-1953, in: Persmuseum, Amsterdam, Archief J.P. Verhoek, inventarisnummer (inv.nr) 6.
4 Vanaf 1923 luidt de titel van *De Preangerbode* voluit *Algemeen Indisch Dagblad de*

Preangerbode, doorgaans afgekort als *A.I.D. de Preangerbode*.
5   Dit tijdschrift begint als *Sport in Beeld / Actueel Wereldnieuws* in 1924 en verandert zijn titel in 1929, om in 1938 nog een titelverandering te ondergaan: *Wereldnieuws en Sport in Beeld. Algemeen Geïllustreerd Weekblad*. Directeur-hoofdredacteur is M.A. van Huut, die in de jaren dertig trots verkondigt dat hij fascist is: 'Ik ben, wat mijn politieke overtuiging betreft, fascist. Ik ben oprichter van de fascistische partij te Batavia en deze heeft mij verkozen tot lid van den fascistischen raad.' Citaat in *De Sumatra Post*, 1-3-1934. In 1929 trouwt Van Huut met de Hongaarse kunstenares Kardos, die onder haar naam C. (Claire/Clary) van Huut-Kardos regelmatig prenten en tekeningen verzorgt voor het blad.
6   Veel van de hier genoemde tijdschriften worden voor het voetlicht gehaald in het 'Themanummer Indische publiekstijdschriften' van *Indische Letteren*, 26-1 (maart 2011) met bijdragen van Gerard Termorshuizen, Heleen Oostebrink, Jeanine Tieleman en Peter van Zonneveld.
7   Is. (Isidore) van Mens doet op zijn reizen ook Nederlands-Indië aan. Zo bezoekt hij in 1928 Java en Bali. Zie www.isidorevanmens.com (geraadpleegd 10-8-2011).
8   C.W. Wormser werkt in 1919-1920 tijdens zijn Europees verlof (in die jaren is Wormser nog als magistraat (jurist) werkzaam in Nederlands-Indië) enige tijd bij het *Algemeen Handelsblad*, naar hij zelf zegt omdat de verlofgage onvoldoende zou zijn om de kosten voor hem en zijn gezin te dekken (C.W. Wormser 1936:51).
9   Het populaire beeldverhaal 'Bruintje Beer' van de Engelse tekenares Mary Tourtel (oorspronkelijke titel 'Rupert Bear') verschijnt in diverse Nederlandse bladen. Als het *Algemeen Handelsblad* in 1934 het exclusieve recht op dit beeldverhaal verwerft, wordt 'Thijs IJs', van de hand van de nog jonge Marten Toonder (1912-2005), in verschillende (regionale) dagbladen gepubliceerd om 'Bruintje Beer' te vervangen. Thijs IJs wordt daarom geïntroduceerd als verre neef van 'Bruintje Beer'. Zie www.lambiek.net (geraadpleegd 10-8-2011). Zover na te gaan wordt Thijs IJs niet in Indische bladen opgenomen.
10 Van Bemmel tekent onder andere voor *De Reflector*, *De Revue*, *De Zweep* en *d'Oriënt*.
11 König tekent onder andere voor *Actueel Wereldnieuws en Sport in Beeld*.
12 Vier interviews met Van Meeteren Brouwer in 1957 en 1962 zijn als knipsel bewaard in de 'Journalistenbiografieën' van het Persmuseum, te weten: 'Wij spraken met Menno van Meeteren Brouwer' (najaar 1957); 'M. van Meeteren Brouwer – "Menno" – wordt 75 jaar. Indische periode kenmerkt

zijn werk als illustrator' (10 oktober 1957); 'Schilderen en illustreren' (29 september 1962); en 'M. van Meeteren Brouwer 80 jaar' (6 oktober 1962). Het is niet duidelijk in welke Nederlandse kranten en/of tijdschriften deze verschenen.

13 In: Persmuseum, 'Journalistenbiografieën'. In 1912 worden 50 prenten van Menno uit 1911-1912, verschenen in *Het Nieuws van den Dag voor Nederlandsch-Indië*, gebundeld in *Indische penkrabbels* met tekst van Diederik Baltzerdt (pseudoniem van Karel Wybrands).

14 'Wij spraken met Menno van Meeteren Brouwer', najaar 1957, in: Persmuseum, 'Journalistenbiografieën'.

15 Van Meeteren Brouwer 1956. De titel refereert aan het in 1912 uitgegeven album *Indische penkrabbels*.

16 Haks en Maris 1995:71-2. De auteur heeft *De Nar* niet kunnen vinden. Zie verder www.lambiek.net (geraadpleegd 10-8-2011).

17 Termorshuizen (2011:776-7, noot 70) ontleent deze informatie aan de *Deli Courant*, 3-9-1935.

18 Zie www.lambiek.net (geraadpleegd 10-8-2011).

19 Voor biografische gegevens over Kickhefer zie de website http://philipsreclamekunst.franswilbrink.nl van Frans Wilbrink (geraadpleegd 10-8-2011).

20 Hofer 1939-40, 1940-41.

21 Gorters voorspellingen verschijnen volgens het krantenbericht in *De Pionier*. Hoogstwaarschijnlijk is hiermee bedoeld *De Pionier: Maandblad Gewijd aan de Geestelijke Idealen en Vraagstukken van Onze Tijd*, dat vanaf 1931 te Batavia wordt uitgegeven door de Theosofische Vereeniging Nederlandsch-Indische Afdeeling.

22 De ingezonden brief, gevolgd door de reactie van Belonje in *Nieuws van den Dag voor Nederlandsch-Indië*, 11-10-1939.

23 De bijna 5.000 kamptekeningen van vele bekende en onbekende tekenaars, afkomstig uit de collecties van het NIOD en Museon, zijn digitaal beschikbaar via www.geheugenvannederland.nl (geraadpleegd 10-8-2011). Zover de auteur kan nagaan zitten hier geen tekeningen bij van Jan Boon.

24 Zie voor een korte biografie van Jo Spier, Van Gelder 1994.

25 Met dank aan Gerard van Baarsel die zijn kennis over Spier en zijn collectie 'Spieriana' onder de aandacht bracht van de auteur. Het Stedelijk Museum te Zutphen heeft door de inzet van Van Baarsel archiefmateriaal van en over Spier verworven, waaronder de indertijd door Flip van der Schalie bijeengebrachte artikelen betreffende Spiers eerste reis naar Indië. Helaas zijn de 'gestripte' artikelen niet voorzien van een datum en in sommige gevallen niet van de juiste

krantentitel. Zie ook de website met historische kranten – http://kranten.kb.nl (geraadpleegd 10-8-2011) – voor artikelen over Spiers reis door Indië.

26 Waarschijnlijk geciteerd uit *Het Nieuws van den Dag voor Nederlandsch-Indië*, begin januari 1935 (niet bekend welke datum exact; zie noot 25).
27 Geciteerd in *Het Nieuws van den Dag voor Nederlandsch-Indië*, 2-1-1935, p. 3.
28 Citaat uit de *Java Bode*, begin januari 1935 (niet bekend welke datum exact; zie noot 25).
29 Geciteerd in *Het Nieuws van den Dag voor Nederlandsch-Indië*, 2-1-1935, p. 3.
30 *Oost* is onderdeel van het 'drieluik': *Oost, West* (1948; met tekeningen van hun reis naar Suriname en de Antillen), *Thuis Best* (1951).
In Surabaja ontmoet Joop Wormser, de zoon van de in 1946 overleden C.W. Wormser, Bakker en Spier en hij neemt hen onder andere mee naar de Sociëteit Modderlust van de Koninklijke Marine. Zie de ongepubliceerde mémoires van J.A. Wormser 1991:218. Zie ook Bakker 1961:130-3, die helaas slechts enkele pagina's wijdt aan die reis.
31 Willems 2008:147-53; een afbeelding van Keesje Kaalkop en Kareltje Kawat op p. 150 aldaar.
32 Boon 1948. Zie ook Willems 2008:192-3.
33 Willems 2008:191-3; Van den Berg 1994:60-1. *Wapenbroeders. Uitgave van en voor de Strijdkrachten in Nederlandsch-Indië* (later *Indonesië*) wordt uitgegeven door de Marine- en Leger-Voorlichtingsdienst en de Dienst Legercontacten te Batavia (Djakarta), 1946-1950. Vanaf 1951 geeft het Veteranen Legioen Nederland het tijdschrift *Oud-Wapenbroeders* uit, dat tot 1986 onder die titel zal bestaan. In 1980 wordt de bundel *Taaie en Neut* uit 1949 heruitgegeven (Heemstede: Blok), nu wel met de naam van de maker en voorzien van een inleiding van Lilian Ducelle; zie Van den Berg 1994:55-6.
34 *d'Oriënt* is de opvolger van het 'wrede' weekblad *De Zweep* dat Dominique Berretty begin jaren twintig het licht doet zien. Berretty verkoopt zijn weekblad begin 1924 aan Herman de Vries, redacteur van de *Java Bode*. Ruim twee jaar later wordt het wederom verkocht (op 1 augustus 1926). De nieuwe eigenaar Kolff maakt er binnen enkele jaren een echte Indische glossy van en vooral onder hoofdredacteur Albert Zimmerman maakt het blad in de jaren dertig furore. Zie onder anderen Van den Berg 1998:5-9.
35 Zie *d'Oriënt*, 14-9-1935, p. 35. In 1936 publiceert *d'Oriënt* nog een andere strip van Alex Raymond (1909-1956): 'Rimboe Jim'. En in 1938 plaatst *d'Oriënt* de strip 'Reuze Rakkers' (oorspronkelijk 'Reg'lar Fellers'), inclusief de zogeheten 'topperstrip' 'Krullekopje' (oorspronkelijk 'Daisybelle') van de Amerikaanse tekenaar Gene Byrnes (1889-1974).

36 *d'Oriënt*, 2-11-1935.
37 Oostebrink 2011:15.
38 Sidharta 2000. In 2008, het is dan 100 jaar geleden dat Kho Wan Gie geboren werd, verschijnt er in Indonesië een herdruk van 'Put On', gevolgd door nog drie delen. Met dank aan Harry Poeze voor de informatie over deze herdruk(ken).
39 Aldus Albert Zimmerman in Van den Berg 1998:12. Zie ook het colofon in *d'Oriënt*, 21-12-1935, p. 4, waarin Mounier als plaatsvervangend hoofdredacteur wordt vermeld.
40 Eind jaren dertig verschijnt er een bundel met een selectie van 40 afleveringen met een voorwoord van Billy Cam (Van den Berg 1998:10-3).
41 Op 3 oktober 1935 valt Italië onder Mussolini Ethiopië (Abessinië) binnen, waarop de Volkenbond Italië handelssancties oplegt. Niet alle leden van de Volkenbond scharen zich hierachter (vooral Frankrijk en Engeland niet). De sancties die uiteindelijk opgelegd worden, gelden niet voor essentiële grondstoffen als kolen, ijzer, staal en olie.
42 *d'Oriënt*, 21-12-1935, p. 28.
43 De Tarzanverhalen zijn van de hand van de Amerikaanse auteur Edgar Rice Burroughs (1875-1950). Hij baat zijn boeken onder andere uit door deze te laten verstrippen en verfilmen. 'Tarzan of the Apes' (1912) en 'The Son of Tarzan' (1914) zijn slechts twee verhalen uit een zeer lange reeks. Zie http://www.tarzan.org/ (geraadpleegd 10-8-2011).
44 *Nieuws van den Dag voor Nederlandsch-Indië*, 23-10-1939, p. 2.
45 In die jaren zijn dat vooral Nico Metzelaar (Batavia) en J.C. (Job) Kolling (Soerabaja); zie Sens 2005:76.
46 *De Telegraaf* publiceert 'Mikkie Muis' vanaf 1931 tot begin 1941, als de Duitsers deze Amerikaanse import verbieden. De plaats wordt vanaf 16 maart 1941 ingenomen door 'De Avonturen van Tom Poes' van Marten Toonder. De eerste in deze serie is getiteld 'Tom Poes ontdekt het geheim van de blauwe aarde'. Zie www.lambiek.net en http://www.levenlang.nl/marten%20toonder/672.html (geraadpleegd 10-8-2011). Voor het beeld in *De Telegraaf* in meer algemene zin, zie Wolf 2009:184-9.
47 Het ziet er niet naar uit dat Joop Wormser Spier in januari 1935 heeft ontmoet. Spier en zijn vrouw zijn slechts een dag in (de omgeving van) Bandoeng tijdens hun rondreis.
48 Nora Schnitzler is de dochter van de in Indië werkzame kunstenaar Hijman Abraham Schnitzler (Amsterdam 1869-Auschwitz 1944).
49 Waarschijnlijk heeft Wormser qua *format* het Amerikaanse maandblad *Action*

Comics voor ogen, dat in juni 1938 zijn eerste nummer – in kleur – in de Verenigde Staten lanceert met een hoofdrol voor stripfiguur 'Superman'.
50 J.A. Wormser 1991:98-9. Van het blad *Action* heeft de auteur helaas tot op heden geen exemplaren kunnen traceren.
51 http://www.levenlang.nl/marten%20toonder/672.html (geraadpleegd 10-8-2011). 'Tom Poes' herverschijnt in deze jaren niet in *De Telegraaf*. De krant heeft een verschijningsverbod dat tot september 1949 duurt.
52 'Tom Poes en de Pier-race' loopt in Nederland van 20 oktober 1948 tot en met 5 januari 1949. In Indonesië dus van 1 december 1948 tot en met 10 februari 1949.
53 Achtereenvolgens zijn dit: 'Tom Poes en het vibreer-putje', 'Tom Poes en Solfertje', 'Tom Poes en Horror de Ademloze' en 'Heer Bommel en de betoverde prinses'. De laatste gaat op 7 november 1949 van start in *de Vrije Pers*.
54 Zie bijvoorbeeld het *A.I.D. de Preangerbode* van 7-9-1948.
55 De adjunct-directeuren werken niet echt mee om de ervaren Nederlandse drukker – Sloterdijk – naar Indonesië te halen; een procedure die in 1953 met veel problemen omgeven is voor (Indonesisch-)Nederlandse bedrijven. De Indonesische overheid wil dat vacatures door Indonesiërs worden opgevuld. Zie Verhoek aan Wormser (brief 16), 13-9-1953, in: Persmuseum, Archief Verhoek, inv.nr 6. De wrijvingen tussen Joop Wormser en de oudgedienden van zijn vader C.W. Wormser worden manifest, als Wormser het concern weer op poten wil zetten vanaf oktober 1945; hij is dan net in Indië teruggekeerd na drie jaar krijgsgevangenschap, die hij in de loodmijnen in Japan heeft doorgebracht. C.W. Wormser verblijft tijdens de Tweede Wereldoorlog in Nederland en hij kan na de bevrijding niet stante pede naar Indonesië afreizen. Zijn ziekte en tamelijk snelle overlijden in augustus 1946 maken dat C.W. zijn vurig gehoopte terugkeer naar Indonesië niet meer kan uitvoeren. Andere inzichten over de bedrijfsvoering, miscommunicatie, oud zeer, animositeit en *incompabilité des humeurs* spelen een belangrijke rol bij de naoorlogse verhoudingen tussen de belanghebbenden en betrokkenen in het Wormserconcern.
56 Verhoek aan Wormser, 6-5-1954, in: Persmuseum, Archief Verhoek, inv.nr 6. Dr. V. is J.L.A. (Joop) Visser, advocaat, zaakgelastigde, enige tijd hoofdredacteur van het *A.I.D. de Preangerbode* en vriend van Joop Wormser. Onbekend is wie de tekenaar te Bandung is.
57 De Sticusa wordt als potentiële subsidiegever hoog aangeslagen: er zit veel geld in de Viottastraat in Amsterdam en het past binnen de missie en doelstelling van de Sticusa (Sens 2005:85-7). Evenhuis, die ook bekend is als

dichter, zal terug in Nederland vanaf 1955 een glanzende carrière maken als hoofdredacteur van de *Leeuwarder Courant*.
58 Evenhuis aan Hans Martinot, 3-12-1953, in; Persmuseum, Archief Verhoek, inv.nr 6.
59 Jorge/George Cuevas Bartholín (1885-1961) was een Chileens-Amerikaanse balletimpresario en choreograaf, bekend om zijn Grand Ballet du Marquis de Cuevas, opgericht in 1944. In 1953 hield hij een gekostumeerd bal in Biarritz met 4.000 gasten; 2.000 van hen waren gekleed in achttiende-eeuwse kostuums. Cuevas droeg als 'Koning van de Natuur' een kostuum van goudlamé en een hoofdtooi met struisvogelveren. Zie http://en.wikipedia.org/wiki/George_de_Cuevas (geraadpleegd 10-8-2011). Dit feest is kennelijk wereldnieuws.
60 Evenhuis aan H.A. Hoogendoorn, 25-9-1953, in: Persmuseum, Archief Verhoek, inv.nr. 6. Zie ook noot 1.
61 Evenhuis aan Henk Hefting, 26-10-1953, in: Persmuseum, Archief Verhoek, inv.nr 6.

Frank Okker

Walraven op rijm
De opmerkelijke poëtica van een journalist

INLEIDING

Veel zijn het er niet, de poëziebesprekingen van Willem Walraven (Dirksland, 7 juni 1887 – Kesilir, 13 februari 1943) en dat terwijl hij tijdens zijn journalistieke loopbaan een kolossale hoeveelheid boeken recenseerde. Bij de dichtbundels die hij wel bespreekt, onthoudt hij zich over het algemeen van een inhoudelijk oordeel.

Dat is opvallend omdat Walraven in zijn brieven aan familieleden en vrienden, tussen al zijn kritiek op de koloniale maatschappij en zijn geboortegrond Goeree-Overflakkee, én in zijn andere krantenartikelen graag citeert uit het werk van zijn favoriete dichters. Daartoe behoren Victor Hugo, Heinrich Heine en de Canadees Robert W. Service. Ook schrijft hij voor zijn krant – en later voor het tijdschrift *Kritiek en Opbouw* – tal van gedichten, sommige van respectabele lengte, al is er in die gevallen meer sprake van divertissement dan van *poésie pure*.

Uit het teruggevonden commentaar bij een map met gedichten van zijn vriend J.H.W. Veenstra blijkt dat Walraven er wel degelijk een uitgesproken eigen poëtica op nahoudt.

MAARTEN CORNELIS

Tussen juli 1931 en begin 1942 publiceert Willem Walraven, naast een groot aantal andere artikelen, ruim twaalfhonderdvijftig boekrecensies. Ook schrijft hij diverse artikelen over literaire onderwerpen, bijvoorbeeld over Bilderdijk, P.A. Daum en de weduwe van Multatuli, plus een handvol literaire parodieën waarvan de meest geslaagde 'Droogstoppel in Indië' is.[1]

| *Tropenstijl*

Al die artikelen verschijnen in de in Soerabaja gevestigde *De Indische Courant* waarvan Walraven freelance medewerker is, met als ondertekening Maarten Cornelis, de voornamen van zijn jongste zoon. De krant is weliswaar Walravens enige opdrachtgever, maar hij weigert om op de redactielokalen in het hete Soerabaja te werken. Hij schrijft zijn artikelen thuis, in het zogenaamde paviljoentje, een kamer aan de achterkant van zijn huis in Blimbing, bij Malang. Hier kan hij rustig werken, zonder gestoord te worden door straatlawaai of zijn grote gezin met acht thuiswonende kinderen. Elke avond rijdt de auto van de krant bij huize Walraven voor om 'het pakje' met te bespreken boeken, allerlei documentatiemateriaal en vertaalwerk af te leveren; de chauffeur neemt dan de geschreven kopij mee terug naar de redactie.

Walraven weet precies hoeveel hij moet schrijven om in het inkomen van zijn gezin te voorzien. Dat komt neer op anderhalve krantenkolom per dag of zoals hij het uitdrukt: 'thirty inches of reading matter'. Aanvankelijk ontvangt de journalist een honorarium van zeven gulden vijftig per kolom, een bedrag dat in de loop van de jaren dertig wordt opgetrokken tot een tientje. Rond 1940 krijgt hij maandelijks tweehonderdvijftig gulden uitbetaald, onafhankelijk van de hoeveelheid artikelen die hij inlevert.[2] Hij typt al zijn bijdragen op een tamelijk kleine schrijfmachine, een Royal Portable, die hij in 1929 voor een bedrag van honderdzestig gulden heeft aangeschaft.

Jarenlang moet Walraven dus een fors aantal stukken schrijven teneinde voldoende inkomsten te verwerven. Dat blijkt ook uit de hoeveelheid recensies die hij publiceert: in 1935 zijn dat er bijna tweehonderdzeventig. In die periode is hij verantwoordelijk voor de hele literaire rubriek van de krant, die over het algemeen op zaterdag verschijnt onder de weinig oorspronkelijke naam 'Van onze boekenplank'.

BORDEWIJK, COUPERUS, DU PERRON

Wie naar de door Walraven besproken boeken kijkt, zal zich verbazen over zijn veelzijdige belangstelling: nog niet eerder heeft een recensent zoveel uiteenlopende werken behandeld. Hij bespreekt romans en andere uitgaven van destijds moderne Nederlandse schrijvers als F. Bordewijk (*Karakter, De wingerdrank* en *De laatste eer*), Louis Couperus (*Metamorfoze*), E. du Perron (*Het land van herkomst, De man van Lebak, Het sprookje van de*

Walraven op de redactie van het bondsorgaan van de Suikerbond in Soerabaja, tweede helft jaren twintig (Collectie Frank Okker)

misdaad, Multatuli. Tweede pleidooi, De muze van Jan Companjie en *Schandaal in Holland*), Arthur van Schendel (*De waterman, De mensch van Nazareth* en *De zeven tuinen*) en S. Vestdijk (*Het vijfde zegel, De nadagen van Pilatus, Else Böhler, Duits dienstmeisje, Sint Sebastiaan* en, in samenwerking met H. Marsman, *Heden ik, morgen gij*).

Walraven behandelt tevens een grote hoeveelheid boeken van bekende buitenlandse auteurs, die hij bij voorkeur in hun eigen taal leest, onder wie Pearl Buck, Lion Feuchtwanger, Aldous Huxley en Sinclair Lewis, maar ook de vertalingen van Russische schrijvers als Ivan Boenin en Maxim Gorki. Daarnaast beoordeelt hij enkele strekkende meters streekromans, een paar hoge stapels jeugdboeken en complete reeksen detectives. Ten slotte houdt hij zich ook bezig met tal van leer- en kookboeken, minstens vijf werken over bridgen en andere uiterst praktische uitgaven, zoals *De ongehuwde vrouw, zielsconflicten en sexuele problemen, Wat iedereen moet weten bij het overlijden van een gezins- of familielid, Modern handweven op kleine en grote toestellen, De rashond in Nederlandsch-Indië en zijn verzorging* en *100 recepten voor belegde broodjes.*

| *Tropenstijl*

Die opmerkelijke veelzijdigheid van Walraven als recensent berust echter niet op een vrije keuze. Hij is afhankelijk van de boeken die *De Indische Courant* krijgt toegestuurd en het blijkt uitermate lastig om in de oosthoek van Java aan goede literatuur te komen. Een enkele maal klaagt hij hierover zijn nood in een brief aan zijn familie: 'Maar ik ben aangewezen op wat de redactie ter recensie ontvangt, waaronder soms nogal prulboeken zijn. Goede dingen zie ik eigenlijk niet.'[3]

Om die reden schrijft Walraven in zijn recensies geregeld over heel andere zaken dan het boek in kwestie. Zijn boekbespreking loopt nogal eens uit op een verhandeling over het gemengde huwelijk (hij is zelf met de Soendanese Itih getrouwd), een kritische beoordeling van de koloniale maatschappij of een jeugdherinnering uit de tijd dat hij in Delft of Rotterdam woonde. Het maakt zijn artikelen er des te waardevoller door.

Walraven met zijn echtgenote Itih en hun oudste vier kinderen, omstreeks 1925 (KITLV 7478)

GLAD IJS

Toch is er, zoals gezegd, een categorie teksten die slechts zelden de boekenrubriek van *De Indische Courant* haalt: de poëzie. Natuurlijk is Walraven ook hier afhankelijk van de toezending door de, over het algemeen Nederlandse uitgevers, maar zelfs wanneer hij wél een belangrijke dichtbundel of het verzameld werk van een vooraanstaand dichter ontvangt, waagt hij zich slechts zelden aan een inhoudelijk oordeel.

Zo bespreekt hij op 30 augustus 1935 op uiterst omzichtige wijze de *Verzamelde verzen* van J.H. Leopold. Hij prijst de zorgvuldige wijze van uitgeven door P.N. van Eyck en de veelzijdigheid van de dichter, maar op het werk zelf gaat hij niet in. Wel wijst hij nadrukkelijk op het portret dat de fotograaf Henri Berssenbrugge van Leopold vervaardigde. Het wekt nauwelijks verbazing dat Walraven even bij Berssenbrugge stilstaat: tijdens zijn Rotterdamse periode – van december 1907 tot november 1909 – waaraan hij ruim vijfentwintig jaar later in Nederlands-Indië vol heimwee terugdenkt, woonde hij drie maanden lang bij de fotograaf in huis.

Vervolgens haalt hij het een en ander uit de inleiding van Van Eyck aan en noemt hij Leopold voor 'oningewijden' een vaak 'onbegrijpelijk' dichter. Walraven besluit deze tocht op een voor hem uiterst glad oppervlak met het citeren van het korte titelloze gedicht met de beginregel 'Op niets waren wij meer gebeten',[4] 'omdat het een der weinige gedichten is, waarin iets doorklinkt van het werkelijke vloeien van den tijd, dat toch ook rondom dezen dichterlijken droomer was'.[5] Het zal duidelijk zijn dat Walraven zich niet onder de grote kenners, laat staan liefhebbers, van het oeuvre van Leopold schaart.

Ook in de bespreking van een boek van H. Marsman over de poëzie van Herman Gorter komt de dichtkunst er bekaaid af. De socialistische Walraven haalt met instemming enkele regels uit het lange gedicht *Pan* aan, waarin sprake is van 'de vergadering der donkere mannen' en 'de zware strijd der arbeiders'. In de rest van de bespreking gaat het voornamelijk om de persoonlijke herinneringen van de criticus aan zijn geestverwant, die hij ook al in zijn Rotterdamse jaren heeft ontmoet:

> Ik heb hem gezien en gehoord in die vergaderingen van 'donkere mannen', die overigens niet zoo donker waren. Velen van hen droegen platte, witte boorden met lavallières, en tusschen hen in zaten vrouwen, niet zonder kleur in tooi en kleeding. Maar er was poëzie, en hoop, en

enthousiasme, en soms geestdriftig gezang. Zou het je niet roeren, als je jong bent? Van den dichter Gorter bemerkte men daar echter niet veel. Het was merkwaardig, hoe zakelijk en scherp Gorter nu het verschil tusschen socialisme en anarchisme kon duidelijk maken, hoe steil theoretisch, bijna dogmatisch, hij Marx kon verklaren, zoo zeker en onfeilbaar in zijn visie, dat men geloofde hoe dat alles één moest komen, ook zelfs al deden de menschen er niets aan. De maatschappij was een levend organisme, dat zich op natuurlijke wijze vervormde van het eene tot het volgende stadium van ontwikkeling, en dat volgende zou zijn: de socialistische maatschappij...[6]

'DE SCHOONE NIMF SABINE'

Er is hier veel meer sprake van een mooi doorleefd portret van Gorter, aangevuld met de politieke opvattingen van Walraven zelf, dan van een bespreking van diens poëzie. Hetzelfde geldt voor zijn recensie van de dichtbundel *Tusschen tijd en eeuwigheid* van Henriette Roland Holst. Walraven stelt allereerst vast dat de dichteres en haar werk algemeen bekend zijn, zodat hij er in zijn artikel weinig aandacht aan hoeft te besteden, waarna hij hetzelfde patroon volgt als in de bespreking van Gorters poëzie:

> Dit is voor mij een groote opluchting, want deze dichteres is een dergenen, aan wie ik zekere herinneringen bewaar, herinneringen van minstens dertig jaar geleden, uit een tijd dus, waarin ik heel jong was en mevrouw R.H. in elk geval ook nog niet oud.
>
> Toen was het anders en toen sprak zij anders. Ook ik denk niet meer als dertig jaar geleden, maar wèl zijn de allervoornaamste van die oude gedachten ook nu nog levend in mij; geloof ik nog steeds, wellicht vaster dan ooit, in haar recht van bestaan en in de waarheden, de maatschappelijke waarheden, waaruit zij voortsproten.[7]

In de boekenrubriek van Walraven komt pas poëzie voor als hij zelf een volledige recensie op rijm publiceert. Dat gebeurt naar de inhoud te oordelen niet uit een romantische opwelling maar veeleer in een balorige bui, nadat hij in het 'pakje' van de krant weer eens een kwalitatief ondermaats boek heeft aangetroffen. Het gaat ditmaal om *Contrabande*, een detective van Dennis Wheatley:

> De particuliere detective
> En de echte van Scotland Yard
> Vervolgen beiden de sluikers,
> Nu samen en dan weer apart.
> Ook is er Sir Gavin Fortescue,
> Een eerbiedwaardige schurk,
> Soms lijkt hij op een bisschop
> En dan weer op een Turk.
> De schoone nimf Sabine
> Brengt kleur in het verhaal,
> Zij is helaas medeplichtig
> Aan den smokkel over 't Kanaal!
> Maar de liefde komt in haar leven,
> Zij trouwt met den ridder koen,
> Die den draak in 't zand doet bijten,
> Geheel naar 't oud fatsoen.
> Och, dit is de oude historie,
> Die altijd nieuw blijft en frisch,
> Slechts de paarden zijn verdwenen,
> Daar vliegen de mode is.
> Ik heb van dezen schrijver
> Wel betere dingen gezien,
> De vertaling van Eva de Canter
> Verdient geenszins een tien.
> De schrijver en de vertaalster
> Hadden blijkbaar weinig tijd,
> En wie dit boek niet wil lezen,
> Mag het laten zonder spijt.[8]

HAREM

Deze recensie-op-rijm staat niet op zichzelf, want Walraven levert regelmatig bijdragen aan zijn krant in de vorm van korte of lange gedichten. Hij heeft daarvoor speciale rubriekjes bedacht met titels als 'Op de treeplank', 'In den hoek', 'Op den uitkijk' en 'Rondom de bergstad'; de laatste kop heeft betrekking op zijn woonplaats Blimbing, vlak bij de 'bergstad' Malang. Die gedichten staan over het algemeen in de rechterbovenhoek van de (tweede) pagina en zijn altijd op rijm.

In deze teksten behandelt hij plaatselijke gebeurtenissen of omstandigheden, zoals het toenemend verkeerslawaai, het leven van de gepensioneerde planter ('Als een sterke, stoere grijsaard/ In zijn smett'loos toetoeppak'), een nieuwe 'ricksha', de komst van de Oostmoesson en de baboe die er haar eigen harem op nahoudt:

> De baboe is een fiksche meid,
> Zij wacht en plast en strijkt altijd
> Van af den vroegen morgen;
> Daarbij is z'aan haar vijfden man.
> Des avonds bij de gamelan
> Ontstond de liefde van dit span:
> Twee zieltjes zonder zorgen.
> (...)[9]

Af en toe wijdt Walraven, net als in zijn andere bijdragen, een langer gedicht aan bepaalde misstanden, bijvoorbeeld de gang van zaken bij de venduties of de ervaringen van zijn oudste zoon Wim in het leger.[10] Toch zal het duidelijk zijn dat ook hier eerder sprake is van verstrooiing dan van echte poëzie.

Aanzienlijk scherper van toon zijn de gedichten die hij schrijft voor *Kritiek en Opbouw*, een in Bandoeng uitgegeven politiek-cultureel tijdschrift dat in 1938 is opgericht door D.M.G. Koch en dat om de veertien dagen verschijnt. Tot de redactie behoort E. du Perron, die Walraven in mei 1939 een brief stuurt met het verzoek aan het blad mee te werken. Walraven voelt duidelijk sympathie voor de progressieve koers van *Kritiek en Opbouw*. Van juni 1939 tot eind 1941 levert hij vijfendertig bijdragen aan het blad waaronder bijna tien lange gedichten. Het betekent een aanzienlijke inspanning voor Walraven, want hij krijgt voor zijn stukken in het blad niet betaald.

Ook bij de gedichten in *Kritiek en Opbouw* gaat het om lange rijmen, zij het dat de inhoud veel sterker betrekking heeft op de oorlogssituatie dan in Walravens dichtwerk voor *De Indische Courant* uit diezelfde tijd. Dat blijkt uit titels als 'Luchtbescherming', 'De kleine renegaat' en 'Janus'.

In dat laatste gedicht valt de schrijver na een ogenschijnlijk vriendelijke opening ('Janus, zie ik je daar zitten/Met je speldje op je jas?/Alsof jij een vaderlander/En een brave burger was?') vol diepgevoeld venijn uit naar een NSB'er:

> Janus, misselijk proleetje,
> Hoe durf jij je laten zien,
> Met je vaderlandsche speldje
> En brutaliteit voor tien!
> Janus, die met gif gestrooid hebt
> Uit je ennesbeejerskop,
> Koop een flink dik touw, o Janus!
> Koop een touw en knoop je op![11]

EEN FORSE DOSIS PATHOS

Met het ventileren van zijn politieke en maatschappelijke opvattingen heeft Walraven nooit moeite gehad, maar het is aanzienlijk lastiger om bij hem een uitspraak over de door hem gewaardeerde poëzie terug te vinden. Zo'n uitspraak doet hij pas in een brief aan Rob Nieuwenhuys van 29 mei 1941. De journalist toont zich bij die gelegenheid een liefhebber van realistische poëzie in een tamelijk traditionele vorm. Hij formuleert dat op een nogal defensieve wijze: 'En bij mij blijft er altijd het bezwaar van netheid en maat en rijm, waarbij ik ben opgevoed en waarvan ik verwaarloozing leelijk vind.'[12]

De reden dat Walraven zich tamelijk onverwacht over zijn visie op poëzie uitspreekt, is een vraag van zijn vriend J.H.W. Veenstra. Deze jonge journalist, werkzaam voor *De Indische Courant*, is vanwege de mobilisatie in 1940 als militair naar Tjimahi (bij Bandoeng) gestuurd. Uit die legerplaats zendt hij Walraven een map vol verzen, geschreven onder het plechtstatige pseudoniem Geraerd van Gaerde, met het verzoek om zijn dichtwerk van kritiek te voorzien.[13] Dat kon beslist geen kwaad, want het gaat om nogal conventionele gedichten waarin precieuze uitdrukkingen en een forse dosis pathos niet geschuwd worden.

Walraven kwijt zich met zorg van zijn taak en levert uitvoerig commentaar op de poëzie van zijn vriend. Allereerst maakt hij welwillende en soms zelfs enthousiaste opmerkingen ('Ja! Dit is af!') en hij schrapt op verschillende plaatsen een overbodige naamvals-n of 'ch' ('flesch', 'ruischend'). Daarnaast wijst hij Veenstra op het foutief gebruik van het vrouwelijk genitief in 'der nevel' ('n. is mannelijk') en pleit voor het hanteren van oorspronkelijk Nederlandse woorden: 'Voor "voornaam" [in 'voornaam veerende varens'] zou ik een ander woord zoeken, maar een zuiver Nederlandsch. Niet b.v. "gracieus", dan nog liever "sierlijk".'

Ook stelt Walraven op diverse plaatsen verbeteringen voor. Hij vervangt 'Als vleeschlijk beeld van stil verwachte ware trouw' door 'Als vleeschgeworden beeld van stilverwachte trouw'. En bij 'Een wolkenschip zoekt schuil in schemerhaven' noteert hij: 'Ik blijf "zoekt schuil" minder mooi vinden. Ik zei dan nog liever: "Een wolkenschip schuilt weg in schemerhaven".' Walravens suggesties worden door Veenstra over het algemeen dankbaar opgevolgd. 'Beter' en 'Zeker!' schrijft hij in de marge van zijn eigen verzen.

Sommige gedichten geven zelfs aanleiding tot een uitvoerig, getypt commentaar, bijvoorbeeld 'De weg der Idee', dat gaat over de teloorgang van een 'in heilige en onbevlekte ontvangenis' geboren denkbeeld: 'Hoewel het als gedicht niet behoort tot de "hoogere poëzie" is dit vers mij zeer lief wegens zijn uitstekende gedachte, zijn verontwaardiging over het beduimelen en verfriemelen van wat eens het hoogste geestelijke eigendom van een denker was (...) Maar het geheel is prachtig, een G.B. S[haw] waardig.'

Bij het 'beduimelen en verfriemelen' van een geestesproduct zal Walraven ongetwijfeld gedacht hebben aan zijn eigen artikelen, omdat de (hoofd)redactie van *De Indische Courant* nogal eens een kritische passage schrapt of zelfs het gehele artikel weigert uit angst voor een boze reactie van de lezers of van de autoriteiten. Dat laatste gebeurt steeds vaker, nadat de Indische pers in de tweede helft van de jaren twintig steeds conservatiever wordt. Ook het vertrek in 1936 van W. Belonje, de progressieve hoofdredacteur van *De Indische Courant*, speelt hierbij een rol. Belonje wordt opgevolgd door de veel omzichtiger opererende E. Jansen, die nogal eens zijn oren laat hangen naar de wensen van zijn directie en adverteerders.

In deze aantekeningen bij Veenstra's poëzie brengt Walraven, net als in zijn befaamde brieven, zijn pessimistische toekomstvisie en zijn terugverlangen naar Europa op vaak aangrijpende wijze naar voren. Bij het lezen van het gedicht 'Kaarsvlam' ('Te branden als een kaarsvlam' met als slotregels 'en dan te dooven/diep verzwarte kernpit') denkt hij ongetwijfeld aan zijn eigen geïsoleerde situatie in de kolonie: 'Ook de twee laatste [regels] kan ik begrijpen en aanvoelen zelfs, want ik wil zelf ook eens zoo uitdooven als een zwarte kernpit, maar toch liefst wat vroeger. Zou niet graag heelemaal tot het laatste toe opteren.')

En bij 'De oude stadszwerver' ('Een broodkorst, een flesch roode wijn') verzucht hij: 'Dit was zeker een Fransche zwerver, hè? Sous les ponts de Paris? Hier begrijpen ze niet veel van een zwerver met een flesch roode wijn in zijn bedelzak.'

Net als in de meeste van zijn brieven, boekbesprekingen en artikelen vormt Walraven zelf eigenlijk het voornaamste onderwerp van zijn commentaar bij de gedichten van Veenstra. Vooral in zijn befaamde brieven brengt hij geregeld zijn isolement in de kolonie tot uitdrukking dat mede veroorzaakt wordt door zijn steeds moeizamer relatie met de meeste van zijn Indo-Europese kinderen: 'Ook al heb ik een vrouw en acht kinderen, in sommige opzichten ben ik alleen.'[14] Dat geestelijk isolement wordt nog eens versterkt door zijn woonplaats Blimbing in de oosthoek van Java, op meer dan een dagreis afstand van andere intellectuele Europeanen die aan de andere kant van het eiland wonen.

Mocht zijn prachtige correspondentie opnieuw herdrukt worden, dan zou het aanbeveling verdienen om tenminste een gedeelte van zijn kanttekeningen bij de gedichten van Veenstra als bijlage op te nemen. En in dat geval mag de uitgever het boek ook gerust van een register voorzien dat in de eerdere uitgaven node gemist werd.

Noten

1 Voor meer over Walravens leven en werk, zie Okker 2000.
2 Okker 2000:249.
3 Okker 2000:160-1.
4 Leopold 1977:276.
5 'Boeken', *De Indische Courant*, 30-8-1935.
6 'Van onze boekenplank', *De Indische Courant*, 6-11-1937.
7 'Boeken', *De Indische Courant*, 26-5-1934.
8 'Van onze boekenplank', *De Indische Courant*, 10-2-1938.
9 'Op de treeplank: De Harem van de Baboe', *De Indische Courant*, 28-4-1941.
10 'In den Hoek: Charivarius in Indië – Vendutie', *De Indische Courant*, 26-4-1932. Het gedicht 'De vader van den milicien aan "huismoeder"' nam

Walraven (1992:703-4) ook op in een brief aan J.H.W. Veenstra. Zie *De Indische Courant*, 11-9-1941, 13-9-1941.
11 'Janus', *Kritiek en Opbouw* 4, no. 9 (7-6-1941), p. 129.
12 Walraven 1992:776-7.
13 De (groene) map gedichten van Veenstra met het commentaar van Walraven was geruime tijd onvindbaar. Zie Walraven 1992:657-8, 776-7. Ik ontdekte de map uiteindelijk in doos 22 van de nog ongesorteerde literaire nalatenschap van Veenstra in het Letterkundig Museum en Documentatiecentrum in Den Haag.
14 Walraven 1992:218.

Gerard Termorshuizen

'Kleurloosheid is mij een gruwel'
Het fenomeen Karel Wybrands, Indisch journalist

EEN RASSCHRIJVER

Geen Indisch journalist van na 1900 heeft zoveel lezers getrokken als Karel Wybrands. Populair was hij door zijn reactionaire politieke opvattingen en, nog meer, door zijn stilistisch vernuft waarmee hij de abonnees van zijn krant in hoge mate wist te amuseren. D.M.G. Koch, zelf Indisch journalist, merkte op dat er in zijn tijd 'niemand anders schrijven kon als hij, met dat plastisch beeldend vermogen, die gave om in zuiver, sappig, vaak flikkerend Nederlands te zeggen wat hij bedoelde te zeggen'.[1] Wybrands' talent was ongeëvenaard in de Indische journalistiek van de twintigste eeuw. Dat talent onder de schijnwerper te plaatsen, is de bedoeling van dit artikel.

Vanaf zijn eerste schreden op het journalistieke pad trok Karel Wybrands de aandacht. Dat begon in 1894 toen hij, werkzaam op een handelskantoor in het Midden-Oosten, bijdragen leverde (vooral reisverhalen, maar ook toneelkritieken) aan het weekblad *De Kunstwereld*.[2] Hij verwierf zich daarmee, zij het nog in beperkte kring, de reputatie van een scherp en geestig causeur. In 1899, in dienst van een petroleummaatschappij in Deli op Sumatra's Oostkust, schreef hij voor de kort daarvoor in Medan opgerichte *De Sumatra Post* enkele artikelen die onmiddellijk de rasschrijver verrieden. Het bracht uitgever J. Hallermann ertoe hem te vragen de krant te leiden. Het was een gouden greep.

Op 3 augustus 1899 begon Wybrands zijn nieuwe bestaan. Onder zijn redactie maakte het blad een stormachtige ontwikkeling door. Vanaf de eerste dag drukte Wybrands zijn persoonlijke stempel op *De Sumatra Post*. 'Kleurloosheid', schreef hij bij zijn entree, 'is mij een gruwel! Ik zal steeds [...] strijden voor wat ik voor Goed, Waar en Schoon houd, zonder eenig aanziens des persoons, maar ook zonder moedwillige krenking van personen.'[3] Vooral dat laatste moeten we niet te letterlijk nemen: zijn vilein sarcasme ten opzichte van mensen die hem voor de voeten liepen was berucht. We zullen er kennis mee maken.

WIE WAS WYBRANDS?

Karel Wybrands werd in 1863 geboren in de Amsterdamse Jordaan in een eenvoudig gezin. Van zijn vader, een boekhouder, kreeg hij zijn liefde voor de literatuur en de muziek mee. Omdat er geen geld was voor de middelbare school, werkte hij vanaf zijn dertiende jaar als jongste bediende op kantoor. Hij ontwikkelde zich de volgende jaren als autodidact.

Later regelmatig hoog opgevend van wat hij bereikt had, contrasteerde hij die prestaties vaak met de slechts zes jaar onderwijs die hij had genoten:

> Als wij eens wat minder vroegen naar Eind-examen H.B.S. 5 jarigen cursus en wat meer naar een onverzettelijken, onbuigbaren *Wil*; wat minder naar een Diploma, en wat meer naar een Karakter, naar vlug begrip, werklust, moed, soberheid, taaie koppigheid, die honderd malen teruggeslagen, voor de honderd en eerste maal den aanval hernieuwt.

Wybrands zou zich ontpoppen als een koloniale *diehard*. In een van zijn aanvallen op de ethische politiek met haar bevordering van onderwijs aan Indonesiërs, schreef hij haatdragend: 'ik was geen interessant "inboorling", geen bruine broeder, geen tot zelfbestuur voorbeschikte inlandsche slampamper. Ik was de zoon van iemand uit den zeer kleinen burgerstand '.[4] Hij maakte meer van dit soort opmerkingen. Ze verrieden een minderwaardigheidscomplex dat hij trachtte te compenseren door zijn succes en gelijk – ze vielen samen bij hem – op een voetstuk te plaatsen. De al eerder geciteerde Koch repte in dit verband van zijn zucht 'om de afkeuring van mannen van beschaving en smaak [...] te beantwoorden met geforceerde blijken van zelf-gesuggereerde persoonlijke superioriteit', wat 'de scherpe toon [verklaart] die niet overtuigen, doch overbluffen wil – óók de eigen innerlijke, deels onderbewuste twijfel'.[5]

In 1883 vervulde Wybrands zijn dienstplicht. Hij bracht het tot onderofficier. Expansief van aard als hij was, liet hij spoedig daarna Nederland achter zich: hij werkte op handelskantoren in Smyrna, Caïro,

Singapore en ten slotte in Deli, waar hij boekhouder was bij een maatschappij die later de Koninklijke Shell zou gaan heten. Vanuit de olie maakte hij de oversteek naar de journalistiek.

De Kesawan in Medan waar *De Sumatra Post* was gevestigd, begin twintigste eeuw

DE SUMATRA POST: OPINIE EN VERMAAK INEEN

In augustus 1899 werd Wybrands – hij was toen al zesendertig – hoofdredacteur van *De Sumatra Post*. Onder zijn leiding maakte die krant een stormachtige ontwikkeling door. Het wonder Wybrands was dat hij op de dag dat hij het redactielokaal betrad een volstrekt helder beeld had van hoe een krant – zijn krant! – er moest uitzien. Natuurlijk, het blad diende nieuws te geven en dat gaf hij ook, maar minstens even belangrijk vond hij de eigen opinie die dat nieuws 'kleur' moest geven: 'wij stellen in het licht wat wij persoonlijk van de zaak denken en het is voor een journalist reeds de grootste voldoening wanneer door zijne woorden enkelen tot zijne zienswijze worden overgehaald'.[6]

Opinie was de ene pijler van zijn krant, vermaak de andere: 'En wij weten het dat in dit land [...] met zijn gering aantal amusementen en schaarsch tot ons komende lectuur, de krant gezellig moet zijn [...].

Vandaar dat wij streven naar afwisseling, vandaar dat wij dagelijks een feuilleton plaatsen, vandaar eindelijk dat de gebeurtenisjes der afgeloopen week Zaterdags worden herdacht in eene Causerie, die lachende de waarheid tracht te zeggen.'[7] Opinie en vermaak, vaak ineen. Of het nu het hoofdartikel was, de rubriek 'Uit de mail', het wekelijkse 'Politieke overzicht' of zijn 'Zaterdagsche causerie', het droeg alles zijn hoogst eigen signatuur.

Vooral zijn eigen inbreng gaf de krant haar specifieke karakter. Zij was met recht een 'meneer'. Tot in de feuilletons toe: vaak waren dat door hemzelf gemaakte bewerkingen van Engels en Amerikaans literair werk, waarbij zijn voorkeur uitging naar Rudyard Kipling en Conan Doyle. Wybrands hield zoals opgemerkt van literatuur, was belezen en trad regelmatig op als literair criticus. Ook in die laatste hoedanigheid had hij zijn hoogst eigen aanpak: altijd persoonlijk, vaak meedogenloos. We zullen het zien.

STIJL

Stijl betekende veel voor Wybrands, hij koketteerde ermee en spiegelde zich in dit opzicht graag aan Multatuli. Tot zijn eerste slachtoffers hoorde de hoofdredacteur van de eveneens in Medan uitgegeven *Deli Courant* W.J.H. (Pim) Mulier – de latere grondlegger van de moderne sportbeoefening in Nederland. Toen deze zich erover beklaagde belachelijk te worden gemaakt door zijn concurrent, reageerde Wybrands als volgt:

> Hy verwyt ons dat wy hem belachelijk maken. Arme vriend, gy hebt het niemand dan Uzelf te danken dat ge u belachelyk voelt, wy maken U niet anders dan ge zyt... Neem een raad van ons aan. Ge vertelt aan wie het hooren wil, dat ge bemiddeld zyt, [...] dat ge veel gereisd hebt – hm, de kat die naar Rome ging – en dat ge een boek zult schryven over vischvyvers. Dit zijn uitmuntende dingen, houdt U daaraan. Ge zyt een goedig, werkzaam man. *Schryf* in Godsnaam dat boek en laat ons met Uwe journalistiek met vrede. Om voor journalist door te kunnen gaan, ontbreken U veertien eigenschappen, waarvan de eerste heet: styl, de tweede: styl, en de derde: styl![8]

Een andere keer beet hij Mulier toe:

> Ik zal U geeselen met de striemen van myn sarcasme; ik zal U vlymen met myn spot dat ge inéénkrimpt. Ik *wil* niet dat ge praat over dingen waarvan ge geen verstand hebt. Ge ergert my met Uw banaal geredekavel, met Uw sparen van geit en kool, met Uw roerenden eerbied voor hooger geplaatsten, Uw menschenvrees, Uw nagemaakte verontwaardiging. Ge hebt geen ziel! Alles aan U is deftigheid en fatsoen geworden. Schryf over sport![9]

KOUSEN STOPPEN

In de rubriek 'Letteren en Kunst' schreef Wybrands over muziek en literatuur, onder meer in de vorm van recensies. Sprankelend zijn die stukken, maar ook onverbiddelijk hard wanneer wat hij las hem niet beviel. Vooral vrouwelijke auteurs moesten het nogal eens ontgelden, zoals Louise Stratenus wier *Vorstin en martelares* hij figuurlijk aan stukken scheurde:

> O, als het boek maar slecht was! Kon ik er maar tegen toornen; kon ik er maar vlekken in aanwyzen! Maar het is ééne reusachtige olievlek van lamzaligheid, zich langzaam uitbreidende over de eindelooze bladzydenreeks, als een droppel levertraan over een modderplas. Jonge dames zullen het 'snoezig' vinden. Als men niet ten beste geraden *wil* worden, áls men het koopt, lees dan bid ik U eerst het tweede deel en daarna het eerste deel van achteren naar voren. Het boek wint er door.[10]

Over *Klausine Klobben*, een boek van in die jaren bekende schrijfster Délilah, merkte hij onder meer op: 'het is een naargeestig geklets, door iemand geschreven met de ontwikkeling en de aspiraties van eene keukenprinses. Het brengt jonge menschen aan het kwijlen en ouderen aan het huilen. Als *narcoticum* kan het stapeltje kruidenierspapier diensten bewijzen.'[11]

Van de schone letteren, vond Wybrands, moesten vrouwen maar beter afblijven. Hun schrijven was niet veel zaaks. Vrouwen deden beter zich te wijden aan een taak die inherent was aan hun natuur. Eind 1899 besprak hij de Indische roman *Satan* (1899) van Victor Ido. Dat daarach-

| *Tropenstijl*

Karel Wybrands, hoofdredacteur van *De Sumatra Post*,
omstreeks 1905

ter Hans van de Wall – eminent schrijver en criticus – schuilging, was Wybrands op dat moment nog onbekend. Hij vond het boek een draak: 'De taal is even ryst-tafel-achtig als de opzet en de intrige.' En iets verder: 'wy verdenken mynheer Victor Ido er sterk van eene vrouw te wezen. In dat geval zou een goede dosis kousenstoppen die malle schryvers-kuren er wel uithalen.'[12]

Kousen stoppen of wat algemener geformuleerd: het zorgen voor man en kroost, was volgens hem het aangewezen terrein van de vrouw: 'Haar eerste plicht, haar naastbyliggende plicht is moeder te worden, is: haren echtgenoot gelukkig te maken en daardoor zichzelve.' De maatschappelijke emancipatie van de vrouw vond hij een onding en feministen vervulden hem met weerzin. In september 1899 richtte hij zich tot een mevrouw die een rol vervulde in de vredesbeweging:

> Weet ge met wien wy diep medelyden hebben, telkens als wy lezen dat Mevrouw Waszklewicz-Van Schilfgaarde weer een vergadering opent of een toespraak houdt? Met Mynheer Waszklewicz! Arme man! Tien tegen één zyn er gaten in zyn sokken, is de biefstuk taai of veel te rauw, zyn de kinderen niet gewasschen als zy aan tafel komen... Maar misschien is Mevr. W.V.S. geëmancipeerd genoeg geweest om ook het krygen van kinderen af te schaffen...

En hij diende haar van advies:

> Kousen-stoppen, Mevrouwtje! Kousen-stoppen. Altyd maar door kousen-stoppen! Heusch, het is het beste middel voor dergelyke *mental aberrations* als de Uwe! [...] Het langzaam en gelykmatig maken van ruitjes in den hiel van een mans-sok, van gekleurde wol, werkt ongeloofelyk bedarend en doet de door het spreken op *meetings* geïrriteerde hersenen tot rust komen.[13]

Enkele jaren later zou hij vanuit Batavia een ongehoord kwaadaardige uitval doen naar Carry van Bruggen. Ik kom erop terug.

JOURNALIST IN BATAVIA

Wybrands' redacteurschap van *De Sumatra Post* heeft slechts twintig maanden geduurd. Min of meer toevallig in Batavia verblijvend, werd hem gevraagd het in die stad gevestigde *Nieuws van den Dag voor Nederlandsch-Indië* te leiden. Hij accepteerde het aanbod van harte: 'De spil is in Batavia, en daar ook is de veer die alles in beweging zet', schreef hij in zijn afscheidsartikel van 27 april 1901. Op 7 mei 1901 begon hij aan zijn nieuwe baan.

Wybrands doorliep een spectaculaire carrière in Batavia. Met H.C. Zentgraaff, hoofdredacteur van het *Soerabaiasch Handelsblad*, hoorde Wybrands tot de invloedrijkste Indische journalisten van de twintigste eeuw. Hun uiterst reactionaire politieke opvattingen en de wijze waarop zij de koloniale status quo en de Nederlandse kapitaalsbelangen verdedigden, vonden weerklank bij een zeer talrijk publiek. Wybrands was de succesvolste: dankzij zijn flonkerend schrijftalent kon hij er zich op beroemen leiding te geven aan het grootste Indische nieuwsblad ooit. Omstreeks 1920 had het *Nieuws van den Dag* om en nabij tienduizend abonnees. Het werd overal in de archipel gelezen.

K.W. – zo ondertekende hij zijn artikelen en werd hij ook vaak genoemd – was een van de meest besproken figuren in Indië. Een man die door veel Indischgasten werd bewierookt, maar door critici werd verguisd en zelfs beschouwd als een volslagen bandiet. Nogal wat tijdgenoten hebben gepoogd deze tot de verbeelding sprekende en gecompliceerde persoonlijkheid te karakteriseren. Wybrands was het *enfant terrible* in de koloniale journalistiek van de eerste dertig jaar van de twintigste

| *Tropenstijl*

De nieuwe behuizing van het *Nieuws van den Dag voor Nederlandsch-Indië*, 1927

eeuw. Zijn op tal van personen gerichte laster kende zijn weerga niet. Al bezat hij als geen ander het vermogen te schrijven langs 'het prikkeldraad der wet', zijn veroordelingen wegens persdelicten waren talrijk. Dat was al begonnen in Medan waar hij een bestuursambtenaar had beledigd. Hij werd veroordeeld tot drie maanden gevangenisstraf die hij in 1902 in Batavia uitzat.

Die rechtszaken buitte hij in zijn krant volledig uit. Hij was een handig én geestig manipulator die de autoriteiten onveranderd in een ongunstig daglicht stelde. Hij wond er zijn lezers mee om de vinger. Hijzelf poseerde als 'een onvermoeid zoeker naar Waarheid en naar Recht',[14] als een man die handelde vanuit 'onbaatzuchtigheid en eerlijkheid'.[15] Dat hij in 1906 werd geroyeerd als lid van de sociëteiten De Harmonie en Concordia omdat hij enige bekende personen op het hart had getrapt, was volgens hem eveneens een logisch gevolg van zijn handelen uit edele aandriften. Zo nu en dan kreeg hij een pak slaag van mensen die zich aangetast achtten in hun eer en goede naam, zoals begin november 1909 toen hij werd afgerost voor zijn eigen kantoor. Tot klappen kwam het ook tussen hem en sommige medewerkers. Hij was een potentaat.

Van enige relativering van zijn gelijk was bij Wybrands geen sprake. Wie niet voor mij is, is tegen mij, zo ongeveer luidde zijn devies. 'Op een harde knoest hoort een scherpe bijl', was zijn leus. Harde knoesten zag of vond hij overal en dus was ook de bijl nooit ver weg. Velen hebben het ondervonden, onder wie tal van collega's – 'onwetende grutters met zielen van taai-taai'[16] – die hij bracht onder het juk van zijn insinuerende boosaardigheid.

Al in het eerste door hem geredigeerde nummer van het *Nieuws van den Dag* liet hij zijn lezers niet in het ongewisse over zijn bedoelingen en aanpak. Hij zou opkomen voor het algemeen belang en dat zonder aanziens des persoons. Met zijn vakbroeders wenste hij in vrede te leven, maar als ze hem in de weg zaten zou hij zich verweren *'with teeth and nails'* en waarheid zou hij geven 'in aangenamen vorm':

> Roggebrood is uiterst voedzaam en lichte gebakjes zijn zonder kwestie minder degelijk. Toch zijn beide van meel gemaakt en ... het is mijne vaste overtuiging, dat er door de journalisten op Java [...] te veel roggebrood gebakken wordt. Wel, ik voor mij houd meer van iets minder kleffigs. En Gij?[17]

Ex libris van Karel Wybrands

Het is een fraai *statement* van een man die wist wat hij aan stijl in huis had. Hij ging er prat op de best schrijvende én meest temperamentvolle journalist in Indië te zijn. 'Ik voor mij ben gewoon dat men mij léést. Met of zonder instemming, maar... men *leest* mij.'[18] Bescheiden was het niet, maar wel waar.

Bang voor Karel Wybrands' vileine pen
(Uit: C.W. Wormser, *Journalistiek op Java*, 1941)

Veel gelezen bijvoorbeeld – andere kranten namen haar over – was Wybrands' polemiek met de al evenzeer niet van schrijftalent gespeende advocaat en journalist Thomas. De pennenstrijd werd in juli 1910 begonnen door de laatste. Met de repliek van zijn tegenstrever (op 'den gezwollen bombast van den zich opblazenden kikker') was een *perkara* geboren die meer dan een halfjaar voortduurde. Thomas schilderde Karel af als een regelrechte schande voor de journalistiek, Wybrands op zijn beurt deed er alles aan Thomas' reputatie als advocaat in de vernieling te schrijven. Diens corpulentie was een ander dankbaar thema, zoals in deze passage:

> Daar zijn nu eenmaal van die kleine onaangenaamheden verbonden aan het leven in Indië: je loopt op je erf na een regenbuitje, en plots trap je bijna op een vette, vieze pad met groote *Glotz-augen*, die gestadig zijn loeiend

gekwaak doet hooren. [...] Het ongedierte in Indië te willen uitroeien, is een onbegonnen werk. Laat ons dankbaar zijn dat het bij weerzinwekkende vorschen en krekels en een enkel muskietje blijft.[19]

En in deze:

Van ochtend kwam ik langs Molenvliet. Ik was al misselijk, omdat ik bij vergissing *Thomas* had gelezen. Mijn stemming werd er niet beter op, toen ik in het modderige grauwe water van Molenvliet een walgelijk, wanstaltig dik zwart voorwerp zag drijven. Ik keek en keek en dacht eerst, dat het een berucht advocaat in toga was. Maar toen ik goed keek, zag ik dat het een gewoon varken was.[20]

'HET GEDRUKTE WOORD BLIJVE REIN'

Zoals Robert Koch de tuberculine gebruikte voor de diagnose van tuberculose, zo wenste Wybrands zich te bedienen van de 'journalistieke tuberculine: de satyre, de vlijmende spot' om 'stinkende wonden' aan het licht te brengen.[21] 'Dreyfusiana' zette hij boven enkele van zijn hoofdartikelen.

Nog in Medan was hij behalve met bepaalde bestuursambtenaren in botsing gekomen met de daar gevestigde militaire macht vanwege een uithaal naar een officier die getapt was om zijn obscene grappen. Hij had de man een 'specialiteit in het uitslaan van walgelijke vuile taal' genoemd en hem vergeleken met 'een komeet die een staart van vunzige moppen achter zich aan sleepte'.[22] Collega's namen het uit *esprit de corps* op voor de officier en de commandant deed *De Sumatra Post* in de ban.

Wybrands' tirade tegen de 'vuile taal' uitslaande luitenant stond allerminst op zichzelf. Hij had een fobie voor wat hij 'armzalige toespelingen op het geslachtsleven' noemde. Hij vond het nodig om al in zijn entreeartikel in het *Nieuws van den Dag* te getuigen van zijn hekel aan dat soort 'viezigheden': 'Hoe ik zelf over deze soort aardigheden denk? Ik verfoei ze, ronduit! [...] Ik vind ze nog dommer dan slecht.' Hij zou, verklaarde hij, in voorkomende gevallen de strijd aanbinden 'tegen vuns gepraat en geschrijf, tegen walgelijke "aardigheden", tegen "moppen" die een kameel aan het blozen zouden maken'. Want 'het gedrukte woord, dat in den huiselijken kring onder de oogen van jonge meisjes komt, blijve rein'.

| *Tropenstijl*

Dat sloeg niet alleen op het 'gedrukte woord'. In 1924 gebeurde het tot driemaal toe dat de door medewerkster Rosine in haar wekelijkse damesrubriek vervaardigde tekeningetjes van vrouwen in een bepaalde *outfit* door Wybrands te bloot werden bevonden, waarop hij opdracht gaf benen en borsten met strookjes af te plakken.

Ook het benoemen van zoiets als homoseksualiteit vond hij 'wroeten in vuil *omdat* het vuil is, en omdat het – God betere het – pikante lectuur gaf aan gedegenereerden'.[23] En passant viel hij uit naar de seksuoloog A. Aletrino die in Nederland aandacht vroeg voor homoseksualiteit, en naar de naturalistische schrijvers Frans Netscher en Israël Querido die dat onderwerp eveneens aanroerden. 'Zwijnen' vond hij hen.[24] Het doet nogal hypocriet aan dat hij op de krant zijn 'godverdommes' afwisselde met scabreuze moppen, dit tot vermaak van zijn serviele ondergeschikten.

We weten dit onder anderen van E. du Perron die in 1919 vier maanden als jongste redacteur bij hem werkte en in zijn *Het land van herkomst* – Wouter Doornik heet hij in de roman – een paar fraaie bladzijden wijdde aan de gevreesde perssatraap en diens omgeving:

Karel Wybrands met zijn redacteuren aan de lunch, omstreeks 1923

> Ik mocht met hem en de andere heren aan tafel eten en om de schuine moppen meelachen die zijn goed humeur dan voortbracht. Een ervan was dat hij spoedig een russiese sekretaresse zou hebben die hij overtuigend beschreef door te snuiven, maar zij zou voor de direktiekamer alleen zijn. – Een hele enkele keer alleen, zei hij dan met een plotselinge blik op mij, mag ze éven bij jullie komen om Ducroo [Du Perrons alter ego] te verleiden. – Waarop het gezelschap zich verenigde in een diep en genietend gelach.

Karels broer Gerrit, die hem als mederedacteur terzijde stond, werd door Du Perron beschreven als iemand met 'een gezicht waarvan ik de vulgariteit nog altijd overtroffen moet zien'. Vanwege diens onmatig alcoholgebruik werd hij wel 'De Onderzeeër' of 'het wandelende bitterglaasje' genoemd.[25]

Wybrands moest evenmin iets hebben van de moderne Nederlandse literatuur, onder meer omdat daarin zoveel 'viezigheid' voorkwam: 'de nieuwere schrijvers in Holland die het smerige en gemeene beschrijven omdát het gemeen en smerig is, omdat zij predilectie hebben voor vuil, omdat hunne zielen niet anders kunnen omvatten, hunne pennen niet anders kunnen weergeven dan vuil en de eigenaardigheden van vuil'.[26]

Met hen bedoelde hij behalve de naturalistische schrijvers ook het 'plebeïsch klierachtige literatoren-geslacht na [de Beweging van] Tachtig': Ary Prins, Frans Coenen, en Johan de Meester met hun proza 'van den zelfkant der samenleving'.[27]

Hij ergerde zich evenzeer aan de moderne dichtkunst. Op een lovende bespreking in de *Nieuwe Rotterdamsche Courant* van de poëzie van Paul van Ostayen reageerde hij met: 'Zie daar de Kunst, ziedaar de Kunst-critiek van dezen tijd! In Nederland's "eerste dagblad"… Het is alsof men het waanzinnig gelal van een gekkenhuis beluistert!'[28] Verfoeilijk vond hij ook Indische auteurs als Augusta de Wit, M.C. Kooij-van Zeggelen (met haar 'wee zoetelijk gezanik')[29] en Louis Couperus (dat 'glibberige heerschap').[30] In 1922 bracht hij een lofzang uit op de een kwarteeuw daarvoor overleden P.A. Daum. Wat deze schreef 'is realistisch werk, dat […] verre is te prefereeren boven het zwoel-sensueele van b.v. Couperus' *Stille kracht*'.[31]

CARRY VAN BRUGGEN

Seksualiteit hoorde tot het privéleven en daarvan diende de publicist volgens Wybrands af te blijven. Maar hijzelf schroomde niet, als hem dat zo uitkwam, dat privéleven op uiterst grove wijze aan te tasten. Dat van Carry van Bruggen bijvoorbeeld. Zij was in 1904 in Medan gekomen als echtgenote van Kees van Bruggen, hoofdredacteur van de *Deli Courant*. Carry, verantwoordelijk voor de rubriek 'Van boek en tijdschrift' daarin, sprak eind 1905 haar appreciatie uit voor het werk van Israël Querido. In een reactie daarop maakte Wybrands de bewonderaars van Querido uit voor 'krankzinnigen'.

Carry repliceerde dat hij misbruik maakte van zijn macht als populair journalist en dat zijn oordeel over Querido 'een uiting der ijdelheid was van 'n door lachsucces over 't paard getild redacteurtje, dat alles "durft"'. En wat haarzelf betreft: 'Wil hij literaire kritiek schrijven, wil hij daarin aanvallen hen voor wie ik liefde en dankbaarheid voel, dan zal ik hem wel gaarne en altijd van repliek dienen, al blijft 'n polemiek met gezegden heer een voor de zenuwen der betrokkenen gevaarlijke onderneming.'

Zeker dat laatste had ze beter achterwege kunnen laten. Want hoe gevaarlijk het inderdaad was met hem de degens te kruisen, zou ze tot haar grote schade ondervinden. De in Medan in planterskringen onveranderd populaire Wybrands – zijn *Nieuws van den Dag* (Carry zelf merkte het op!) werd daar 'druk gelezen' – sloeg genadeloos terug. Refererend aan haar pseudoniem 'May' schreef hij onder de titel 'Een lentegodin onder het mes' onder meer:

> Om goed te laten uitkomen dat zij eene 'vrije' vrouw is, draagt 'May' nog altijd het onsmakelijk en excentriek toilet waarmee ze in Deli aankwam. Een grauw linnen peignoir, zonder corset, en nagenoeg zonder ondergoed er onder […] gelijk te zien is wanneer de zon hare kleding transparant maakt […]. In datzelfde toilet verschijnt de excentrieke dame in de Soos […] en zij ziet er dan zóó smerig en onappetijtelijk uit dat de Deli planters er zich over ergeren en zich erover uitlaten 'dat zoo'n w..f, op die manier gekleed, feitelijk niet in de Soos behoorde te worden toegelaten'.

En Wybrands' laatste alinea:

> De artikelen van 'May' en haar schaarzwaaiende echtvriend geven mij allerminst aanleiding om van meening te veranderen, integendeel. En daarmee basta! [...] Als ik met iedereen in polemiek wou treden die zich aan mijn blad wil ophijschen om daardoor in het licht te komen [...], terwijl hij feitelijk geen praats en geen oorveeg waard is, dan had ik wel dagwerk. En dus, al is het ietwat *cavalièrement* gehandeld ten opzichte van eene Lente godin, dus schop ik 'May' bij deze weer in het donker terug.

Wat Wybrands eenmaal beet had, vermorzelde hij in etappes. Haar in een literair tijdschrift geplaatste schets 'In tweelicht' bestempelde hij als 'zóó schaamteloos, zóó persvers, zóó cynisch en verdorven van strekking, dat men zich verwondert hoe eene *Vrouw* zoo iets kon schrijven'. Hij rekende de schrijfster tot de 'brutale *vischwijven*' en zulke wezens 'snoert men den mond op de wijze die zij het best begrijpen, namelijk door er een natte dweil in te stoppen'.

Gekwetst tot in het diepst van haar ziel moet Carry van Bruggen zich hebben gevoeld. Geen letter schreef ze meer voor de krant. Ongegeneerd te kijk gezet waren zij en haar man door Wybrands en in menige voor- en achtergalerij waren zij het onderwerp van roddel en spot. Ook om andere redenen werd hun verblijf in Medan onleefbaar. 'Wij hadden het land niet lief en we zouden er geen innig-lieve vrienden laten', vatte Carry in 1907 hun verblijf in de kolonie samen.[32]

EEN AARTSCONSERVATIEF IN ALLES

Wybrands karakteriseerde zichzelf in 1925 als volgt: 'Wij die reactionair zijn in merg en been, sedert meer dan eene kwart eeuw, ... gezóndbehoudend, maar vaderlijk-streng, maar opvoedend, opbouwend, rechtvaardig... ja: *rechtvaardig* vooral!...'[33]

Hij was een aartsreactionair in alles. En dat liet hij, de stilistisch begenadigde straatvechter, weten ook. Met zijn briljante, maar giftige pen ging hij tekeer tegen alles en iedereen die streefde naar maatschappelijke verandering: de socialisten ('schurftige honden',[34] met de communisten het grootste 'canaille' dat er bestond), de feministen ('kwebbels die haar man tot razernij brengen door haar bemoeiziek geleuter'),[35] en de politici die een lans braken voor algemeen kiesrecht ('Van alle in deze eeuw uitgehaalde stommiteiten is deze wellicht de ergerlijkste': een 'coquetteeren met Jan Rap').[36]

Maar de meest verderfelijke 'moderniteit' was voor Wybrands de 'opheffing' van de Indonesiër. 'Wij *zijn* de meesters', richtte hij zich tot J.E. Stokvis, hoofdredacteur van de ethische Semarangse krant *De Locomotief*, 'en wij zullen dat blijven, zoolang niet de ethische geestes-richting van U en Uw kornuiten de overhand zal hebben verkregen!' En dat dat laatste nog wel vierhonderd jaar of langer kon duren, achtte hij waarschijnlijk. Dat 'groote Inlandsche kind' gaf men immers geen vinger, want dan maakte het zich meester van de hele hand en werd het een 'gevaarlijk roofdier'.[37]

Waarom zou die kloof tussen Europeaan en Indonesiër gedempt moeten worden? 'Wij verzetten ons tegen zulke dempingsplannen. Laat de inlander maar aan *zijn* kant van de kloof blijven, en dáár doen wat men hem van hier toeroept om te doen.'[38] En mocht hij praatjes verkopen of de hand opheffen tegen het gezag, men passe de 'methode van Generaal Dyer[39] tegen oproerige schelmen en moordenaars' toe: 'Met honderd betrouwbare soldaten en twintig duizend patronen is er geen kans op eene revolutie in Insulinde. Alleen... men moet ze durven te gebruiken! Eene aderlating kóst bloed...! Maar als de patiënt er nu door genéést!?...'[40]

Wybrands wenste een leiderschap van de ijzeren vuist. Het geven van rechten aan de Indonesiër was voor hem een domheid in optima forma. Genadeloos achtervolgde hij de verdedigers van de ethische politiek. Zijn reservoir aan krachttermen was omvangrijk. Ongelimiteerd grof was hij tegen collega's die steun gaven aan het ethische ideaal. Vooral Stokvis (die 'brutale S.D.A.P.-clown')[41] en zijn opvolger A.J. Lievegoed lagen bij voortduring onder zijn vuur. Zoals in 1918: 'wezens als Lievegoed: slijmerig, kwallig, lafhartig, zonder ziel, zonder vuur, zonder geestdrift: het drab en schuim der Hollandsche ondeugden, wekken mijne walging en mijne ergernis'.[42]

Wybrands was de exponent van een kwaad dat zich door de jaren heen naar binnen vrat. Met ongeloof vernamen in 1923 de nationalisten, en niet alleen zij, dat hij een koninklijke onderscheiding had gekregen. Hun verbittering groeide in de loop van de jaren tot een climax, toen de tot in de Volksraad gedane oproepen Wybrands te vervolgen om zijn 'grofste straatschenderij' onbeantwoord bleven.

Westers opgeleide Indonesiërs kleedden zich vaak Europees.
Wybrands rekende ze tot de 'de gevaarlijke soort' (tekening
van Menno van Meeteren Brouwer, 1922).

Wat Wybrands en zijn geestverwanten in werkelijkheid teweegbrachten in nationalistische kring, vinden we onder meer verwoord in de memoires van de communistische leider Ali Sastroamijoyo, die in 1926 Indië ontvluchtte:

> Every time I read Wybrands' articles, hatred and anger against the Dutch rose up in my heart. I wanted to know what the reaction of our leaders was to this kind of ridicule and abuse. Alimin's [een oudere vriend] reaction was empathic: in addition to cursing Wybrands and his accomplices, he was also thankful to them because, as he explained, the more violently and the more often they abused us, the quicker would our leaders realize by what type of Dutchmen they were colonized and the braver and more

resolute they would become in fighting for the independence of the Indonesian people.[43]

De *Nieuwe Rotterdamsche Courant* schreef na Wybrands' dood:

> De Inlandsche nationalisten gingen de figuur van Wybrands zien als de personificatie van een aan heel hun wezen vijandig imperialisme en ze verwerkten zijn hoon tot revolutionair propaganda-materiaal en tot prikkellectuur. Zij erkenden dat men bij dezen publicist ten minste precies wist wat men aan hem had: een genadeloozen vijand.[44]

De Nederlanders waren daarentegen zeer te spreken over Wybrands. Men kon bezwaar hebben tegen de manier waarop, schreef een Oostjavaans dagblad, maar 'ontkennen dat in het *Nieuws gezegd* wordt, wat in europeeschen kring vrijwel een ieder *denkt*, kan niemand'. Wybrands, vervolgde het blad, geeft 'uiting aan de gevoelens en gedachten van de overgroote meerderheid der europeesche bevolking hiertelande'.[45]

'De Agent in de woelige Insulinde-straat hebbe geen ethische lelie in de hand, maar een duchtige gummi-stok', schreef K.W. in 1919. Die gummistok in plaats van de ethische lelie. Hij kon het zo heel precies zeggen! Hoe goed viel dit soort 'scherpe spijzen'! Het kon nog duidelijker, zoals met die 'vertelling' van tien jaar later in een van zijn in Indische kring befaamde 'Zaterdagsche causerieën':

> Onlangs had ik [Wybrands] met mijn wagenpoetser Saimon een strikt Ethisch onderhoud.
> We reden langs Molenvliet. Het 20e Bataljon, met muziek aan 't hoofd, marcheerde voorbij. Toen 'ontspon' zich 't volgende gesprek:
> – Hoeveel man denk-je dat daar loopen, Saimon?
> – Belangkali sariboe, Toean [Misschien duizend, meneer]
> – Nee, het zijn er maar 500. Maar op Weltevreden liggen er nog tien maal zooveel.
> – Wah, Toean [Goh, meneer]
> – Hoeveel menschen denk jij dat die 500 soldaten in één minuut kunnen dood maken?
> – Tida taoe, Toean [Dat weet ik niet, meneer]
> – Duizend menschen in de minuut. Als ze een uurtje bezig zijn, precies zolang als jij, luie gladakker, noodig hebt om de wielen af te was-

schen, dan leeft er geen een mensch meer in de kotta [stad]. Heb je dat begrepen?
- Saja Toean (met bijzonderen nadruk) [Jazeker, mijnheer]

De macht der cijfers! Ik durf te beweren dat dit korte onderhoud even goed in het waarachtig belang van Saimon c.s. is geweest als een ellenlange verhandeling over de goede bedoelingen van de Regeering.[46]

EEN VERMOGEND MAN

Wybrands beschikte over een scherp zakeninstinct. Hij was zowel eigenaar van de krant als van haar drukkerij, de firma Albrecht & Co., die eveneens werkte voor (staats)bedrijven en particulieren. Ook het in 1919 door hem opgerichte populaire weekblad *Het Indische Leven* en andere zakelijke activiteiten legden hem geen windeieren. K.W. werd een vermogend man en liet dat de buitenwereld graag weten. In het begin van de eeuw hoorde hij tot de weinigen in Batavia die rondreden in een automobiel. Hij hield van dure auto's.[47]

Vanaf omstreeks 1915 werd Parijs zijn tweede domicilie. Hij bewoonde er met zijn gezin een fraai ingericht huis. Hij was in 1906 getrouwd met de Indo-Europese Eveline Hedrich von Wiederhold; in 1919 hadden zij zes kinderen. In de jaren twintig kwam het tot een echtscheiding en hertrouwde hij met een Française. Vanaf 1918 bezat hij in Viarmes, bij Parijs, een groot landgoed met daarop zijn Villa Batavia. Vurig francofiel ('het nobele, glorieuze Frankrijk') als hij was, liet hij zich in het begin van de jaren twintig naturaliseren tot Fransman. E.J. van Lidth de Jeude, die hem in Parijs leerde kennen, vertelde over de grootse staat die Wybrands in zijn tweede vaderland voerde: hij was 'zeer trotsch op alles wat hij gepraesteerd had, en die trots naderde soms tot een kinderlijke ijdelheid'.[48]

Zijn vermogen stelde Wybrands in staat veel te reizen, binnen Indië maar vooral naar Europa, later ook naar Hongkong en het 'Verre Oosten'. Hij zocht daarin 'ontspanning' en benutte die tochten bovendien voor zijn krant: vele honderden reisbrieven zijn er in de loop van de jaren onder het pseudoniem Diederik Baltzerdt verschenen.

HET EINDE

Vanuit Batavia reisde Wybrands regelmatig met zijn auto over Java: voor kopij en voor zijn plezier. Hij nam ook deel aan tourtochten. In mei 1912, tijdens een 'dwars-door-Java-tocht', raakte hij bij een ongeluk ernstig gewond; pas na enkele maanden kon hij zijn werk hervatten. Een ongeluk in 1928 liep goed voor hem af. Maar het jaar daarop werd zijn passie hem fataal. Op 26 mei 1929 verloor zijn chauffeur op West-Java de macht over het stuur en ramde een brugleuning. Zwaar gewond werd Wybrands naar een ziekenhuis in Bandoeng vervoerd. Daar stierf hij tijdens een operatie. Hij was 65 jaar oud geworden. Met ontsteltenis werd in de kolonie gereageerd op zijn plotselinge dood. Zijn begrafenis op Tanah Abang in Batavia kreeg massale belangstelling uit alle geledingen van de Indische samenleving. Met één veelbetekenende uitzondering: de Indische regering had zich niet laten vertegenwoordigen.[49]

In alle kranten werd Wybrands herdacht: de 'merkwaardigste journalist in dit land, van onze twintigste eeuw', aldus een collega.[50] Verwezen werd naar de bewondering maar ook naar de verguizing die hem tijdens

Karel Wybrands
vlak voor zijn dood, 1929

zijn leven ten deel waren gevallen: 'Wybrands had slechts vrienden en vijanden: vurige vereerders voor wien zijn woord een evangelie was – tegenstanders die zijn journalistieke methoden laakten... en erger', aldus J. Ritman.[51] Sommigen die hem wat beter kenden, wezen op zijn in de loop der jaren toegenomen vereenzaming en verbittering. W. Belonje, hoofdredacteur van *De Indische Courant* en zijn principiële tegenstander gedurende vele jaren, formuleerde het zo: 'Zelfs zijn naaste omgeving wist deze verbitterde man van zich te vervreemden. En zo werd hij gaandeweg tot een tragische figuur, een man, die veelal de slaaf werd van zijn ongebreideld temperament.'[52]

Ook zijn geestverwant Zentgraaff noemde hem een tragische figuur: over 'zijn leven hing de sombere eener groote eenzaamheid, waarin nog slechts de figuren van enkele vrienden stonden'. En hij citeerde uit een in zijn bezit gekomen ontboezeming van Wybrands: 'Onbegrepen ben ik, was ik, zal ik zijn. Gehaat, waar ik niets dan goeds voor had; gevreesd, waar ik naar liefde en vertrouwelijkheid smachtte; geminacht door mijne minderen, bedrogen en verraden door wie mij het naast staan.'[53]

Wellicht hadden die laatste woorden betrekking op zijn gezinsleven. Opvallend is in ieder geval dat er naar aanleiding van zijn dood, behalve over zijn in Batavia vertoevende zoon John, met geen woord werd gerept over zijn weduwe en kinderen in Frankrijk. Bijna tien jaar later, in 1938, krijgen wij de weduwe even in beeld. C.W. Wormser, mede-eigenaar geworden van het *Nieuws van den Dag*, bezocht haar – 'een oude dame' – in de Villa Batavia in Viarmes om een schuld van Wybrands' erven aan een bedrijf in Batavia te regelen.

Hij trof huis en landgoed in een ernstig verwaarloosde staat aan en besloot ter plaatse, zonder zich aan haar bekend te maken, het er verder maar bij te laten. Vlak voordat hij weg ging, zag hij in de slaapkamer het 'groote omkranste portret van K.W. hangen tegen het verkleurde gescheurde behang'.[54]

Noten
1 Koch 1960:171.
2 In dit tijdschrift trof ik vooral reisimpressies en -verhalen van zijn hand aan. Vermoedelijke pseudoniemen van hem zijn Hassan Effendi en Martin Carlos. Als toneelcriticus gebruikte hij het pseudoniem Carlo, dezelfde schuilnaam waaronder hij in de kolonie opereerde als literair criticus.

3   'Aan den lezer', *De Sumatra Post* 3-8-1899.
4   Voor deze biografische gegevens werden verschillende bronnen gebruikt. Zie Termorshuizen 2011:756-9 en de daarbij horende noten.
5   Koch 1960:172.
6   'Aan den lezer', *De Sumatra Post* 3-8-1899.
7   'Aan de lezers der Sumatra Post', *De Sumatra Post* 2-1-1901.
8   'Visschen in troebele vyvers', *De Sumatra Post* 31-12-1900. Zie over Mulier als leider van de *Deli Courant*, Termorshuizen 2011:658-61.
9   Opvallend is Wybrands' ouderwetse 'y' (waarin hij Multatuli volgde) in plaats van 'ij'. In de loop van 1900 gaat hij 'ij' schrijven. Dat dit wel wennen was, blijkt uit artikelen waarin hij beide vormen naast elkaar gebruikt.
10 'Boekbeoordeeling', *De Sumatra Post* 25-11-1899.
11 'Van hier en daar', *De Sumatra Post* 8-2-1900.
12 'Boekbeoordeeling', *De Sumatra Post* 4-10-1899.
13 'Vooropdringen', *De Sumatra Post* 28-9-1899.
14 'Miskenning...', *Nieuws van den Dag* 18-12-1919.
15 'Een aanval', *Nieuws van den Dag* 4-3-1902.
16 '"Vol au vent" of "gebakken zeemleer?"', *Nieuws van den Dag* 11-5-1906.
17 'Tua res agitur!', *Nieuws van den Dag* 27-12-1927.
18 'Roering in de Nederlandsch letteren', *Nieuws van den Dag* 8-8-1921.
19 'Op zijn nummer gezet', *Nieuws van den Dag* 6-12-1909.
20 Geciteerd uit Joël 1952:99.
21 'Tuberculine', *De Sumatra Post* 9-4-1901.
22 'Pers-manieren', *De Sumatra Post* 7-5-1901.
23 'Weerzinwekkende bijzonderheden', *Nieuws van den Dag* 3-12-1907.
24 'Een journalist op Java', *Nieuws van den Dag* 29-3-1921.
25 Du Perron 1996:265-72. Zie ook Snoek 2005:198-203.
26 'Een lentegodin onder het mes', *Nieuws van den Dag* 24-1-1906.
27 'Indië en de Tachtigers', *Nieuws van den Dag* 22-9-1921.
28 'Kunst en Kunst-kritiek', *Nieuws van den Dag* 14-12-1928.
29 'Een boek over Indië', *Nieuws van den Dag* 16-2-1921.
30 'Louis Couperus áf!', *Nieuws van den Dag* 26-1-1922.
31 'Verdiende lof!', *Nieuws van den Dag* 24-8-1922.
32 Ik schreef hierover eerder: Termorshuizen 2001:662-4.
33 'Doctrinair dilettantisme', *Nieuws van den Dag* 15-4-1925.
34 Zie 'De scheld-machines', *De Courant* 12-5-1928.

35 Deze en andere uiterst denigrerende opmerkingen maakte hij naar aanleiding van een in 1911 in Batavia georganiseerde propaganda-avond van de Vereeniging voor Vrouwenkiesrecht, waar onder anderen Aletta Jacobs het woord voerde.
36 'De "Zwartjes" aan het roer', *Nieuws van den Dag* 28-6-1909; 'Algemeen kiesrecht', *Nieuws van den Dag* 16-7-1925.
37 'De Inlandsche pers', *Nieuws van den Dag* 6-4-1923.
38 'De Ethische Richting en haar gevolgen' (II), *Nieuws van den Dag* 29-11-1910.
39 Deze Britse generaal richtte op 13-4-1919 een bloedbad aan door zijn soldaten te laten schieten op een menigte Indiërs in Amritsar. Honderden mensen kwamen om het leven. Dyer kreeg in Engeland een onderscheiding.
40 'Als men terugkomt!...', *Nieuws van den Dag* 5-5-1922.
41 'De scheld-machines', *De Courant* 12-5-1928.
42 'Melige landverraders', *Nieuws van den Dag* 3-1-1918.
43 Ali Sastroamijoyo 1979:12. Dit citaat betreft een vertaling vanuit het Indonesisch (mededeling van Harry Poeze)
44 'Karel Wybrands †', *NRC* 27-5-1929.
45 'De zondebok', *De Oosthoekbode* 28-12-1927.
46 In het door Wybrands geredigeerde weekblad *Woord en Beeld* 12-1-1929.
47 Voor de kenners: in 1919 reed hij met zijn 'Cole 8' naar Bali en de krant van 4 april 1923 toont ons een foto met K.W. in zijn '6 cylinder Hispano-Suiza'.
48 Geciteerd bij Snoek 2005:200.
49 Het persbureau Aneta vermeldde nauwkeurig de al dan niet bij de begrafenis aanwezigen, informatie die door de kranten werd overgenomen. Zie bijvoorbeeld 'Houding', *Midden-Java* (II) 31-5-1929.
50 'Karel Wybrands †', *De Preanger-Bode* 27-5-1929.
51 'Wybrands', *Bataviaasch Nieuwsblad* 27-5-1929.
52 'Karel Wybrands †', *De Indische Courant* 28-5-1929.
53 Zentgraaff 1934:1-13.
54 Wormser 1941:63-5.

Auteurs

Huub de Jonge (1946) is als economisch antropoloog verbonden aan de Radboud Universiteit Nijmegen. Zijn belangrijkste interessegebieden zijn cultuur en economie; ondernemerschap en etniciteit; en levensstijlen en identiteit. Hij publiceerde de afgelopen jaren verscheidene artikelen over de Indo-Arabische minderheid in Indonesië en is co-editor (met Nico Kaptein) van *Transcending borders: Arabs, politics, trade and Islam in Southeast Asia* (2002).

Frank Okker (1951) promoveerde op *Dirksland tussen de doerians: Een biografie van Willem Walraven* (2000). Drie jaar geleden verscheen van zijn hand *Tumult: Het levensverhaal van Madelon Székely-Lulofs* (2008, tweede druk 2009). Hij publiceerde in *De Parelduiker, De Gids, Indische Letteren, Moesson, NRC Handelsblad* en *Vrij Nederland*. Daarnaast werkte hij mee aan diverse academische artikelenbundels en (hand)boeken. Op het moment schrijft hij op verzoek van het KITLV in Leiden een boek over Gerret Pieter Rouffaer.

Harry A. Poeze (1947) was van 1981 tot 2010 hoofd van de KITLV Uitgeverij. Hij is nu nog als 'senior publisher' verbonden aan de uitgeverij. Zijn belangrijkste publicatie is het driedelige *Verguisd en vergeten: Tan Malaka, de linkse beweging en de Indonesische Revolutie, 1945-1949* (2007), dat aansluit bij zijn biografie van Tan Malaka over de levensjaren 1897-1945, verschenen in 1976. Tot zijn andere werk behoort *In het land van de overheerser: Indonesiërs in Nederland, 1600-1950* (1986).

Olf Praamstra (1950) is voorzitter van de opleiding Dutch Studies aan de Universiteit Leiden en bijzonder hoogleraar 'De Nederlandse literatuur in contact met andere culturen'. Hij schreef *Een feministe in de tropen: De Indische jaren van Mina Kruseman* (2003) en *Busken Huet: Een biografie* (2007). Met Eep Francken stelde hij een bloemlezing samen uit de Zuid-Afrikaanse Nederlandse literatuur, *Heerengracht, Zuid-Afrika* (2008) en met Peter van Zonneveld publiceerde hij *Omstreden paradijs: Ooggetuigen van Nederlands-Indië* (2010).

Wim Rutgers (1941) studeerde Nederlands en Algemene Literatuurwetenschap. Hij promoveerde in 1994 op het proefschrift *Antilliaanse literatuurgeschiedenis: Schrijven is zilver, spreken is goud*. Hij is als hoogleraar Literatuurwetenschap en literatuurgeschiedenis verbonden aan de University of Curacao.

Angelie Sens (1960) is cultuur- en pershistoricus en sinds 2002 directeur van het Persmuseum te Amsterdam. Ze studeerde geschiedenis aan de Universiteit Utrecht en promoveerde in 2001 aan de KUN (nu Radboud Universiteit) op haar proefschrift *'Mensaap, heiden, slaaf': Nederlandse visies op de wereld rond 1800*. Sens publiceert regelmatig over (pers)historische thema's en maakte diverse tentoonstellingen en websites, onder andere over de pers in Nederlands-Indië/Indonesië ('Journalistiek in de Tropen') en de Surinaamse pers ('K'ranti!').

Gerard Termorshuizen (1935) is als gastonderzoeker verbonden aan het Koninklijk Instituut voor Taal-, Land- en Volkenkunde in Leiden. Hij promoveerde in 1988 op een boek over de Indische journalist en romancier P.A. Daum. Hij publiceert regelmatig over Indische literatuur en Indische pers en werkte de laatste twintig jaar aan een geschiedenis van de Indisch-Nederlandse pers: in 2001 verscheen *Journalisten en heethoofden* (over de periode 1744-1905) en in 2011 *Realisten en reactionairen* (over de periode 1905-1942). Voor beide boeken kreeg hij de assistentie van Anneke Scholte. Hij redigeerde de bundel *Tropenstijl: Amusement en verstrooiing in de (post)koloniale pers* waarmee hij eind 2011 afscheid nam 'van Leiden'.

Ellen de Vries (1958) studeerde Massacommunicatie aan de Universiteit van Amsterdam en werkt sinds 1988 als freelance journalist. Ze publiceerde onder andere *Suriname na de Binnenlandse Oorlog* (2005) en was redacteur van *K'ranti! De Surinaamse pers 1774-2008* (2008). Met steun van onder andere het Nationaal instituut Nederlands slavernijverleden en erfenis werkt ze aan de Universiteit van Amsterdam aan een dissertatie over de rol van media in de postkoloniale verhouding tussen Nederland en Suriname.

Peter van Zonneveld (1948) is sinds 1975 verbonden aan de opleiding Nederlands van de Universiteit Leiden. Hij houdt zich vooral bezig met de Indisch-Nederlandse letterkunde en de literatuur van de negentiende eeuw. In 1993 promoveerde hij op een dissertatie over de Leidse Romantiek. Hij is vanaf 1985 voorzitter van de Werkgroep Indisch-Nederlandse Letterkunde en redacteur van het tijdschrift *Indische Letteren*.

Hij publiceerde vele boeken en artikelen over Indische literatuur, zoals *Album van Insulinde* (1995), *Indisch landschap: Dichters en schrijvers over Indonesië* (1999) en *De tuin van de Indische Romantiek* (2000).

Bibliografie

ARCHIEVEN

Persmuseum, Amsterdam
Archief J.P. Verhoek
Journalistenbiografieën (knipselarchief)

PUBLICATIES

Adi Negoro (Adinegoro)
1927   *Darah moeda*. Weltevreden: Balai Poestaka.
1928   *Asmara djaja*. Weltevreden: Balai Poestaka.
1930-32   *Melawat ke Barat*. Drie delen. Batavia: Balai Poestaka.
1949   *Falsafah ratu dunia: Uraian tentang pokok-pangkal kekuasaannja jaitu anggapan umum dan dari hal tiang-tengah keradjaannja jakni demokrasi serta alat-alat pemerentahannja sepeti kepandaian mengarang dan berpidato, achirnja tudjuan negaranja jakni kedudajaan jang asli dan pembelaan harta-warga jang tak ternilai atau hak azazi manusia merdeka dalam negara jang merdeka dan berdaulat*. Djakarta: Balai Pustaka.
1966   *Publisistik dan djurnalistik*. Djilid II. Djakarta: Gunung Agung.
Al-Moetanabbie
1940a   'Dibalik tirai tonel hajat…! Azab sengsara poeteri Arab Indonesia', *Aliran Baroe* 23:8-10.
1940b   'Datoek Habibah. Prampoean Arab miskin…! Menghadapi kegentingan doenia dewasa ini', *Aliran Baroe* 27:20-4.
Assegaf, Ali
1939   'Djalan jang teroetama dan tjaranja!', *Aliran Baroe* 17:1-2.
Bafagieh, H.
1938a   'Masjarakat Arab kebandjiran perawan', *Aliran Baroe* 1:2-4.
1938b   'Kebingoengan masjarakat Arab terhadap so'al isteri: Nasibnja machloek didalam sangkar', *Aliran Baroe* 3:49-51.

Bakker, Piet
1961 *Zo was het*. Amsterdam: Bonaventura.
Bax, Mart
1988 *Religieuze regimes in ontwikkeling: Verhulde vormen van macht en afhankelijkheid*. Hilversum: Gooi en Sticht.
Behrens, H.P.H.
1955 *The Pretoria press story*. With a foreword by D.D. Sargent. [Pretoria]: City Council of Pretoria.
Berg, Joop van den
1994 'Tjalie Robinson als cartoonist', in: Bert Paasman et al. (red.), *Tjalie Robinson, de stem van Indisch Nederland*, pp. 55-62. Den Haag: Stichting Tong Tong.
1998 'Billy Cam', *Uitgelezen Boeken* 7-2:1-36.
Besselaar, Gerrit
1914 *Zuid-Afrika in de letterkunde*. Amsterdam: De Bussy, Kaapstad: Dusseau.
Binnendijk, Chandra van
2008 'Een nieuw spoor', in: Archie Sumter, Angelie Sens, Marc de Koninck en Ellen de Vries (red.), *K'ranti! De Surinaamse pers, 1774-2008*, pp. 191-213. Amsterdam: Persmuseum/KIT-Publishers.
Bloembergen, Marieke en Remco Raben
2009 'Wegen naar het nieuwe Indië, 1890-1950', in: Marieke Bloembergen en Remco Raben (red.), *Het koloniale beschavingsoffensief: Wegen naar het nieuwe Indië, 1890-1950*, pp. 7-24. Leiden: KITLV Uitgeverij. [Verhandelingen 265.]
Boom, Henk
1982 *Staatsgreep in Suriname: De opstand van de sergeanten op de voet gevolgd*. Utrecht/Amsterdam: Veen.
Boon, Jan
1948 'Twee jaar Taaie en Neut', *Wapenbroeders* (17 juni):4, 11.
1949 *Taaie en Neut*. Heemstede: Blok.
Bosman, F.C.L.
1928 *Drama en toneel in Suid-Afrika: Deel I: 1625-1855*. Kaapstad/Pretoria: Holl.-Afr. Uitgevers Mij. v/h Dusseau, Amsterdam: De Bussy.

Bosman, F.C.L. en A. Dreyer
1930   *Hollandse joernalistiek in Suid-Afrika gedurende die 19de eeu – Lewenssketse van Hollandse joernaliste in Kaapland.* Kaapstad: z.n.

Botha, H.C.
1984   *John Fairbairn in South Africa.* Cape Town: Historical Publication Society.

Bruijne, G.A. de
1983   'Naar nieuwe verhoudingen? De relaties Nederland-Suriname na 8 december 1982', *Christen Democratische Verkenningen* 5:289-305.

Buddingh', Hans
1995   *Geschiedenis van Suriname.* Utrecht: Het Spectrum.

Burgers, Thomas François
2004   *Dorp in het onderveld: Zuid-Afrikaanse verhalen.* Samenstelling Olf Praamstra. Amsterdam: Athenaeum-Polak & Van Gennep.
2007   *Tonele uit ons dorp: Suid-Afrikaanse verhale.* Ingelei en vertaal deur Wium van Zyl. Kaapstad: Africana Uitgewers.

Charraat
1938   'Gado gado Soerabaja.....!', *Aliran Baroe* 5:119-20.
1939a   'Gado-gado Soerabaia', *Aliran Baroe* 6:20.
1939b   'Gado-gado Soerabaia', *Aliran Baroe* 13:19-20.
1939c   'Gado-gado Soerabaia', *Aliran Baroe* 14:19-20.
1939d   'Gado gado Soerabaja', *Aliran Baroe* 16:31-2.
1939e   'Gado gado Soerabaja', *Aliran Baroe* 17:22.
1940a   'Gado-gado Soerabaia', *Aliran Baroe* 18:19-20.
1940b   'Boergoek...! Safhat "sedjarah" menjatat dengan tinta emas, katanja!', *Aliran Baroe* 20:13, 16.
1940c   'Gado-gado Soerabaia', *Aliran Baroe* 20:19, 22.
1940d   'Gado-gado Soerabaja', *Aliran Baroe* 23:20.
1940e   'Gado-gado Soerabaja', *Aliran Baroe* 24:19-20.
1940f   'Gado-gado Soerabaia', *Aliran Baroe* 28:17-9.

Conradie, Elisabeth
1934   *Hollandse skrywers uit Suid-Afrika: 'n kultuur-historiese studie: Deel 1: 1652-1875.* Kaapstad: H.A.U.M v/h Dusseau, Pretoria: De Bussy.
1949   *Hollandse skrywers uit Suid-Afrika: 'n kultuur-historiese studie: Deel 2: 1875-1905.* Kaapstad: H.A.U.M v/h Dusseau, Pretoria: De Bussy.

Crwys-Williams, Jennifer (ed.)
1989   *South African despatches: Two centuries of the best in South African journalism.* Johannesburg: Ashanti Publishing.

Cutten Theo E.G.
1935   *A history of the press in South Africa.* Cape Town: National Union of South African Students.

Dalhuisen, Leo, Maurits Hassankhan en Frans Steegh (red.)
2007   *Geschiedenis van Suriname.* Zutphen: Walburg Pers.

Dhijah Assegaf
1940   'Dhijah Assegaf', *Aliran Baroe* 18:20.

Diallo, Elisa,
2003   'Een Nederlandstalige Fransman aan de Kaap, Charles Etienne Boniface en de Afrikaanse literatuur', *Tijdschrift voor Nederlandse Taal- en Letterkunde* 119:40-63.

Elderhorst, M.H.M.
2006   'De wereld van Jan Karwats: Het satirische Indische weekblad *De Zweep* (1922-1923)'. Doctoraalscriptie, Universiteit Leiden.

Faber, G.H. von
1930   *A short history of journalism in the Dutch East Indies.* Sourabaya: Kolff.

Gafar Ismail, A.
1941   'Itoe hanja restaurant....! Boekan "roemah tangga" namanya....!', *Aliran Baroe* 38-39:16.

Gelder, Henk van
1994   *De tekenaar Jo Spier (1900-1978).* Amsterdam: Nijgh & Van Ditmar.

Gordon-Brown, Alfred
1979   *The Settler's Press: Seventy years of printing in Grahamstown covering the publication of books, pamphlets, directories, almanacs, newspapers with historical notes and anecdotes and contemporary illustrations.* Cape Town: Balkema.

Gouden jubileum
1920   *Gouden jubileum der Dominicaanse Missie op Curaçao W.I. 1870-1920: Ter dankbare herinnering door eenige missionarissen bewerkt.* Nijmegen: z.n.

Haks, Leo en Guus Maris

1995   *Lexicon of foreign artists who visualized Indonesia (1600-1950): Surveying painters, watercolourists, draughtsmen, sculptors, illustrators, graphic and industrial artists.* Utrecht: Bestebreurtje.

Hamka
1941   'Kemerdekaän istri Arab', *Aliran Baroe* 31:11-3.

Harahap, Parada
1924   *Journalistiek (pers- en spreekdelictenboek).* Weltevreden: Bintang Hindia.
1925   *Tjoba dapatkan!... (dari reporter sampai djadi Directeur Hoofdredacteur).* Weltevreden: Bintang Hindia.
1941   *Pers dan journalistiek.* Medan: Indische Drukkerij.

Hartog, Joh.
1944   *Journalistiek leven in Curaçao.* Willemstad: Paulus-drukkerij.
1982   'Exemplaren van St. Eustatius Gazette duiken op een zolder in hartje Londen op', *Amigoe-Ñapa*, 29 oktober.

Haw, Simon
1996   *Bearing witness: The Natal Witness, 1846-1996.* Pietermaritzburg: Natal Witness.

Hayat Assegaf
1939   'Hayat Assegaf....!', *Aliran Baroe* 17:19.

Hofer [Jan Kickhefer]
[1939-40]   *Wij strijden met de teekenstift: Een bundel van 50 prenten geteekend door Hofer verschenen in het Bataviaasch Nieuwsblad in het eerste oorlogsjaar 1939-1940.* [Batavia]: [Kolff].
[1940-41]   *Wij strijden met de teekenstift: Tweede bundel van oorlogsprenten door Hofer geteekend voor het Bataviaasch nieuwsblad in de jaren 1940 en 1941.* [Batavia]: [Kolff].

Hofmeyr, J.H.
1913   *Het leven van Jan Hendrik Hofmeyr (Onze Jan).* In collaboration with F.W. Reitz. Kaapstad: Van de Sandt de Villiers Drukpers Maatschappij Beperkt.

Indische Letteren
2011   'Themanummer Indische publiekstijdschriften', *Indische Letteren* 26-1.

IPO
1933   *Overzicht van de Inlandsche en Maleisch-Chineesche pers.* Weltevreden: Volkslectuur.

Jansen van Galen, John
2000   *Hetenachtsdroom: Suriname, erfenis van de slavernij.* Amsterdam: Contact.
2001   *Kapotte plantage: Een Hollander in Suriname.* Amsterdam: Contact.
Joël, H.F.
1952   *Honderd jaar Java Bode: De geschiedenis van een Nederlands dagblad in Indonesië.* Djakarta: De Unie.
Jonge, Huub de
1993   'Discord and solidarity among the Arabs in the Netherlands East Indies', *Indonesia* 55:73-90.
2010   'Fatimah: Een controversieel Indo-Arabisch toneelstuk', *Indische Letteren* 25-1:20-39.
Journalisten vertellen
1992   'Journalisten vertellen', *Mutyama* 3-4:5-26. [Themanummer Censuur in Suriname.]
Kagie, Rudie
1980   *Een gewezen wingewest: Suriname voor en na de staatsgreep.* Bussum: Wereldvenster.
Kannemeyer, J.C.
1984   *Geskiedenis van die Afrikaanse literatuur.* Deel 1. Tweede herziene druk. Pretoria/Kaapstad: Academica.
Kepetit
1940   'Stop kepetit', *Aliran Baroe* 18:11.
Koch, D.M.G.
1960   *Batig slot: Figuren uit het oude Indië.* Amsterdam: De Brug-Djambatan.
Kruithof, Bernard
1980   'De deugdzame natie: Het burgerlijk beschavingsoffensief van de Maatschappij tot Nut van 't Algemeen tussen 1784 en 1860', *Symposion* 2-1:22-37.
Leeuwen, Boeli van
1990   *Geniale anarchie.* Amsterdam: In de Knipscheer.
Leopold. J.H.
1977   *Verzen: Fragmenten.* Derde druk. Amsterdam: Van Oorschot.
Leurdijk, A.G.D., M.C.C.J. Reesink en M. Wermuth
1995   *Suriname, Surinamers en de Nederlandse media.* Amsterdam: Stichting ACS-i. [In opdracht van de Dick Scherpenzeelstichting.]

List newspapers
1986 *List of South African newspapers, 1800-1982.* With library holdings. Second edition. Pretoria: State Library.

MacKay, Fergus (red.)
2006 *Moiwana zoekt gerechtigheid: De strijd van een marrondorp tegen de staat Suriname: Inclusief vonnis.* Amsterdam: KIT Publishers.

Manen, Hilene van
2008 '"Want in het Oosten schittert een goud stuk kristal": Indische literatuur in het tijdschrift *d'Oriënt* (1923-1942)'. Doctoraalscriptie, Universiteit Leiden.

Manifest mesoem
1939 'Tentang itoe manifest mesoem!', *Aliran Baroe* 16:25.

Meel, P.
2008 'Henck Arron: De politicus', in: Rosemarijn Hoefte, Peter Meel en Hans Renders (red.), *Tropenlevens: De (post)koloniale biografie*, pp. 171-94. Leiden: KITLV Uitgeverij, Amsterdam: Boom. [In samenwerking met het Biografie Instituut.]

Meeteren Brouwer, Menno van
1912 *Indische penkrabbels: 50 teekeningen.* Tekst van Diederik Baltzerdt [Karel Wybrands]. Batavia: Albrecht.
1956 *Nederlands-Indië zoals het was: Menno's Indische penkrabbels.* Rijswijk: [de auteur].

Mona, Matu
2001 *Pacar Merah Indonesia: Buku pertama: Tan Malaka petualangan buron polisi rahasia kolonial.* Jakarta: Perwakilan KITLV, Yogyakarta: Jendela.

Nienaber, G.S.
1933 *Honderd jaar Hollands in Natal (tot 1928).* Pretoria: De Bussy.
1942 *Afrikaans tot 1860.* Johannesburg: Voortrekkerpers. [Uitgawe van die Patriotvereniging vir Afrikaanse Teksuitgawes 6.]
1968 *Louis Henri Meurant: 'n vroeë Afrikaanse joernalis.* Kaapstad: Nasionale Boekhandel. [Nuwe reeks, Patriot-vereniging vir Afrikaanse Teksuitgawes van die S.A. Akademie vir Wetenskap en Kuns 2.]

Nienaber, P.J.
1943 *'n Beknopte geskiedenis van die Hollands-Afrikaanse drukpers in Suid-Afrika.* Kaapstad: Nasionale Pers Beperk. [Die Tweede Trek-reeks 25.]

Nieuwenhuys, Rob
1972   *Oost-Indische spiegel: Wat Nederlandse schrijvers en dichters over Indonesië hebben geschreven, vanaf de eerste jaren der Compagnie tot op heden.* Amsterdam: Querido.

Noor, A.A.
1939   'Nona Abkar Assegaf....! Mentjari soeami jang dirindoekan....!', *Aliran Baroe* 16:11.

Noordegraaf, Wim
1995   *Suriname: De kortste weg naar Langatabbetje.* Tweede herziene druk. Amsterdam: Nijgh & Van Ditmar. [Eerste druk 1992.]

Okker, Frank
2000   *Dirksland tussen de doerians: Een biografie van Willem Walraven.* Amsterdam: Bas Lubberhuizen.

Oostebrink, H.M.
2005   '*De Reflector* moet je lezen! Een analyse van een Indisch weekblad (1915-1922)'. Doctoraalscriptie, Universiteit Leiden.
2011   'De Reflector moet je lezen!', *Indische Letteren* 26-1:14-23.

Oostindie, Gert
1998   *Het paradijs overzee: De 'Nederlandse' Caraiben en Nederland.* Tweede druk. Amsterdam: Bert Bakker. [Eerste druk 1997.]

Perron, E. du
1996   *Het land van herkomst.* Geannoteerde uitgave, verzorgd door F. Bulhof en G.J. Dorleijn. Amsterdam: Van Oorschot.

Pluvier, J.M.
1953   *Overzicht van de ontwikkeling der nationalistische beweging in Indonesië in de jaren 1930 tot 1942.* 's-Gravenhage/Bandung: Van Hoeve.

Ploeger, Jan en H. Orban
1960   *Besonderhede in verband met De Volksstem en Wallach's Drukkers & Uitgewers Maatskappy Beperk (1873-1960).* Pretoria: Wallachs Drukkers & Uitgewers Maatskappy Beperk.

Pool, John de
1961   'Zo was Curaçao', *Antilliaanse Cahiers* 4-1/4. [Oorspronkelijk verschenen als *Del Curazao que se va.* Santiago de Chile: Ercillo, 1935.]

Pré, Kirsten de
2008   'De "Indische" Post: Een onderzoek naar de invloed van de europeanisering van de Indische samenleving in de literaire

rubrieken van *De Indische Post* (1921-1939)'. Doctoraalscriptie, Universiteit Leiden.

Raditya, Iswara N
2007 'Djamaludin Adinegoro: "Satoe kemenangan bagi Rakjat"', in: Taufik Rahzen et al., *Tanah air bahasa: Seratus jejak pers Indonesia*, pp. 120-3. Jakarta: I:Boekoe.

Ramcharan, Nita
2008 'Het donkerste tijdperk voor de persvrijheid: De media tijdens de militaire dictatuur, 1980-1987', in: Archie Sumter, Angelie Sens, Marc de Koninck en Ellen de Vries (red.), *Kranti! De Surinaamse pers, 1774-2008*, pp. 173-91. Amsterdam: Persmuseum/KIT Publishers.

Ramcharan, Nita en Chandra van Binnendijk
2008 'Intermezzo: Inleiding op de jaren tachtig', in: Archie Sumter, Angelie Sens, Marc de Koninck en Ellen de Vries (red.), *Kranti! De Surinaamse pers, 1774-2008*, pp. 169-73. Amsterdam: Persmuseum/KIT Publishers.

Rapat Mauloed
1939 'Rapat Mauloed jang moeroep: Fihak isteri Arab moelai bergerak', *Aliran Baroe* 10:1-5.

Rooij, A. de
2008 'Pers onder bevel: Van vrije pers naar censuur', *Oso, Tijdschrift voor Surinamistiek en het Caraïbisch gebied* 27:347-62.

Ross, Robert
1999 *A concise history of South Africa*. Cambridge: Cambridge University Press. [Cambridge Concise Histories.]

S.A.
1940 'Akibat gerakan Masjhoer bin Yahja', *Aliran Baroe* 23:12-3.

Saeroen
[1936] *Dibelakang lajar journalistiek Indonesia*. Batavia: Saeroen.

Said, H. Mohammad
1976 *Sejarah pers di Sumatera Utara dengan masyarakat yang dicerminkannya (1885- Maret 1942)*. Medan: Waspada.

Sastroamijoyo, Ali
1979 *Milestones on my journey: The memoirs of Ali Sastroamijoyo, Indonesian patriot and political leader*. Edited by C.L.M. Penders. St. Lucia: University of Queensland Press.

Schalkwijk, Marten
1994   *Suriname: Het steentje in de Nederlandse schoen: Van onafhankelijkheid tot raamverdrag*. Paramaribo: Firgos Suriname.

Schrieke, B.J.O.
1920   'De strijd onder de Arabieren in pers en literatuur', *Notulen van de Algemeene en Directie-vergaderingen van het Bataviaasch Genootschap van Kunsten en Wetenschappen* 58:189-240.

Sedney, J.
2010   *De toekomst van ons verleden: Democratie, etniciteit en politieke machtsvorming in Suriname*. Tweede herziene druk. Paramaribo: Vaco. [Eerste druk 1997.]

Sens, Angelie
2005   '"Terug naar patria en de bladen laten verrekken": De uitdovende Nederlandstalige pers in Indonesië, 1945-1958', in: Ulbe Bosma, Angelie Sens en Gerard Termorshuizen, *Journalistiek in de tropen: De Indisch- en Indonesisch-Nederlandse pers, 1850-1958*, pp. 67-91. Amsterdam: Persmuseum, Amsterdam: Aksant.

Shaw, Gerald
1999   *The Cape Times: An informal history*. Cape Town: David Philip.

Sidharta, Myra
2000   'Jakarta through the eyes of "Ko Put On"', in: Kees Grijns en Peter J.M. Nas (red.), *Jakarta-Batavia: Socio-cultural essays*, pp. 157-74. Leiden: KITLV Press. [Verhandelingen 187.]

Sixty years ago
1963   'Introduction', in: L.H. Meurant, *Sixty years ago*, pp. [1]-[2]. Cape Town, Africana Connoisseurs Press.

Snoek, Kees
2005   *E. du Perron: Het leven van een smalle mens*. Amsterdam: Nijgh & Van Ditmar.

Soebagijo
1976   *Sebelas perintis pers Indonesia*. Jakarta: Djambatan.
1981   *Jagat wartawan Indonesia*. Jakarta: Gunung Agung.
1987   *Adinegoro, pelopor jurnalistik Indonesia*. Jakarta: Haji Masagung.

Soerat Hadramaut
1939a   'Soerat2 dari Hadramaut: Hadramaut sebagai koeboeran dari pemoeda jang hidoep', *Aliran Baroe* 12:9-10.

1939b   'Soerat-soerat dari Hadramaut: Aliran Tassawoef', *Aliran Baroe* 15:5-6.

1939c   'Soerat-soerat dari Hadramaut: Peladjaran didalam roebaat!', *Aliran Baroe* 17:12-3.

1940   'Soerat-soerat dari Hadramaut', *Aliran Baroe* 18:12-3.

Spier, Jo

1936   *Uit en thuis: Reisschetsen.* Amsterdam: Blitz.

1950   *Oost.* Met een inleiding van W.G.N. de Keizer. Amsterdam: Elsevier.

Termorshuizen, Gerard

1988   *P.A. Daum: Journalist en romancier van tempo doeloe.* Amsterdam: Nijgh & Van Ditmar.

2001   *Journalisten en heethoofden: Een geschiedenis van de Indisch-Nederlandse pers, 1744-1905.* Met medewerking van Anneke Scholte. Amsterdam: Nijgh & Van Ditmar, Leiden: KITLV Uitgeverij.

2011   *Realisten en reactionairen: Een geschiedenis van de Indisch-Nederlandse pers 1905-1942.* Met medewerking van Anneke Scholte. Amsterdam: Nijgh & Van Ditmar, Leiden: KITLV Uitgeverij.

Tyd en vlyt

1948   *Door tyd en vlyt: Gedenkboek uitgegeven ter gelegenheid van het honderdjarig bestaan van de N.V. Koninklijke Boekhandel en Drukkerij G. Kolff & Co.* Batavia: Kolff.

Vries, Ellen de

2005   *Suriname na de binnenlandse oorlog.* Amsterdam: KIT Publishers.

2011   'The making of Ronnie Brunswijk in Nederlandse media', *Oso, Tijdschrift voor Surinamistiek en het Caraïbisch gebied* 30:73-90.

Walraven, W.

1992   *Brieven: Aan familie en vrienden 1919-1941.* Biografische inleiding van F. Schamhardt. Tweede vermeerderde druk. Amsterdam: Van Oorschot. [Bezorgd door R. Nieuwenhuys et al.] [Eerste druk 1966.]

Wesseling, H.L.

1999   *Verdeel en heers: De deling van Afrika, 1880-1914.* Vierde druk. Amsterdam: Ooievaar. [Eerste druk 1991.]

Willems, Wim

2008   *Tjalie Robinson: Biografie van een Indo-schrijver.* Amsterdam: Bert Bakker.

Wolf, Mariëtte
2009　　　*Het geheim van De Telegraaf: Geschiedenis van een krant.* Amsterdam: Boom.

Wormser, C.W.
1936　　　*Per Zeppelin naar een nieuwe wereld.* Bandoeng: Vorkink.
[1941]　　*Journalistiek op Java.* Deventer: Van Hoeve. [Over Oost en West.]

Wormser, Johan Adam
1991　　　*Van gouden toppen en loodgrijze ravijnen.* Leusden: [de auteur].

Zentgraaff, H.C.
1934　　　*Op oude paden.* Batavia: De Unie.

Index

Abad XX 59-62
Abkaar 89
Action 203-5, 213
Action Comics 212-3
Actueel Wereldnieuws en Sport in Beeld 43, 180, 182, 209
Adi Negoro 49-50, 53, 55-6, 62
Adolfs, G.P. 29
Afrikaanse Patriot, De 146
Afrikaner, De 145
Aletrino, A. 238
Algemeen Handelsblad 181, 202, 209
Algemeen Indisch Dagblad de Preangerbode zie De Preanger-Bode
Ali bin Jahja 86-9
Alimin 243
Aliran Baroe 9, 12, 69, 73-6, 78, 80, 85, 87, 90, 92
Al-Moetanabbie 81, 83
Amigoe 98, 102-6
Amigoe-Ñapa 111
Arron, Henck 114-5, 125, 129
Artz, Simon 162
Assegaf, Ali 80

Baarsel, Gerard van 210
Bafagieh 73, 79
Bain, Andrew Geddes 151
Bakker, Piet 192, 211

Balbian Verster, J.F.L. de (pseudoniem Omega) 164
Baltzerdt, Diederik *zie* Wybrands, Karel
Bang Semioen 55
Baswedan, Abdul Rahman 70, 73, 78, 81
Bataviaasch Nieuwsblad 21-2, 34, 37-8, 180, 188-9, 194
Beatrix, prinses 113
Belonje, W. 39, 188, 210, 224, 247
Bemmel, Frits van 41, 179, 209
Berretty, Dominique 161, 211
Berssenbrugge, Henri 219
Bevin, Ernest 204
Beyer, Noraly 115-6
Bilderdijk, Willem 215
Bintang Timoer 50
Blokzijl, Max 28, 174
Boenin, Ivan 217
Boniface, Charles Etienne 138, 140, 142-3, 145-9, 151
Boon, Jan 179, 183, 194-6, 207, 210
Bordewijk, F. 216
Borel, Henri 32
Bouterse, Desi 12, 114-6, 118-20, 123-30
Bouwmeester, Louis 28
Braakensiek, Johan 33
Brondgeest, Henri 28
Brooshooft, P. 23

Bruggen, Carry van (pseudoniem May) 41, 233, 240-1
Bruggen, Kees van 41, 240
Brunswijk, Ronnie 118-9, 125, 127-8
Brusse, M.J. 32
Buck, Pearl S. 217
Burgers, Thomas François 145-6
Burroughs, Edgar Rice 212
Busken Huet, Conrad 23, 25
Byrnes, Gene, 211

Cam, Billy 200, 207, 212
Campbell, William *zie* Cam, Billy
Canter, Eva de 221
Cape of Good Hope Gazette, The 136
Cape Town Gazette, The 135, 138
Cape Town Gazette and African Advertiser, The 135
Carlo *zie* Wybrands, Karel
Charraat 85-91
Chin A Sen, Henk 115
Chobil *zie* Leito, A.E.
Civilisadó 102
Claus, prins 113
Coen, Jan Pieterszoon 4
Coenen, Frans 239
Conan Doyle, Arthur 230
Conradie, Elisabeth 153
Corelli, Marie 32
Couperus, Louis 1, 7, 29, 165-7, 216, 239
Couperus-Baud, Elisabeth 166
Cruz, La 98-9, 107
Cuevas, Georges de 206, 214
Curaçao Gazette, The 97
Curaçaosche Courant, De 97-8

Daalen, G.C.E. van 4
Damesweekblad voor Indië 43
Daum, P.A. 11, 19-23, 215, 239
Davids, Louis 28
Debrot, Cola 107
Delgeur, Jan Paul 104
Deli Courant 41, 50, 230
Dé-lilah 41, 231
Deutekom, Cor van 41, 179, 183, 186-7
Dezentjé, E. 29
Diallo, Elisa 148
Dick, Phiny 204
Din, Tjoet Nja 5
Djawoto 59, 65
Djoni, M. 59, 65
Does, Willem van der 41
Douwes Dekker, Eduard *zie* Multatuli
Drijvers, J. 31
Dubois, Juriaan 124
Dumas, Alexandre 32
Dyer, Reginald Edward Harry 242, 249

Echo, De 43
Elseviers Weekblad 179, 192
Evenhuis, Eddy 179, 206, 208, 213
Eyck, P.N. van 219

Fairbairn, John 136, 138, 147
Faisal II, koning 91
Farouk, koning 91
Ferrier, Johan 113-5
Feuchtwanger, Lion 217
Figaro, Le 20
Findlay, George 118
Fraai, M.A. 107
Freitas, Lucien de 119

Gaerde, Geraerd van *zie* Veenstra, J.H.W.
Gafar Ismail, A. 79-80
Geuns, M. van 21, 23, 43, 45
Ghadi, Wak 86
Gooding, Herman 126
Gorki, Maxim 217
Gorter, C. 188, 210
Gorter, Herman 219-20
Goudoever, W.A. van 5
Grahamstown Journal, The 141-2, 145
Grinsven, Anne Jean van 130
Grunsven, Marie-Annet van 119-22, 127-8

Haasse, Hella S. 7
Hahn, Albert 180
Hallerman, J. 227
Hamid Lubis, A. 59, 65
Hamka 80
Harahap, Parada 50
Hasboellah Parindoeri *zie* Matu Mona
Hassan Effendi *zie* Wybrands, Karel
Hayat Assegaf 89
Haydn, Joseph 33
Hearst, William Randolph 181
Hedrich von Wiederhold, Eveline 245
Hefting, Henk 206
Heimburg, W. 31
Heine, Heinrich 215
Helsdingen-Schoevers, Beata van 41
Hem, Piet van der 180
Hermans, W.F. 5
Herschensohn, Joshua 146, 153
Heutsz, J.B. van 191-2

Hitler, Adolf 5
Hofer *zie* Kickhefer, Jan
Hogendoorn, H.A. 208
Holdert, Hak 202
Hollander, Han 27
Horst-van Doorn, G.C. van der 41
Hoven, Thérèse 32, 41
Hugo, Victor 215
Husein 69
Huut, M.A. van 209
Huut-Kardos, C. van 209
Huxley, Aldous 217

Ibn Saud, koning 91
Ido, Victor *zie* Wall, J.H.F. van de
Idroes Al Masjhoer 86-9
Indische Courant, De 216, 218-9, 222-4, 247
Indische Leven, Het 43
Indische Post, De 43-4, 46, 161, 166, 169-70, 180, 186
Insaf 73
Irene, prinses 90
Ivens, Joris 7

Jacobs, Aletta 249
Jacobs, Eduard 28
Jansen van Galen, John 129
Jassin, Hans 6
Java-Bode 25, 38, 186, 211
Jonge, B.C. de 48
Jonge, Huub de 12
Journal, Le 20
Journal Amusant 31
Juliana, koningin 113

Kaapsche Courant 135
Kaapsche Grensblad, Het 142, 151

Kaapsche Stads Courant en Afrikaansche Berigter 134
Kagie, Rudie 116
Kamp-krant 194
Kampkroniek 194
Kannemeyer, J.C. 153
Keizer, W.G.N. de 192
Kempen, Michiel van 124, 127
Kesteren, C.E. van 23
Kho Wan Gie 200, 212
Kickhefer, Jan 179, 183, 186, 188-90, 204, 210
Kievit, C.Joh. 33
Kipling, Rudyard 32, 230
Kloppers, P. 162
Knol, Henk 130
Koch, D.M.G. 222, 227-8
Koch, Robert 237
König, Jo 179, 182-3, 209
Kok, Hendrik 148
Kol, Nelly van 41
Kolling, J.C. 204, 212
Kooij-van Zeggelen, M.C. 239
Kraag, Johan 126
Kritiek en Opbouw 215, 222
Kroon, W.E. 105
Kruseman, C.A. 38
Kunstwereld, De 227

Lauffer, Pierre A. 108-9
Leeuw, Louis de 167
Leeuwarder Courant 113, 214
Leeuwen, Boeli van 12, 110-1
Leito, A.E. (pseudoniemen Chobil, Tuyuchi) 107
Leopold, J.H. 219
Leurdijk, A.G.D. 129
Lewis, Sinclair 217

Lidth de Jeude, E.J. van 37, 245
Lievegoed, A.J. 39, 242
Lima, Joseph Suasso de 136, 138-9
Lion, Henri 23
Locomotief, De 204, 206, 242
Loethfie, M. 60, 66

Mahieu, Auguste 26
Malaka, Tan 48, 53, 55
Malot, Hector 32
Mansoer, Kiai Hadji 74
Marlitt, E. 32
Marsman, H. 217, 219
Martin Carlos *zie* Wybrands, Karel
Marx, Karl 220
Matu Mona 50, 55, 58-9, 61, 64
Mauldin, Bill 194
May *zie* Bruggen, Carry van
Mediator, The 142
Meester, Johan de 239
Meeteren Brouwer, Menno van 41-2, 179, 183-5, 200, 209-10, 243
Melati van Java 32
Mens, Isidore van 41, 180, 209
Metzelaar, Nico 212
Meurant, Louis Henry 141-3, 151
Meyer, C.D. 103
Midler, Bette 121
Moderator or Cape of Good Hope Impartial Observer, The 142
Moehammad Bin Abdallah al-Amoedi 89-91
Mohammed 69, 82
Moll, Cornelis 142-3
Mook, H.J. van 188
Morpurgo, Leo 119, 121-2, 127-8, 130

Mounier, J.F. 196
Mulier, W.J.H. 230-1
Mulier, Ludwich van 130
Multatuli 2, 4, 6, 12, 23, 54, 215, 230, 248
Mussolini, Benito 5, 200, 212
Mutyama 116

Nar, De 186, 210
Natal Afrikaner, De 145-6
Natalsche en Pietermaritzburgsche Trouwe Aanteekenaar, De 142
Nationaal Dagblad 186
Neratja 49, 55
Netscher, Frans 238
Nieuwe Courant 204
Nieuwenhuis, Christiaan Benjamin 191-2
Nieuwenhuys, Rob 1, 5, 223
Nieuws van den Dag voor Nederlandsch-Indië 37, 39, 180, 183-4, 188, 202, 210, 233-5, 237, 240, 247
Noer, A.A. 78
Noordegraaf, Wim 119-22, 124, 127-8
NRC 116, 119, 130, 203, 239, 244
Nijman, Max 113

Okker, Frank 14
Omega *zie* Balbian Verster, J.F.L. de
Oostebrink, Heleen 200, 209
Oriënt, d' 43, 45-6, 163-4, 180, 186-7, 196-200, 207, 209, 211-2
Ormskerk, Fred 116
Ostayen, Paul van 239
Oud-Wapenbroeders 195-6, 211

Paasman, Bert 176
Pandji Poestaka 50
Patriot, Die 153
Pérez Galdós, Benito 103
Perron, E. du 216, 222, 238-9
Pewarta Deli 9, 11, 48-54, 56, 60-2
Philip, John 147-9, 151, 155
Pionier, De 210
Pisuisse, Jean-Louis 28, 174
Poeze, Harry A. 11, 212
Pool, John de 111
Potgieter, E.J. 25
Praamstra, Olf 13
Preanger-Bode, De 180-1, 201-5, 208-9, 213
Prins, Ary 239
Pulitzer, Joseph 181

Querido, Israël 238, 240

Ramcharan, Nita 118, 120-2, 124, 127-8, 130
Raymond, Alex 181, 196-7, 211
Reagan, Ronald 117
Reesink, M.C.C.J. 129
Reflector, De 43, 45, 180, 200, 209
Reiff, Poldi 28-9
Renesse, Lucy van *zie* Dé-lilah
Revue, De 180, 186, 209
Revue voor Oost-Java 180
Reyneke van Stuwe, Jeanne 41
Riboet, Miss 26
Ritman, J.H. 188, 247
Ritter, J.C. 135
Robinson, Tjalie *zie* Jan Boon
Roland Holst, Henriette 220
Roskam, De 167
Rostelli, Rasti 123-4

Royaards, Willem 28
Rutgers, Wim 12
Rutten, Gerard 7
Ruys, Cor 28

Sadar 73
St Eustatius Gazette, The 97
Sajoer, Entjik Noeriah 62
Salim Bin Djindja 88
Salim Maskatie 73
Sam Sly's African Journal 151
Sartono 58, 64
Sastroamijoyo, Ali 243
Savornin Lohman, Anna de 41
Schalie, Flip van der 210
Schendel, Arthur van 217
Schnitzler, Hijman Abraham 212
Schnitzler, Nora 179, 201-2, 212
Scholte, Anneke 9
Schrieke, B.J.O. 75
Sens, Angelie 13-4
Service, Robert W. 215
Shankar, Ramsewak 120, 125
Shaw, G.B. 224
Sienkiewicz, Henryk 104
Sin Po 200, 207
Sital, Badrissein 129
Sjahrir, Soetan 5, 8
Slagveer, Jozef 116-7
Sluiter, Willy 41, 180
Snoek, Kees 6
Snouck Hurgronje, C. 39
Soekarno 48, 56-8, 60, 63-4, 66, 74
Soerabaiasch Handelsblad 21, 29, 31, 43, 204, 233
Soetardjo 71
Somerset, Charles Henry 136

South African Commercial Advertiser, The 136-8, 141, 143, 147
Speenhoff, J.H. 28
Spier, Jo 179-80, 183, 190-3, 202, 207, 210-2
Steyn, Marthinus Theunis 143
Stokvis, J.E. 39, 242
Stratenus, Louise 231
Sumatra Post, De 51, 227, 229, 232-3, 237
Suriel, S.M. 107
Székely-Lulofs, Madelon 2, 5-7

Telegraaf, De 118, 179, 181, 190, 202, 212-3
Termorshuizen, Gerard 1, 6-9, 47, 101, 141, 176, 186, 209-10
Thomas, Th. 39, 236-7
Tieleman, Jeanine 209
Tjahaja Hindia 49
Tollens, Hendrik 145
Toonder, Marten 179, 203-4, 209, 212
Tourtel, Mary 209
Troon, Edward 121, 127-8, 130
Tuyuchi *zie* Leito, A.E.
Twentsch Nieuwsblad 186
Tijd, De 144

Uilkens, J.A. 23
Union, La 98
Uyl, Joop den 113, 117

Veenstra, J.H.W. (pseudoniem Geraerd Gaerde) 215, 223-6
Velthuysen, H. van 28
Venetiaan, Ronald 126
Verhoek, Jan 204-6

Verkade, Eduard 28
Verne, Jules 32
Verzamelaar, De 138, 144
Vestdijk, S. 217
Vie Parisienne 31
Visser, J.L.A. 213
Vlugt, Ingrid de 119
Vogel, Albert 28
Volk, Het 187
Volk en Vaderland 186
Volksblad, Het 143, 145-6
Volkskrant, de 119, 203
Volksstem, De 145
Volksvriend, De 143, 145
Vries, D.H. de 7
Vries, Ellen de 12-3
Vries, Herman de 211
Vrije Pers, de 179, 203, 205-6, 208
Vrije Volk, Het 206

Wahlen, R.J.C. 102
Wall, J.H.F. van de (pseudoniem Victor Ido) 29-30, 43, 174-5, 177, 231-2
Walraven, Itih 218
Walraven, Willem 215-26
Walraven, Wim 222
Wapenbroeders 192, 211
Ware Tijd, de 12, 113, 117-22, 124, 128
Waszklewicz-van Schilfgaarde, Johanna 232
Weekblad voor Dames in Indië 43
Weekblad voor Indië 42-3, 45
Wekker, De 103

Wermuth, M. 129
Werner, E. 32
West, De 117-8, 120
Westenenk-Nering Bögel, Adriana 166
Wheatly, Dennis 221
Wichers, H.A.L. 29
Wiener Caricaturen 31
Willem III, koning 6
Wit, Augusta de 239
Woord en Beeld 43, 180
Wormser, C.W. 181, 202, 204, 209, 211, 213, 236, 247
Wormser, J.A. 202-4, 206, 211-3
Wybrands, Gerrit 239
Wybrands, John 247
Wybrands, Karel (pseudoniemen Diederik Baltzerdt, Carlo, Hassan Effendi) 8, 14-5, 39, 43, 183, 185, 210, 227-33, 235-49
Wijdenbosch, Jules 126, 130
Wijkenaar, G. de 164

Yamin, Muhammad 49, 59, 65

Zaalberg, Karel 39
Zentgraaff, H.C. 2, 4-5, 8, 15, 26, 36, 39, 43, 183, 233, 247
Zimmerman, Albert 200, 211
Zola, Emile 20
Zonneveld, Peter van 13, 209
Zuid-Afrikaan, De 138, 140, 142-4, 147-9
Zweep, De 43, 161, 165, 180, 186, 209, 211

www.ingramcontent.com/pod-product-compliance
Lightning Source LLC
Chambersburg PA
CBHW021138230426
43667CB00005B/168